地域モビリティの再構築

監修 家田仁／小嶋光信
編著 三村聡／岡村敏之／伊藤昌毅

監修のことば

一般財団法人地域公共交通総合研究所　代表理事
小嶋光信

日本の地域公共交通は、8〜9割以上の事業者が赤字で運営されている業態のうえに、2019年末から世界中を襲ったコロナ禍で、3〜9割と大幅に旅客が減少した交通事業者数が全体の6割以上に達している（当・地域公共交通総合研究所調べ）。さらに、赤字事業である路線を維持するための観光バスや高速バスなどの収益事業までが大赤字化し、この一年で長年蓄えた剰余金を6割以上の企業が半分以上毀損して全体の14％が債務超過に陥るなど、存続の岐路にさらされているといえる。まさに、「岐」路ではなく「危」路ともいえる瀕死の状態にあるのだ。

アフターコロナでも「昨日の明日は戻ってこない」で、出控えやリモートなどでの通勤・通学の減少、国内外の観光旅客の減少が憂慮され、中長期的に少子高齢化による利用客減少に加えて、構造的な10〜20％の需要喪失が懸念される。コロナ禍前から危惧されていた少子高齢化での利用者の逸走が10年先に進んでしまったといえる。

規制緩和によって地域公共交通は、いわゆるエッセンシャルサービスから単なる一般企業と同列の事業とみなされたため、少子高齢化の地方では国の競争政策にはなじまず、多くの倒産や路線減少が生じた。筆者はじめ交通事業者や公共交通を憂える政官学の心ある皆さんの尽力で地域公共交通活性化再生法や交通政策基本法などで、何とか地域公共交通をサステナブルに維持するような懸命な努力がなされているが、肝心の道路運送法などが表面的な「利用者の利益」のみを尊重した内容のままで、現実には路線を守る事業者の存在こそが「利用者の利益」というギリギリのところまで来ているという認識にまで至っていない。

このような状況下で如何に「地域モビリティの再構築」をするか、それも単なる赤字事業延命のためのパッチワークでお茶を濁すのではなく、抜本的な改革で「地方創生」の要にしていかなくてはならないだろう。日本では地方創生が叫ばれて久しいが、これといった将来展望は地方には見られない。地域を維持するエッセンシャルサービスの主要なツールは、フランスなどヨーロッパ先進国の事例からも公共交通による「移動の確保」といえる。生活維持のための移動手段がマイカー以外は頼りにならないとなれば、いわゆる交通弱者は買い物にも、病院にも行けない、通勤・通学もできない地域となり、そんなところに人は住みたいと思わないし、そんな状況で地方創生を謳っても空しいだけといえる。地方創生の第一は、「地域生活交通」を維持することだと国も行政も早く理解しなければならない。まさに「いつまでもいると思うな、親とバス・電車・旅客船」の状況にあると早く認識してほしい。

然らば、この赤字事業をどうするかという消極的な考えで地域モビリティの再構築ができるのかというとそうではない。地方創生の「宝物」に地域モビリティを育て上げていくことこそが、地域の活性化に最も「目に見える」効果を生むだろう。この明るい展望を見出すことが本書の主眼であり、家田先生の声掛けで交通業界と交通実務に詳しい産学が力を結集して、この「危路」に間に合うように編纂された。タイムリーに執筆くださった皆さんと出版事業の事務局として孤軍奮闘された三村先生に心から感謝申し上げたい。

本書がキッカケの一つになり、公共交通が地域モビリティとして「楽しい乗り物」且つ、「地域活性化の頼りになるツール」となるように抜本的な改革に向かうことを心から祈っている。

編著者のことば

地域の移動（モビリティ）を支える地域公共交通は、あらゆる意味で転換期にある。本書では、人々の日常的な移動を担保する機能を包括的に「地域モビリティ」と呼び、地域公共交通を「地域モビリティ」としてあらためて捉えなおし、現状の課題を整理したうえで、その再構築に向けた論点と方向性、さらに方策を示している。第一部では地域交通に関する専門家が、現状の捉えなおしと今後の方向性を論じ「再構築」へのビジョンと方策を示し、第二部では公共交通経営および地方行政のトップが、「再構築」へのより実務的なビジョンと方策を示す。加えて、一般財団法人地域公共交通総合研究所が取りまとめた、コロナ禍における『公共交通経営実態調査報告書』から、目前の「再構築」に向けた現状を示す。

さて本書の企画は、同研究所理事でもある家田仁政策研究大学院大学教授と同研究所の小嶋光信代表理事の発案に端を発している。当初は同研究所主催のシンポジウムをベースとする案など様々な企画があったものの時間が流れ、ようやく企画が固まったところで、コロナ禍に襲われてしまった。まさに世界が変わってしまい、特に地域公共交通は大きな打撃を受け、本書刊行の時点でも、いまだその危機の渦中にある。

そのような目前の大きな課題に目を向けつつも、本書の多くの部分では、コロナ禍の有無にかかわらず地域モビリティを論じている。なぜなら、地域モビリティの意義と課題は、コロナ禍により外的環境は大きく変化しても、その本質は大きく変わるものではないからである。むしろ、より顕在化したと言ってよい。ただ、「潮の流れ（外的環境）」が変われば、目指す先へ向かうための「舵取り」は変わる。いわば本書は、「地域モビリティ」という船を、コロナ禍もふくめた様々な社会の変化のもとでも、行先を適切に定めてそれを見失わずに舵を切り直して操っていく、すなわち「再構築」していくための「羅針盤」である。

本書は、家田、小嶋の両監修者のあらゆる段階での適切な助言と支援のもとで、多くの関係者の手により刊行に至ることができた。コロナ禍にもかかわらず、関係者には執筆やインタビューに快く応じていただいた。また薫風社の三橋初枝氏には、編集担当からの無理を承知でのお願いにも最大限に応えてくださり、本書の完成まで導いていただいた。ここに謝意を表する。

2021年7月　編著者　三村聡　岡村敏之　伊藤昌毅

第7章 災害・防災から地域モビリティを捉えなおす

第8章 SDGsで活かす交通権確保の道筋

総論

地域モビリティ問題の本質

求められる俯瞰的総合

家田 仁
政策研究大学院大学

1. 地域モビリティの原点から
～パンデミックの経験を踏まえて～

1.1 地域モビリティとは何か？

居住地や従業地といった地域内の移動、あるいはそうした日常的な地域相互の間の移動は、人間が生活を維持する上でも、豊かな暮らしを楽しむ上でも、極めて重要な役割を担っている。移動の目的には、通勤、通学、送迎、買い物、通院、商用、会合、対話、娯楽、運動…等々、必需性の高いものから、他の活動と代替性が高いものまで多種多様である。移動範囲や移動頻度は、人の年齢や嗜好の違いによっても異なるし、地域や時代や国柄によっても差異が大きい。もちろん、人は仕事や娯楽のため遠方への旅にも出る。しかし、そうした長距離の旅の頻度は日常的な移動に比べると格段に低いので、人の移動の大部分は比較的短距離の日常的な移動が占めることになる。

したがって、日常的な移動が容易で便利であるのか、あるいは少なからぬ代償を伴う困難なものなのかの違いは、人間の暮らしぶりや生活の質に直接的な影響を及ぼすことになる。こうした人の日常的な移動を担保する機能を包括的に「地域モビリティ」と呼ぶことにしよう。この地域モビリティの良し悪しには、様々な要素が影響する。例えば、個人の運動能力や所持する交通具、地域社会の相互扶助、道や川など交通路、そして輸送サービス業、地域モビリティに対する国家・国民の姿勢などである。そういったものの総体が地域モビリティの良し悪しを決めるわけだ。

本書では、この地域モビリティが現在抱える課題とこれからのあり方について、まず第1部で種々の分野の専門家が各論的に解説し、続いて第2部では地域公共交通経営のトップと地方行政のトップがリアルに論じる。そこで、本章の以下の部分では、地域モビリティに関する原理的な部分について、できる限り平易かつ俯瞰的に述べることにする。

1.2 パンデミックの下で何が起こり何を学んだか？

2020年春に始まった新型コロナウィルスによる災禍は、わたしたちの地域モビリティにも極めて大きな影響を与え、同時に多くのレッスンをもたらした。具体的には、外出抑制が呼びかけられ、いわゆる「三密」の回避が要請される中で、人々が種々の活動をテレワークやウェブ講義といったリモート型にシフトさせた結果、バスや鉄道などの乗降客数が激減し、地域モビリティを支える輸送サービス業の経営に存亡の可否に繋がる極めて重大な危機をもたらした。また、世界の主要都市で行われたロックダウンは、ドイツのアンゲラ・メルケル首相が行った有名な演説からも伝わるとおり、平常時には当然のことのように保証されていた「自由な移動」というものの価値を人々に強く再認識させた。

一方、膨大な量を占める通勤・通学は、これまで必需性の高い不可避な移動とみなされてきたが、情報ネットワークを高度に利用すれば、そのかなりを代替しうることが実感された。また、大都市では、皆が意識を共有し、テレワークや時差出勤によって適切に行動を変容させれば、長年の懸案である都市鉄道などの交通混雑が顕著に緩和できることが明らかとなった。買い物や食事などのための外出も、ネット通販や食事の配送サービスに部分的ではあるが代替された。

同時にわたしたちは、人との絆《きずな》や「リアルなやりとり」の大きな価値、そしてそれを支える「リアルな移動」を支える地域モビリティの重要性を改めて痛感した。これもまた得がたいレッスンとなった。人類学者の山極寿一《やまぎわじゅいち》さんは、著書『スマホを捨てたい子どもたち』（ポプラ新書2020年6月）の中で、情報化が進む現代でこそ、現実の世界と身体を使ったリアルな付き合いや生の世界を直観力

（五感）で切り抜ける能力を鍛えることが大切、と強調している。筆者も全く同感だ。

このように新型コロナウィルス禍は、後述する20世紀のモータリゼーションにも匹敵する重大なインパクトを地域モビリティの世界にもたらした。また、テレワークやＤＸなどわが国では遅れ気味であった情報ネットワークを駆使した新しい働き方と暮らしのスタイルが、地域モビリティに大きな質的転換を迫ることが、明らかとなった。モータリゼーション後、年々進行してきた危機が一気に加速されて顕在化したとも解せるし、これまでとは異質の大転換が求められるフェイズに入ったともいえよう。それは大きなチャンスでもある。そのような意味で地域モビリティの世界は今、歴史的転換点におかれているといってよいだろう。

そこで以下では、まず地域モビリティの原点を歴史的に振り返り、続いてわが国の地域モビリティとその本質的課題をどう捉え、さらに今後どう取り組む必要があるのか、述べることにする。

1.3 地域モビリティはなぜ重要となったのか？

人間が何がしかの分業とそれに基づく原初的な交易を行うようになった頃からモビリティは重要な役割を果たしてきた。実際、交易活動は相当古くまで遡る。旧石器時代から鏃《やじり》や鋭利な刃物として使われてきた黒曜石はその好例である。八ヶ岳や伊豆諸島の神津島などで産出された良質の黒曜石は、日本列島各地はもとより、遠く大陸までも運ばれていたことが発掘によって明らかにされている。

人間が集住して集落を形成するようになれば、集落やその周辺地域、あるいは隣接集落間の移動も頻繁になされたことだろう。諸集落の中でも相対的に中心性が高いものは次第に規模も大きくなり機能も多様になっていった。それが都市である。しかし、地域モビリティが本格的な機能を担うようになるのは、中世以降の商工業の発達に伴い、都市の規模と機能が拡大してからのことと考えられる。さらに近世以降、とりわけ近代以降になると、技術革新に伴って「規模の経済」を指向する産業立地や、「集積の経済」を指向する商業立地が進み、都市の中で場所に応じて土地利用（業務、生産、商業、居住、盛り場…等々）が特化し、「職」と「住」は分離し、やがて勤め人が「通勤」するようになった。また都市ならではの遊興・娯楽が作りだされ、文化・宗教活動も活発になり、それに伴って人々の生活パターンも変わってくる。

都市的活力と魅力そして自由とチャンスは、人々、特に若い人々を吸引し、農村は経済的生産活動（例えば、人口やGDP）の主役の座を都市に譲り渡してきた。これが「都市化」である。例えば、わが国の人口分布を見てみよう。人口密度40人／ha以上で、連担して5000人以上となるエリアを人口集中地区（DID：Densely Inhabited District）と呼んでいる。この人口集中地区は、国土面積のわずか3％、可住地面積の10％を占めるに過ぎないが、そこに人口の70％以上が住んでいるのである。

「都市化」が生んだ生活の変化と都市域の拡大は、地域モビリティの必要性を格段に増大させてきた。同時に、人口の集中する都市圏では混雑に伴う問題を発生させ、地方部では過疎化に伴う問題をもたらしてきた。地域モビリティへのニーズも、そして地域モビリティの抱える問題も、どちらも「都市化」とともに発生してきたといえよう。

1.4 地域モビリティの3つの原点とは？

江戸は、当時、世界最大級の人口を擁した大都市であった。しかし、人々の移動は一部の上流社会を除き、どこに行くのも徒歩が基本となっていた。いったい江戸はどのくらいの大きさだったのか。1818年に幕府は、江戸の範囲を示す「朱《しゅ》引《び》き線」と、その内側に南町・北町奉行所の所管地域を示す「墨《すみ》引《び》き線」を定めている。前者は、品川、千住、板橋、内藤新宿の四宿を含んだ江戸城を中心とする半径約7㎞のエリアで、後者は、概ね現在の山手線内側エリアと、東側は隅田川左岸の向島・本所・深川までの下町エリアをカバーする半径約5㎞のエリアであった。池波正太郎の時代小説や古典落語の主人公たちは、広い江戸の中、どこにでも平気で歩いていく。地域モビリティの第一の原点は「自分の足で歩くこと」なのである。

そして、それを部分的に補完するのが、駕籠《かご》や主として行楽用の猪牙舟《ちょきぶね》であった。町駕籠は、二人の担ぎ手が一人の客を駕籠に乗せて担いで運ぶ旅客運送業である。それが明治初頭には、人力車に置き換えられる。一人の車夫が一人の客を乗せ曳くスピーディな人力車は、労働生産性を大幅に高めた。これは、わが国で開発された乗り物で、その後アジア諸国にも広がった。これらはいずれも廉価な労働賃金、言いかえれば社会的格差の存在が成立の前提条件となっている。こうした個別の移動ニーズに応じて臨機に人を運ぶ輸送サービスが第二の原点である。

都市の拡大と成長、そして「時はカネなり」の経済的社会観の定着によって、速達性や定時性、労働生産性の向上とともに、増大する輸送需要をまかなうことが求められるようになると、馬車や路面電車（市街電車）といった多数の旅客を「まとめて運ぶ」、乗り合い交通（Collective Transport もしくは Mass Transit）が地域モビリティの主役に躍り出る。これが一番後から発生した地域モビリティの第三の原点である。

このような「まとめて運ぶ」方式は、言ってみれば「詰め込んで運ぶ」ことによって高い経済効率を確保し、それによって割安な代価で旅客を輸送するものである。この特性は、大都市にあっては「なかなか混雑が緩和できない」という状況をもたらす。そして、人口減少が顕著な地方部では、「まとめて運ぶ」ために運行路線や運行本数が集約され、これが利便性の低下と旅客の逸失にも繋がる。ここが「乗り合い交通」のつらいところである。

2. 地域モビリティの社会的様相 ～政策との関係性～

2.1 「公共」という言葉をどう解すべきか？

地域モビリティの三つの原点の内、第二の個別輸送と第三の乗り合い輸送をまとめて「公共交通」(Public Transport)、特に地域モビリティに限定すれば「地域公共交通」と呼んでいる。前者の代表がタクシーであり、後者の代表がバスや鉄道である。ここで用いられている「公共」(public)という用語をどう解すべきか。そこが問題となるのだが、実はこの用語がたいへん幅広い意味をもつことには注意が必要である。

公共交通の「公共」とは、所定の運賃を支払い、利用ルールを遵守する限り、「誰でも利用を拒絶されることがないこと」を意味している。したがって、公共交通では「××さんお断り」「知り合い優遇」とか「○○教徒・△△人お断り」というような利用者差別は決してあってはならない。このように考えると、公衆電話や公衆浴場などと同様に、むしろ「公衆交通」と呼んだ方がふさわしいかもしれない。

ところが「公共」という言葉は、もっと「公」に踏み込んだ意味ももっている。「社会的視点に立ち、無料もしくは十分に廉価な価格で、十分な量と質が提供されるべき財やサービス」という意味で用いられる場合だ。例えば、公園とか公共図書館とかである。一般街路のように利用料金の徴収が経済技術的に難しいため「無料で提供せざるを得ないサービス」(学問的には「公共財」の特性の一つ)という側面もある。

こうしたケースでは、利用に伴う収入が十分には期待できないため、地方自治体や官庁などが財やサービスを供給したり、あるいは供給者に手厚い助成を行う必要が生じる。この場合、公共という言葉が「公物」「公営」という意味を伴うことも少なくない。本来的には「公衆」という意味で使われているに過ぎない公共交通の「公共」には、上述のような「公共」と相当な意味の違いがある。まずは、この重要な「違い」を十分に認識しておくことが重要である。

後述のように社会的状況が変化する中で、地域モビリティにも「無料もしくは十分に廉価な価格で、十分な量と質が提供されるべき財やサービス」に類した社会的要請が生じてきた。ところが、「地域公共交通」がベースとしている制度体系は、もともと「公衆交通」を念頭においたものなので、社会的要請と制度体系の間には大きな隔たりをもっている。したがって、この隔たりを埋める方策が重要となるのだが、各国の社会的状況や社会思想も影響し、そこには少なからぬ相違がみられるのである。

2.2 地域モビリティに最大のインパクトを及ぼしたものは何か?

徒歩に始まる地域モビリティの第一の原点を一般化すれば、空間的にも時間的にも「随意性に富んだパーソナルなモビリティ」ということになる。乗馬や自転車もそうだし、人工動力を用いたオートバイやマイカー、自家用機などもその延長線上にある。特に、圧倒的な機動性と快適性に優れるマイカーの登場は、地域モビリティの世界を大きく変質させた。

欧米では、乗用車の大量生産による低廉化によって、第二次大戦前からマイカーの社会的普及、すなわち「モータリゼーション」が始まり、戦後になって本格的に拡大した。わが国では、敗戦後の高度成長期を経て、1970年代前後に急速に進んだ。

ところが、モータリゼーションの恩恵は誰もが均等に享受できるわけではない。現代日本では、実用性に徹する限りマイカーは決して高価な買い物ではなくなった。しかし、発展途上の国々やあるいは先進国でも所得格差が大きな国々では、マイカーは依然として低所得層には手がとどかない。

経済的理由ばかりでなく、年齢的理由や身体的理由からマイカーを所有できない、あるいは自ら運転できない人たちは少なくない。こうした人たちを「交通弱者」と呼んでいる。

特に地方部において、モータリゼーションは、地域公共交通の旅客を奪い、路線数や運行本数を削減させ、それによる利便性の低下がさらにモータリゼーションを進める事態を生んだ。また、便利なマイカーの利用は住宅や商業地などの立地条件を緩めて市街地を外延化させた。郊外沿道型のショッピングセンターに典型的にみられるように、旧来の中心市街地を衰退させた。そうした土地利用変化がさらにモータリゼーションを推し進めた。負の連鎖（ネガティブ・スパイラル）が生じるわけである。

実際、わが国の路線バスの利用者数も、ピークとなった1970年代と比べて、現在までに凡そ半分にまで減少した。

こうして、交通事業者の経営困難と撤退が進み、交通弱者にとっては、余暇活動のように随意性の高い移動はもとより、買い物や通院・通学など必需性の高い移動すら容易ではない状況が生じ、地域モビリティの分野における社会的配慮の必要性が高まっていった。

一方、大都市においても、モータリゼーションは多くの社会的問題をもたらした。マイカー利用の急増によって道路は深刻な渋滞をきたし、都市全体の経済効率を低下させた。排気ガスによる環境悪化も深刻な問題となった。また、米国などの大都市では、いわゆる「インナーシティ問題」が顕著となった。これは、マイカーを所有できる階層が快適な居住環境を求めて都心から郊外に移転した後、貧困層が都心に集まり、社会的分断や治安悪化、そして都心の経済機能低下が生じた問題である。

このような諸問題が深刻化するにつれて、大都市における地域モビリティに関しても、マイカー利用の抑制方策とともに、地域公共交通のインフラ整備とサービスの充実方策が政策的に求められるようになった。

2.3 地域モビリティと社会思想との関係は?

こうして交通弱者に対する配慮や大都市問題への対応が社会的に要請されるようになると、そこには政府や地方自治体による何がしかの政策的介入や関与が必要となってくる。社会的配慮が要請される理由は、もちろん交通弱者の問題や大都市の交通問題だけではない。

例えば、供給者サイドの事情もある。地域公共交通は一般に労働集約的であり多数の労働者が従事している。そして、その労働環境や労働条件は、労働者を保護することに加えて、輸送の安全を確保する上でも極めて重要である。ところがその遵守は、企業的な経済合理性追求の下では決して容易ではない。そこに政策的介入の余地が生じてくる。

環境保全や安全確保など外部効果への配慮が社会的に求められることもある。例えば、地球温暖化の一因とされる二酸化炭素排出量をみると、わが国の場合、排出量全体の17~18%は運輸部門(そのほとんどが自動車からの排出)が占めている。ここにも政策的関与の余地が生まれてくる。

以上のようにいろいろな理由から、地域モビリティの問題が社会的課題となると、政策的介入・関与の余地が高まるが、各国の政策や施策の動向は、社会環境や社会思想上の傾向の違いも反映して、かなり異なってくる。また、そこには政治的な力学も作用する。社会的課題を政府・自治体の強力な関与によって解決しようとするほど「大きな政府」が指向されることになるし、自由主義的な「小さな政府」指向の政権ではより商業的な解決が好まれる。

左翼政党や環境指向の強い「緑の党」などの政権参加度が高いヨーロッパでは前者の傾向が強い。1960年代から都市圏内の複数運輸事業者の統合的オペレーションを指向する「運輸連合」を実施してきたドイツや、「交通権」の法概念をもつフランスはその典型だ。これに対して、硬直化した各種事業の「規制緩和」や「民営化」による活性化を図った英国や、地域モビリティの世界に、極めて大きなパラダイムシフトをもたらした「Uber《ウーバー》」を生んだ米国などは相対的には後者の傾向が強い。

いずれもメリットもあればデメリットもある。また、いずれが正しくいずれが誤りというものでもない。各国の地域モビリティへの取り組みを分析する際には、こうした社会思想的背景を包括して捉えることと、施策の効果と問題性を合理的かつ俯瞰的に理解することが不可欠である。また、地域モビリティを含めて社会政策には、(特に米国などでは)伝統的に人々の宗教観や宗教団体の社会福祉活動が深く関わっていることも知っておくべきだろう。

3. わが国の地域モビリティ ～これまでとこれから～

3.1 わが国の地域モビリティをどう捉えるか?

地域モビリティとそれを取り巻く基本的状況は少なくとも先進国ではある程度共通している。しかし、それでも各国それぞれ異なる点も少なくない。そこで、わが国の地域モビリティとそれを取り巻く周辺環境の特徴を挙げておくことにする。

第一は、地域モビリティを支える基礎インフラである道路の実情である。高速道路やバイパスなど自動車専用道路級のネットワークについては、戦後から始まった整備・改良によって、十分ではないにせよそれなりに充実した機能を果たすまでに至っている。しかしながら、準幹線級の道路とか一般街路の質的状況は、特に歩行者や自転車が安心して快適に移動できる環境という観点からみると、満足すべき状況からはほど遠い。

第二の特徴は、わが国は世界有数の自動車技術と自動車生産力をもつ国であることである。また、カーナビやETCをはじめとするITS（高度道路交通システム）を支える電子情報技術や、各種の基礎技術産業などでも世界の先端の一角をなす開発・製造技術力を有している。

第三には、大都市の民営鉄道会社が担う質・量ともに優れた都市鉄道システムの存在が挙げられる。これには、モータリゼーションの進展よりもかなり先行した時期に、独立した複数の鉄道会社が競い合うようにして新線建設と沿線開発を積極的に進め、また開業後も継続して沿線を総合的に経営するなどによって、大都市で鉄道利用に向いた空間構造が形成されてきたことが寄与している。この点は世界の先進国の中でもわが国の顕著な特長となっている。

第四は、地方部の地域公共交通が相対的に貧弱なことである。各地域を仮に大都市、地方都市、中山間地に三分すると、第三の中山間地の地域公共交通サービスが乏しいことは世界中どこでも共通しているので、わが国の地域公共交通が特に脆弱なのは、地方都市ということになる。

地方都市や中山間部、すなわち地方部の地域公共交通が貧困な理由は種々あるが、その一因は、大都市における民間運輸企業の健全経営の「成功体験」にあるように思う。さらに1987年の国鉄の分割民営化の成功はそれをさらに強化した。こうした成功体験がわが国の公共交通政策分野における暗黙の基層的感覚を形成してきたのではないだろうか。

しかし、需要密度と需要総量の限られる地方部の地域公共交通に、大都市型の民間会社経営を直ちにあてはめても、充実したサービス水準の実現は望めないし経営を存続することもままならない。問題の解決には前記の基層的感覚から脱皮し、地域モビリティの確保のためにより現実的で、柔軟、かつ思い切った政策的踏み込みが必要だろう。

3.2 地域モビリティ分野における改善活力の状況は？

一方、わが国の地域モビリティに関わる新しい技術・制度・コンセプトの開発活力はどのような状況にあるのだろうか。現在の地域モビリティを形作っている技術体系や道路運送事業などの事業制度は、これまでの蓄積と改善努力の上に成り立っている。その中には、独自性が高く従前とは一線を画するイノベーションというべき方策も多々ある。

例えば、新たな制度・コンセプトでは、地下鉄と郊外鉄道の相互直通運転（１９６０年）、道路財源による鉄道の連続立体交差事業（１９４０年より逐次改訂）、民営鉄道会社による沿線開発（公共交通指向型都市開発ＴＯＤ：Transit-Oriented Development）、路上駐車の抑止に本源的な効果を発揮する車庫法（１９６２年）などが挙げられる。

新技術面では、ＩＣＴの先駆けともいうべき国鉄の自動座席予約システム（ＭＡＲＳ）（１９６０年）、モノレールなど新交通システム（１９７０年代）、バスロケーションシステム（１９７０年）、カーナビやＥＴＣなどが好例だ。

思いつくままに挙げたこれらの施策は（決して意図的に抽出したわけではないのだが）、多くが１９８０年くらいまでになされたものである。その頃の日本は、社会全体にまだ高度成長期のムードが残っていたのか、思いついたらすぐに開発し、それを迅速に実務に取り入れるといった、活力と柔軟性、そしてスピード感と胆力に富んでいたように思う。

現代でも技術開発のニーズは大きい。例えば自動運転技術（レベル１～レベル５）の開発もその一つだ。しかし、その力点の置き方には課題があるのではなかろうか。地方部における地域モビリティの主力は明らかに自助＝マイカーである。しかし、高齢ドライバーの交通事故に関わる問題は、この自助ベースのモビリティを根底から揺るがしている。高齢者向けに超高度な安全運転サポート技術の開発は派手なＴＶコマーシャルには向かないかもしれないが、モータリゼーションを担ってきた自動車メーカーが社会的責任を認識して、本来、最も力を入れて取り組むべき対象ではないだろうか。

エズラ・ヴォーゲルの『ジャパン・アズ・ナンバー１』という書籍が発刊されるのが１９７９年だが、ちょうどこの頃から、種々の新たな手法の開発と導入において、わが国が次第に後手に回るようになる。わが国の技術・制度開発の実績を踏まえれば、北欧発祥のＭａａＳ（Mobility as a Service）などといったコンセプトも、本来、わが国が打ち出していて少しも不思議ではなかったはずである。

危機が進行する中で、交通事業者など当事者は、既存の枠組みの中で涙ぐましい改善努力を払ってきた。行政もそれを可能な範囲で財政的に支援するといった努力を払ってきた。それによって危機がなにがしか緩和されたことも確かだが、本質的課題に手をつけることのないまま、問題が先送りされてきた面も否めない。

種々の新しい試みも各地で行われてきた。しかし、そうした試みの多くは、本格的な大規模実現のための準備としてのパイロット事業というよりは、むしろ「うちでも取り組んでます」という単なるアピールにとどまるものが多かったように思う。読者の身近かにもそんなものが見当たるのではないだろうか。本来必要なことは、地域モビリティに取り組む当事者の思考基盤を「活力・柔軟性・スピード感・胆力」へと切り替え、閉塞感の中にある既存の枠組みそのものを抜本的に変革することではなかろうか。

3.3 交通政策基本法はどんな転機をもたらしたのか？

そのような中で、様々な議論を経て制定されたのが交通政策基本法であった。同法は２００２年頃からの国会での議論を踏まえ、２００９年から国土交通省で「交通基本法」として検討され、東日本大震災を挟んで、２０１３年に「交通政策基本法」として成立したものである。筆者も法案策定の審議に参加したが、社会思想に関わる諸意見が対峙する議論となったことを想い出す。単純化して言えば、フランス的な「交通権」の明記を目指す理想主義的な考え方と、現存する交通事業者や地方自治体の組織体制の中で施策遂行の実効性を重視する現実主義的な考え方の二つである。真剣な議論の結果、どちらかと言えば後者の考え方に立った法的建付けとなった。条文の中でも「義務」ではなく「責務」が多用されているのはその表れといえよう。

基本法という性格上、基本的理念や国や自治体の役割などが概念的に定められているに過ぎないが、地域モビリティを含めて交通機能の社会的な重要性が謳われたこと、地方自治体がその政策的な中心を担うべきこと、関係者の連携協力責務、国民の理解と協力などが明記されたことは、やはり大きな前進といえよう。

交通政策基本法に連動して、2014年に改正・地域公共交通活性化再生法と改正・都市再生特措法が定められた。前者では地域公共交通網計画(現在の地域公共交通計画)や地域公共交通再編実施計画(現在の地域公共交通利便増進実施計画)が、後者では地域公共交通を強く意識した住宅や都市機能の誘導を図る「立地適正化計画」が位置づけられ、特に地方部を念頭において、いずれも地方自治体が主体となって地域モビリティ問題への取り組みを進める法的枠組みが構築された。

地域公共交通に対する政府や自治体のそれまでの政策は、簡単に言えば「交通事業者が困ったら可能な範囲で支援する」という受身的・事後的・アドホックな姿勢に立ったものであったが、一連の法改正によって、より主体的・事前計画的・包括的な取り組みを指向する方向に大きく舵が切られた。残る問題は施策の実効性とスピードである。

3.4 いくつかの論点から俯瞰すると?

最後にわが国の地域モビリティに関わるいくつ

かの本質的な論点について述べる。

まず大都市の地域モビリティは、前述のように比較的成功しているといえよう。しかし、全ての面で世界の先端にいるかというと決してそうではなく、今後、本気で改善を模索すべき重要課題も少なくない。一例を挙げよう。テレワークなど新しい働き方の浸透や女性の社会進出、ワーク・ライフ・バランスの改善などで、わが国は残念ながら先進国の中でも相当に遅れた状況にある。しかし、新型コロナ禍を契機にこれらは今後急速に進むものと考えられ、それに伴って大都市の地域モビリティも大きな転機を迎えることになろう。

次に、特に地方部の地域モビリティ確保の問題を念頭におき、いくつかの論点について俯瞰的視点に立って述べる。

①「競争」をどう考えるか？

一般論として「競争」が活力の源泉の一因であることは間違いない。従来は、限られたボリュームの旅客輸送市場の中でも、バスやタクシーのような交通事業者間に競争が求められる傾向が強かった。それでは、供給過剰から共倒れとなるリスクも生じる。実は、交通事業者は、事業者間競争以前に、常にマイカーとの激しい潜在的競争の下におかれている。市場における事業者間競争をことさらに重視することの意味は薄いはずだ。

さらに言えば、市場の中で価格やサービス水準の高低を通じて、顧客獲得をリアルタイムに競い合うこと（Competition in the Market）ばかりが競争ではない。一定期間・一定エリアでの営業を単一の事業者に認めるコンセッション方式では、その営業権を定期的な入札によって競い合うこと（Competition for the Market）が競争となっている。あるいは営業エリア的には競合しない鉄道事業者などがそれぞれ様々な創意工夫をこらして、自社の社会的評価を獲得し、サイドビジネスをはじめ様々な局面に活かしていくこともやはり競争の一形態（Competition for Reputation）である。

競争マインドを増進することは極めて重要だが、競争の形態は多様であって良いはずだ。また、事業者間に確保・強化すべきは、現在の状況下では「競争」よりもむしろ「協調」というべきだろう。２０２０年に制定された地域のバスや銀行業務に関する「独占禁止法特例法」はその大きな一歩前進といえよう。

②「自己責任」をどう考えるか？

　徒歩、自転車、マイカーなど、地域モビリティの第一の原点は、移動者自身の自己責任の下で行う移動である。それに対して、第二・第三の原点は、タクシーやバスなどのように、有償で他者から輸送サービスの提供を受けて行う移動である。輸送サービスの提供者である交通事業者には、通常、安全性や防犯性の確保、ドライバーの健康管理、事故発生時の補償などについて、高い水準の事業能力と責任能力が要求される。営業車両の車両検査、ドライバーの第二種運転免許などはその一部である。だから利用者は安心して乗車することができるわけである。

　こうした有償旅客運送事業の基本的フレームに反する全く新たなパラダイムを構築したのが、２００９年に米国で設立された「Ｕｂｅｒ《ウーバー》」である。これは、単純化して言えば、「一般人が自分の空き時間と自家用車を使って有償で他人を運ぶ仕組み」である。資源の有効利用という点では、画期的なコンセプトなので、すでに世界70ヵ国以上、４５０都市以上で利用されているという。

　Ｕｂｅｒ社自体は単にドライバーと利用者をネット配車システムでマッチングするだけという事業スキームなので、犯罪や事故時の補償問題などにからむトラブルも発生しているという。利用者は安価さと便利さを享受し、ドライバーは手軽に収入を得ることができるが、その反面、一般人に過ぎない両者ともに何らかの「自己責任」を覚悟しなければならないわけだ。様々な分野で損害保険が普及し、また銃の所持による自己防衛が認められた米国でＵｂｅｒの旅客輸送コンセプトが生み出されたことは正に象徴的である。

わが国でも、新型コロナ禍の中で、自転車による食品の配送サービスの利用が顕著に伸びたが、それを支える素人配達人たちの身勝手な交通マナー違反等の問題がしばしば指摘された。こういった「草の根」的なモビリティサービスの安全性を社会の中でどのように担保すべきなのかも考えどころである。

③「共助」をどう考えるか?

商業的な運送が成り立たないような状況下における地域モビリティの本源的な姿は、「自助」(＝自力で移動する)と、血縁的あるいは地縁的コミュニティのメンバーによる相互扶助に支えられた「共助」(＝知り合いに乗せてもらう)だったのだろう。核家族化・少子化・人口の社会流出によって地方部の血縁的コミュニティが事実上崩れてしまうと、残るは地縁的コミュニティとなるが、「祭り」など地域イベントの遂行が難しくなっていることに象徴されるとおり、こちらもまた顕著に脆弱化している。もちろん「地方創生」の努力などによる地方の活力増進は必要だが、さりとて短期間に実質的成果が得られるものではない。地域モビリティの確保は将来の課題なのではなくて、現在の問題なのだ。そういった「手詰まり」の状況下で導入されたのが、「コミュニティバス」といった地方自治体による地域公共交通サービスの供給だ。

それでも、あくまで「共助」を追求しながら、地域モビリティを確保しようとする動きもみられる。鳥取県大山町では、地域の人々が手の空いた時間に自分の車で高校生などの交通弱者を無償で乗せる運動をしていると聞く。また、宮城県の「日本カーシェアリング協会」は企業から中古車を寄付してもらい、それを災害公営住宅等の人たちに実費でリースして使ってもらっているという。いずれも「善意」と「ボランティア活動」に支えられたものだ。

限られた地域住民を中心的対象としつつも、さらに来訪者にも対象を広げて有償化したものに、京丹後市丹後町地区の「ささえ合い交通」がある。これは地元の「善意」と「ボランティア活動」をベースにおいて、旅客運送事業の要件を一定の条件の下に緩和した「自家用有償旅客輸送」の枠組みとＵｂｅｒのマッチング機能を組み合わせたものだ。

民俗学者・宮本常一《みやもとつねいち》の著作によると、昔は、巡礼者や貧しい旅人を自宅に泊める「善根宿《ぜんこんやど》」と呼ばれる、信仰心に支えられた素人によるいわば「民泊」があちこちにあったようである。共助を支える広域的なコミュニティ意識が広がっていたわけである。共助のみで解決できることはもちろん限定的であるが、地域モビリティの源泉にはこういった相互扶助の精神があることを忘れてはならない。

近年、欧米の若者たちを中心に、地球温暖化防止策の強化とそのための社会システム変革を訴える市民運動が活発化している。その底流には、地球環境とは人類が責任をもって適切に管理すべき大切な「共有資産」であって、すべての人間は共同して事に当たるべき、という「コモンズ」(原義：入会地)の理念が脈々と流れているように感じる。地域モビリティの機能を一種の「地域のコモンズ」と捉えると、共助型モビリティにはさらなる飛躍と展開がありうるのではないかと期待する。

このように考えていくと、地方部が直面するモビリティ確保の苦悩を改善していくためには、①徒歩・自転車を含めた自助型モビリティの利用環境改善、②工夫力に富んだ商業的手法の展開、③公助制度の充実施策などを、④共助理念の浸透とともに、これらを合理的かつ柔軟にブレンドして地域モビリティ全体を再構築していくことが重要だ。その際には、特に、広義の競争を前提とした商業的手法と公助それぞれが果たすべき役割とは何なのか、「公共」の本質的意味から突っ込んで考え、整理することが不可欠なのではないだろうか。

3.5　結びに替えて

Uberの生まれた米国が、ドライな商業的・経済的手法を得意としていることは前述のとおりだ。1980年代初めのことになるが、当時国鉄に勤めていた筆者は出張で初めてワシントンDCを訪れしばらく滞在していた。その際、いくつか驚かされたことがある。その一つは、地下鉄の運賃表を眺めた時のことだ。朝ラッシュ時などピーク時間帯には、かなりの割り増し運賃が課せられているのだ。これは旅客需要の平準化を狙う「混雑料金」と呼ばれる教科書的なコンセプトを適用したものなのだが、これを観光分野などと違って必需性が高い通勤交通にも適用してしまうアメリカ人の合理主義に深く感心した。

しかし、米国はもう一方の別の顔をもっている。ワシントンDCには、国会とリンカーン記念堂を結ぶ東西に延びた巨大な公園地（ナショナル・モール）がある。その両側には多数のいずれも立派な博物館や美術館が並んでいる。これらは、誰でも気軽に見学・学習できるように、すべて無料で公開されているのだ。米国の底知れぬ度量の大きさを垣間見た思いがした。

米国でしばしば目にするのが、黄色に塗装された独特なデザインのスクールバスだ。これは19世紀末から導入されてきたものだが、戦後は教育における人種分離を防止する社会政策面も意図されるようになり、今も多くの場合、無料で運行されている。特殊仕様の車体も塗装も、安全の観点から連邦と州の規則で定められ、道路交通上も特段の優先権が認められている。例えば、路側に停車し人が乗降する間は、車道側の車体側面からストップアームと呼ばれる標識が飛び出し、後続車に対して追い抜き禁止を注意喚起する。カナダを含めて、約48万台のスクールバスが1日に約2700万人の子供を運んでいるという。

米国は、決して「公共」を看過している国ではない。要は、自己責任や（宗教的）共助も前提にして、新しい技術を駆使しながら、商業的手法によって地域モビリティの領域を可能な限り広くカバーすることに最大の努力を払いつつ、同時にその外側に横たわる「公共」の領域には思い切った「公助」を行うというわけである。その両面性を俯瞰的に見定めることが重要だ。「公共」を突き詰めて考えることは、その裏腹にある商業的活動の可能性を真剣に考えることでもある。

フレデリック・ワイズマン監督のドキュメンタリー映画『ニューヨーク公共図書館 エクス・リブリス』（2019年日本公開）を観た。インターネットが普及する中で、地域社会で図書館が担うべき「公共」とは何なのか、職員たちが真剣に模索する姿を淡々と描いた名作だ。「公共」の本質を突き詰めるべきは図書館ばかりではないことを痛感する。

第1部 転換期の地域モビリティと未来へのデザイン再構築

第1章

目指すべき地域社会と地域モビリティ

地域社会における人々の移動を担保する機能を、本書では「地域モビリティ」と呼んでいる。地域の公共交通システムを主に念頭に置きつつ、それと関連する社会や制度、技術も含めた「地域モビリティ」について、第1章では第1部の総論として、地域社会との関係性に着目し、その現状の立ち位置と今後の方向性を三つの観点から整理を試みる。

一つ目は高齢化や人口減少を迎えた地域社会の生活を支えるという観点から、二つ目は地域振興や交流促進としての観光の価値を創り上げるという観点から、そして三つ目は、技術革新への社会と個人の向き合い方という観点から、地域モビリティの現状と今後をあらためて捉え直す。

1. 生活の質の向上に資する地域モビリティ

東洋大学 岡村敏之

1.1 地域公共交通の需要減少と再編

過去数十年で見れば、国内の特に地方都市での地域モビリティを支える地域公共交通では、主にモータリゼーションの進行により需要が減少してきたが、この十年程度で見れば、その需要の減少の主要因は、通学者の減少と生産年齢層を含む人口減少である。大都市圏でも郊外部では通勤通学者の減少が顕著な地域も多い。主要な利用者である通勤通学者が減少する一方で、高齢者の増加に伴い、公共交通へのアクセシビリティ向上や自家用車以外の移動の選択肢の提供の必要性が、地方部と都市部ともに高まり続けてきた。

このような現状と問題意識のもとで、2007年の地域公共交通活性化再生法の施行とその後の制度改正により、自治体と交通事業者、地域住民が連携して地域公共交通の維持・改善の取り組みが進められてきた。

この十数年間で多く見られた自治体の取り組みは、自治体主導によるコミュニティバスや乗合タクシー、デマンド型交通などの公共交通の導入である。これには、既存の公共交通が空白または不便である地区への新規の導入と、既存の公共交通ネットワークの再編の中で導入されるものとに大別されよう。加えて、自家用有償旅客運送との組み合わせや、道路運送法によらない各種送迎バスへの混乗や地域主体による無償の送迎サービスなど、地域交通の再編により現在ではさまざまな形態の手段が存在している。これらは、通勤通学輸送を担うものもあるが、生活圏内の買い物や通院、その他の余暇活動などを支える手段として想定され、特に高齢者の暮らしを支えることを重要な目的としているものが多い。

実は都市圏内の移動は、例えば2018年の東京都市圏パーソントリップ調査の結果で見ると、平日の生産年齢人口では、通勤通学関連（帰宅を含む）が全移動の約6割を占める。これは地方都市も含めた他の都市圏でも大きな違いはない。これは移動回数（トリップ数）ベースの値であり、移動距離で見ればその割合はより高い。高齢化と人口減少が進行しているとはいえ、地域の通勤通学需要は減少傾向にありつつもその絶対量は大きく、公共交通による通勤通学輸送は、一定規模以上の地方都市であれば一般的には採算ベースに乗りやすいものである。特に地方都市圏内の幹線系の公共交通ネットワークは、自家用車に対する所要時間や快適性といった面での交通手段としての潜在的な競争力と、交通渋滞の緩和や二酸化炭素排出量の削減などの優位性から、社会的にもさらなる強化が必要である。

ところが、近年の運転手不足に加え、コロナ禍を契機とした通勤需要の減少により、もともと採算路線であった幹線系での減便が進行し、通勤通学を主体とする路線の維持にも困難が生じた。以前は地域公共交通の「個々の路線維持への危機」であったものが、「公共交通事業の危機」ひいては「公共交通体系の危機」となっている。これに対しては、この十数年の取り組みの流れとは異なる対応が、短期的にも中長期的にも必要な状況にある。

1.2 人は移動しなくなったのか？

高齢化やコロナ禍とは別に、1人あたりの移動回数（トリップ数）も、高齢者を除き減少傾向（高齢者はもともと低かったのが微増または横ばい傾向）である。これは海外の先進国でも同様の傾向とされており、情報技術の進展により、従来の移動の一部が通信に代替されたのが一因と解釈されている。例えばコロナ禍前の2018年の東京都市圏パーソントリップ調査の結果では、2008年比で減少したのは30分未満の移動であり、特に10分未満の移動回数は約4割減少している。これを見る限り、少なくともコロナ禍以前においては、情報技術の進展に大きく影響を受けた移動は、短距離の業務や私事目的の移動であり、距離の長い移動や通勤通学の移動にはあまり影響を及ぼさなかったことになる。

コロナ禍以後の長期的な将来動向を予想することは難しいが、通信への代替が可能な「活動」のための移動かどうかが移動の有無に大きく影響し、その活動が必需的なのか余暇的なのかはあまり影響しない、というあたりではないかと想像する。コロナ禍においては、高齢者が利用の多くを占めるコミュニティバスでは利用の減少幅が他の路線より小さい、というのが多くの自治体での傾向であった。高齢者の外出そのものは感染の懸念から減少したと考えられるが、わざわざバスに乗って出かけるような用事（主に通院や買い物）の多くは通信との代替性が小さい活動なので、バスの利用には大きな変化はなかった、ということになる。一方で通勤の需要は、いったんは回復するとしても、コロナ禍以後の中長期的には減少傾向となることは想像される。一方で、通信との代替性の低い余暇的活動のための移動は、公共交通事業者にとって、コロナ禍以後はより重要な需要となりうる。

1.3 地域の高齢化と地域モビリティ

以上のような動向と想定をふまえて、高齢社会における地域モビリティの課題を整理する。

いまや多くの高齢者が運転免許を保有し、自動車を運転する。かつては多かった「運転免許を持たない元気な高齢者」は、公共交通の利便性の低い地域ではかなり少数である。さらに、駅でのエレベータの整備や低床型車両の増加により、比較的元気な高齢者が公共交通を利用する際の制約は小さくなりつつある。

75歳以上になると、運転免許保有者あたりの交通死亡事故件数が25歳未満を上回り急増する。高齢ドライバーのリスクは社会的にも大きな関心となり、高齢者の免許証更新時の認知機能検査や免許の自主返納制度が導入された。高齢ドライバーの免許自主返納が進まないことを懸念する声がある一方で、外出頻度と外出機会の減少により、社会的孤立と身体能力のさらなる衰えが進行し、生活の質が大幅に低下する高齢者が顕在化している。高齢者のモビリティ問題の中心は、身体能力の衰えにより、自動車の運転や公共交通の利用、徒歩での移動が難しくなった高齢者の増加である。比較的元気な高齢者であれば交通手段の提供と改善が本人の生活の質の向上に直結するが、この問題はそれだけでは解決は難しい。

例えば地域で高齢者を対象とした地域公共交通を計画する際に、高齢者からのいろいろな「不満」や「不便」の声を拾うことは重要である。その一方で、そのような声をあげられる人は、「不便を感じながらも移動ができている人」であるともいえる。より深刻なのは、「移動する意思や意欲を失った人」「地域とのつながりが小さくなってしまった人」「出かける用事がない人」である。「不便を感じながらも移動ができている人」への細やかなサービスを指向する一方で、より相対的に困難を抱えているより多数の人が置き去りになっている可能性にまずは目を向ける必要がある。「公共交通空白地域の解消」を最終的なゴールとする公共交通政策は、敢えて言えば「移動する意思のある人には手段は用意するが、その意思のない人は対応しない」というものである。高齢者の交通政策のゴールは、移動の機会を創出することで社会的な孤立を防ぎ、健康と生活の質をできるだけ維持して、健康寿命を延ばしていくことであろう。少し以前であれば、「それは交通政策ではなく福祉政策だ」と一刀両断されたものであるが、いまや高齢者の移動の問題は、交通と福祉が連携して取り組むべき課題である。

もちろん、公共交通を含む自家用車以外の地域モビリティの選択肢の提供は何らか必要である。

その上でさらなるアプローチがいくつかありうる。

例えば、自家用車がない生活へ徐々に移行を促すような取り組みである。多くの高齢者は、運転可能なあいだは自家用車を使い続け、それ以外の交通手段は使わない人が多い。いざ運転が困難となった時点では、身体能力も新しいことを試す意欲も減退して、自家用車以外の移動手段に移行できない。そこで、日常の生活活動レベルを大きく下げずに車の利用を徐々に減らしていくことで、交通事故リスクを減らし、運転ができなくなる生活に備えるのである。そのための取り組みでは、運転リスクを強調するだけでなく、加齢による心身の衰え（フレイル）予防とのセットが有効とされる。元気なうちに歩く機会を意識的につくる、歩いていける場所や歩ける環境では歩く習慣をつける、バスや電車に乗り慣れておく。加えて、タクシーの使い方・呼び方も知っておいて使っておく、などを地域で取り組むのである。交通と福祉が連携した、高齢者を対象としたモビリティマネジメント的な施策である。

加えて、高齢者の外出機会と交流場所の創出の取り組みと、地域モビリティの提供の取り組みとを連携することで、社会的孤立やフレイルの予防につなげることもできる。これは、「まとまって移動する」という乗合交通の特性を活用して、人が集まる、人を集める取り組みである。「出かけたくなる」「集まりたくなる」地域を創っていくことが、公共交通や徒歩を活用した健全で成熟した地域社会のゴールの一つであろう。

2. 新しい観光の価値を創り上げる地域モビリティ

東京都立大学 清水 哲夫

2.1 はじめに ～21世紀初頭の日本の観光市場の特徴

21世紀に入り新型コロナウィルス感染症が世界中で猛威をふるう前までは、観光は21世紀最大の成長産業であると言われていた。

個人間での差異は大きいものの、世界規模で進行する経済成長が人々を旅行に駆り立て、国連世界観光機関（UNWTO）によると、2000年には6・7億人であった国際観光客到着数は2019年には14・6億人と倍以上に増加した。日本もその恩恵を十二分に受け、2000年にはわずか400万人であった訪日外国人旅行者数は2019年に3188万人に拡大した。そして、その流れは地方部にも浸透し始め、2019年のラグビーワールドカップの効果もあり、最もインバウンドの獲得が遅れていた東北地方にまで拡がっていたのである。

一方、同時期の日本人の国内旅行は1人当たり発生回数減少、1回当たり泊数減少、人口減少の三つの減少により市場が縮小傾向にあった。この流れを止めるために、1回当たり泊数の増加を狙った、観光地の広域連携への取り組みを支援する政策を実施してきたが、減少傾向に歯止めをかけることしかできなかった。結局、急成長する訪日インバウンド需要を前にして、政府による観光施策のほとんどは訪日旅行市場に向けられることとなった。

しかし、インバウンドがピークを迎えた2019年でも日本の観光消費額の80％以上は日本人によるものであった。恐らく2024年頃までは訪日インバウンド市場の再活性化は難しいと考えられるため、ｗｉｔｈコロナ期の観光産業の浮沈は日本人自身がその鍵を握っている。ＧｏＴｏトラベル事業のような経済的方略だけでは限界があるため、旅行マインドを高める心理的方略も併せて導入していくことが重要と考えている。

2.2　地域観光開発とモビリティの関係

明治時代以降戦前までの日本の観光開発は、例えば東京圏や大阪圏の私鉄のビジネスの一事業領域として観光が位置づけられていたなど鉄道整備との関係性が深く、観光政策を所掌する政府組織がインフラ部局である鉄道省に発足した点は他国に見られない特徴である。その後、モータリゼーションの進展と高速道路ネットワーク整備により観光が大衆化し、大都市圏に近く高速道路からのアクセスがよい観光地が隆盛を極めることとなった。

２０１０年代前半までは、ほとんどの地域観光地で訪日インバウンド市場を明確に意識した観光地域づくりが行われていなかったと見られる。長年続いた日本人ゲスト中心の市場構造の中で、団体旅行から個人旅行へと変遷し、その多くが自家用車やレンタカーで訪れる状況下において、観光客に向けて便利な公共交通サービスや送迎サービスを提供する動機は決して大きくなく、これらサービスの投入が体系立たずに散発的・場当たり的に行われることで「公共交通は使えない」という評価につながり、益々自動車利用に依存せざるを得ない悪循環に陥ってきた。

しかし、運転に自信のない訪日外国人旅行者、運転を控えるようになった高齢者、運転免許を持たない若者、あるいは環境負荷の小さい行動を意識する旅行者の増加が予期され、それら旅行者の満足を高めるために公共交通を中心としたモビリティ環境の改善の取り組みが急務となった。いわゆる「二次交通体系整備」が地域観光地の受入環境整備の主要課題に位置づけられるようになった。

二次交通の充実に向けて、シェアサイクルインフラの整備、試行的なバスサービスに対する初期の運営補助の事業などに積極的な金銭的補助が行われてきたが、その後の持続性に大きな課題を残しているケースは多いと見られる。

2.3 観光地の交通事業が抱える課題

日本では民間セクターを中心に都市や地域の公共交通事業を頑張ってきた歴史がある。生活対応交通サービスだけではひょっとしたら赤字であったとしても、長距離サービスや空港アクセスサービスなど利潤が期待できる事業との抱き合わせでしのいできた。加えて、輸送事業だけでは安定的な利潤を確保できない場合、輸送との相乗効果を発揮して高い利潤を確保するサイドビジネスを積極的に展開させてきた。言うまでもなく、長距離サービス、空港アクセスサービス、サイドビジネスの中の宿泊業、土産物販売業、娯楽業については、自然災害や感染症などによる観光需要の突然の「蒸発」に極めて脆弱である。観光客起因の売上高が大きい交通事業者にとって、一時的な需要喪失に対する経営面のリスクマネジメントの検討が急務であるが、民間事業者単独の努力だけに頼ることなく、公的支援や積立金の制度検討も並行して重要であると思われる。

交通の学問では、交通需要は派生需要であると教えられる。観光の場合も多くは、移動先スポットでのアクティビティのために交通を利用するのであり、移動自体が目的ではない。一方で、ＳＬやクルーズトレインなどの観光列車、サイクリング、ダム湖や海岸などで導入例が増えている水陸両用バスなど、移動自体が目的である本源的需要も存在し、交通事業者の収益を高めるポートフォリオとしての可能性が考えられるが、これが成立する地域や事業は限定的であると言わざるを得ない。観光地モビリティサービスを提供する事業者にとって、本源的需要に対応するサービスの導入が難しい場合には派生需要による収益確保を考える必要があり、そのためには輸送先である観光資源の誘客力を高める必要がある。

本書で随所に取り上げられるＭａａＳについても、観光地では観光ＭａａＳとして大きな期待が寄せられている。ＭａａＳはマルチモーダルなモビリティサービスを組み合わせた最適な経路に対して手配から決済までを一気通貫でカバーするサービスであり、観光ＭａａＳはモビリティサービスに加えて観光スポットでの各種サービスを組み合わせることで、総合サービスとしての価値を高めることである。すなわち、観光ＭａａＳに組み込まれる観光サービスの魅力でそこへのアクセスモビリティサービスの価値を高めることが可能かもしれない。

加えて、開始時と終了時で場所が異なるトレッキングやカヌーなどの川下り、酒蔵やワイナリーでの飲食など、自動車利用では逆に利便性や魅力を低減させるようなアクティビティもあり、観光における非自家用車・非レンタカーのモビリティサービスの優位性は我々が思っているよりも大きい可能性がある。

2.4　観光地の地域交通計画が抱える課題

ここで、都市や地域での人々の移動の目的を通勤・通学、業務、私用、観光の四つに大別してみたい。なお私用には日用品や買回り品などの買い物、友人訪問、生活圏内でのレクリエーションを含む。

他の三目的と比較して、観光目的の移動は、(1)全体の発生量が少ない、(2)ピーク・オフピークの需要量の差が激しい、(3)時間評価価値の個人差と個人内利用機会差が大きい可能性がある、(4)サービス水準評価の要素と重みが多様である可能性がある、(5)目的地が多様である、などの理由でその需要特性や将来予測の分析が非常に難しい。

特に(3)や(4)の観点は、「可能性」と記していることが示唆するように、十分なデータが取られておらず、このことが特に観光地域内二次交通に関する研究蓄積のなさの主要因になっているものと考えられ、これらの理由により実効性の高い観光地交通計画・マネジメント手法が提案できてこなかったと見ている。先の観光MaaSの実現は、これまでには手の届かなかった圧倒的データが取得できる意味で、観光二次交通分野の研究の革新にも貢献できるだろう。

近年、自治体は地域の公共交通の将来ビジョンを考えるための地域公共交通計画の策定や、ステークホルダーの参画による地域公共交通活性化協議会の設置を進めている。観光地を抱える自治体にとって、地域公共交通需要の一部としての観光客は重要なステークホルダーであり、彼らを接遇する観光地域づくり法人（DMO）や観光事業者、自治体内の観光振興部局は、彼ら自身も地域住民であるとともに、観光客のニーズを代弁するやはり重要なステークホルダーである。

しかし、計画策定の委員会や活性化協議会にこれら観光ステークホルダーが十分に参画しておらず、地域の公共交通の計画・運営に観光の声が反映されづらい構造となっているのは、先に述べたような今後予期される観光客の非自動車系交通へのシフトへの対応にとって問題があり、少なくとも地域の観光振興の司令塔となる観光地域づくり法人の協議会への参画を制度化する対応が不可欠と思われる。

2.5 観光振興に貢献できる地域モビリティの実現に向けて

観光は経済への波及効果が大きい産業だと理解されている。国などの広域的な視点で見ればその通りだが、個別観光地レベルで見れば、依然として観光客を接遇する商品やサービスの原材料の多くが地域外から調達されているところは多く、観光振興が地域経済に思いの外貢献していない可能性があるのが現状である。観光の経験値を増して徐々に目が肥えてくる観光客の取り込みに向けて、地域のストーリーが見える観光の提案が益々重要となっており、地域の文化や生活を色濃く反映した質の高い産品に直接触れる場や体験の機会を提供することが決定的に重要であると考えられている。このことを通じて観光客による消費の経済効果が広く地域に裨益することで、地域住民や地域経営のリーダーたちの観光振興に対する理解を得ることが現在の観光地域づくりに求められている。

　さて、そのような産品の代表例は農産物、水産物、（地域の素材を使った）工芸品であるが、これらの生産の場は観光地の集客拠点からは概して距離が離れている。この場合、バスのようなコレクティブな輸送手段では運営上の効率性は高くなく、タクシーのようなパーソナルな輸送手段が力を発揮するが運賃や供給量の面で課題が大きい。先の「自動車利用では逆に利便性や魅力を低減させるようなアクティビティ」への対応を含め、課題は依然として大きいもののライドシェアのような新しいパーソナルベースのモビリティ導入を真剣に検討すべきときに来ていると感じている。既存の地域交通事業者が長期に渡りモビリティを提供してきた事実には敬服しつつ、それを考慮し過ぎては新しい時代の観光に対応できない可能性が高いことを理解しなければならない。既存の交通事業者が納得し、協業できるライドシェア型サービスの提案に向けた研究のニーズは高い。

　地域の観光ステークホルダーがＭａａＳに持つ期待は大きい。モビリティサービスと観光商品がセット化される観光ＭａａＳでは、多くの地域で導入されている観光周遊パスを単に電子化するだけではなく、観光客のニーズや時空間特性を瞬時に把握して、それに応じて観光商品とモビリティのパッケージを瞬時に提供するダイナミックなサービスが提供できないと導入のメリットを感じられない。このような観光ＭａａＳの実現により、低密な観光地ではモビリティ事業と観光事業の経営効率性を向上させ、高密な観光地では観光客の分散化につながることを期待したい。そして観光ＭａａＳは訪日インバウンド観光客が認知し、利用可能になるように、グローバルな視点での取り組みが不可欠であることを指摘しておきたい。

そして、観光ＭａａＳはモビリティサービスの供給が十分に確保できないと機能しないことは言うまでもない。既存のバスやタクシーだけでは足りず、個別事業者が行っている送迎サービス、特定の曜日時間帯でしか動いていない企業や学校等の送迎バスなどの地域モビリティ資源を取り込みながら、条件付きでライドシェアの参入を認めるような青写真くらいは描いておくべきであろう。非自動車系交通のモビリティ環境の悪さが地域観光振興の足枷にならないように、規制緩和等を含めた新しい時代の地域交通政策を実現しなければならない。

参考文献

1. 一般財団法人運輸総合研究所：観光と地域交通に関する研究会報告書、２０２０年７月
2. 清水哲夫：よくわかる観光学３：文化ツーリズム学、12. 交通計画学から考える文化ツーリズム、pp.135-148, 朝倉書店、2016.
3. 清水哲夫：交通を巡る地域コミュニティーと観光のコンフリクトを考察する、都市計画、Vol.66, No.6, pp.46-49, 2017.
4. 清水哲夫：これからの地域交通とその観光対応の方向性を考える、観光文化、237, pp.4-7, 2018.

3. 技術が変える社会と地域モビリティ

東京大学 伊藤昌毅

3.1 モビリティとその技術を捉える枠組み

モビリティはさまざまな先端技術の集大成として成立するものであり、日々走る車両のような目につきやすい部分だけでなく、その背景にある道路やトンネル、橋梁などの設計や施工、車両の生産や保守、資金や人員確保のためのスキームなど、モビリティを成立させるために動員される技術は多岐に及ぶ。速度、定時性、経済性、安全性などを兼ね備えた移動は現代においてようやく可能になったものであり、それは機械工学、制御工学、電気工学、電子工学、材料工学、土木工学、情報工学、人間工学などの領域で生み出された技術を、システムとして統合することで成立している。

ここまで述べたモビリティを「装置としてのモビリティ」と呼んでみよう。装置としてのモビリティは、さまざまな要素技術を統合して人やモノの移動を実現するための機械装置や土木構造物だと言える。装置としてのモビリティを構成する技術要素においては、時にパラダイムシフトとも呼べるような技術の進化や転換、急激なコストダウンが起こり、モビリティ全般のあり方を変える。現在は蓄電技術やエネルギー供給技術の進化、自動運転の実用化、情報技術の急速な発展や普及といった技術の転換が起こっており、これらは、非連続的にモビリティを変化させようという原動力になっている。ダイムラーが2016年に示したCASE (Connected, Autonomous, Shared and Service, Electric) は、ここで起こっている技術革新の方向性を端的に示したキーワードだと言えよう。

一方で、モビリティを論じるにあたって重要な

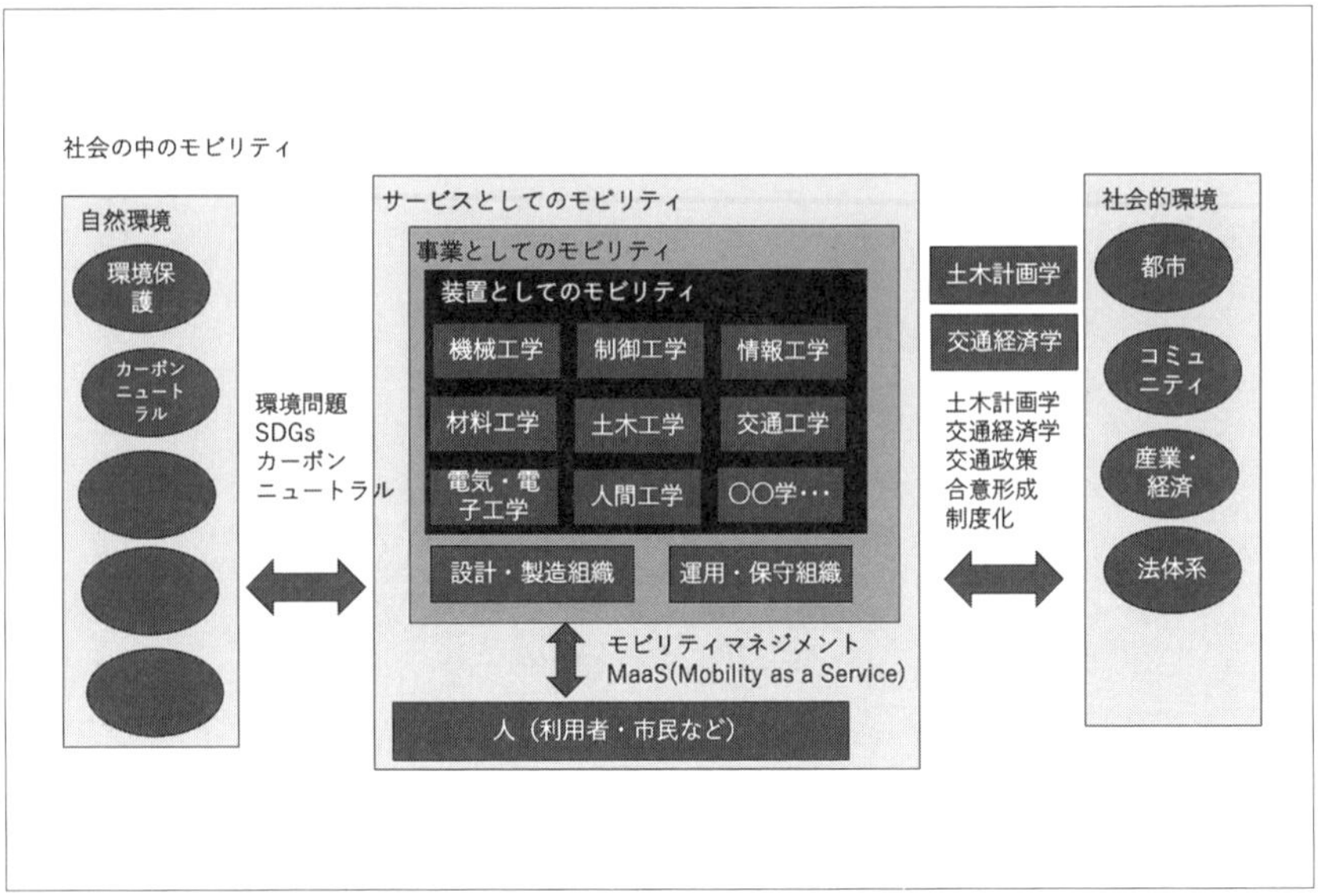

▶1——モビリティを捉える枠組み

のは、それが先端技術の集合体であるとともに、インフラとして社会に組み込まれているため、その製造、建設や運用のあり方は、シーズ、すなわち装置を構成する要素技術だけでは決まらないということである。

そこで、以下では上の図[1]を参考に、モビリティが置かれた社会的な構造を整理し、整理した枠組みを前提に議論が必要な課題について述べる。

装置としてのモビリティが地域で利用できるようになるためには、具体的に誰かが製造、建設し運用を行わねばならない。ここまで包含して「事業としてのモビリティ」と呼ぼう。例えば自動車メーカーやゼネコン、地域のバス・鉄道会社やタクシー会社などがここに含まれる。これは、モビリティを提供者の観点から捉える枠組みだと言えるだろう。

これに更にモビリティの利用者までを含んで「サービスとしてのモビリティ」と捉えてみる。提供側の視点に立てば、より良いものをより安く提供すればモビリティは利用されると考えがちだが、利用者に視点を置くと、多くの場合モビリティはそれ自体が欲しいのではなく、日々の生活や娯楽などを実現する幅広い選択肢のひとつに過ぎない。自家用車も鉄道もバスも、特定の場所に行くという効用の点では等価であり、オンラインショッピングのようにそもそも移動しなくて済むという選択肢も増えている。サービスとしてモビリティを捉える時には、この意識のギャップを埋め、利用者視点に立つことが必要になる。

モビリティ・マネジメント（MM）は、利用者とモビリティとの関係に注目し、情報提供などによって一人ひとりの意識の変容を促し、モビリティの利用方法を変えようとするコミュニケーションを中心とする方法論である。自家用車から公共交通への転換、渋滞の解消や環境問題への対応など、「より良い」モビリティの利用方法が社会課題として設定された時、それを利用者の目線で捉え直し効果的に伝えることで、一人ひとりが自発的に行動を変化させることを目標としている。

近年よく聞くMobility as a Serviceも、利用者の視点に立った考え方だと言えるだろう。モビリティの利用者がスマートフォンを持つようになり、移動についても情報技術を利用して解決することが当たり前になると、モビリティがオンラインサービス化された仕組みであることを求めるようになる。スマホを利用して情報を得たりネットショッピングをするのと同様に、モビリティについてもスマホの操作で利用したいと考えるのは自然なことである。この実現に寄与しそうなさまざまな技術、例えばスマホアプリや電子チケット、オンデマンド交通や公共交通データ流通基盤などが、ＭａａＳを実現するための技術として注目されている。

モビリティはまた、自然や社会のあり方や制約の影響を強く受ける。ここまで考えたときの視点を、「社会の中のモビリティ」と捉えよう。図においてはいちばん外側の枠である。私たちの社会はモビリティを必要としているのか？　必要だとしたら、どこにどのような形で導入するべきなのか、何を優先するべきか、その運用に我々はどのような形でコストを負担するべきなのか。こうした問いへの答えはモビリティの中からは出てこないので、その外側で、どのような社会を目指すかのビジョンから導き出すしかない。

3.2　技術の変革期に考えるべきこと

(1)破壊的な変化を受け入れる準備はできているか

モビリティの要素技術には、時に破壊的とも形容される技術革新の可能性があり、歴史的にも今は大きな転換点に立っていると言える。一方で事業者や利用者、自然や社会との関係を考える場合、これらは急激な変化を受け入れることが難しいため、基本的には調和のための方法論が必要になる。本来、技術革新を社会の価値に繋げることが大事だろうが、破壊的とも形容される技術革新がもたらす変化を、制度が整備され高齢化も進んだ今の日本がどれだけ受け止められるかが試されている。

(2)モビリティの大方針は示されているか？

装置としてのモビリティを実現する技術を出発点にモビリティを考える視点がある一方で、社会全体のあるべき姿を示し、そこから導き出す形でモビリティを論じる方法もあるだろう。では、「国土の均衡ある発展」というような目標が過去になった今、モビリティのあり方を規定しうる大方針は示されているだろうか。

現在は、ここの議論が進まないまま地方の高齢化や人口減、東京への一極集中などの形で現実が進み、「消滅可能性都市」という議論も出てきている。モビリティに関する政策も、こうした現状に対する対症療法的なものが多いようにも思えるが、果たしてそのままでいいのだろうか。

(3)社会に向き合うか個人に向き合うか

今回示した枠組みでは、事業としてのモビリティを直接社会に対峙させず、あえて「利用者」を独立して取り上げた。その理由は、情報技術の進化や普及により個人の移動需要や行動を直接捉えることが可能になり、都市計画など「社会のあるべき姿」から演繹された交通需要ではなく、個人から発せられるリアルタイムの交通需要に向き合うことが技術的にも可能になりつつあるからである。

都市計画や交通計画などでは、一人ひとりの需要の総和と社会のあるべき姿は異なるものであり、時に個々の要望を抑制しながら、社会全体としてのあるべき姿を目指すという考え方が基本にあるだろう。一方で、Ｗｅｂやスマートフォン以降の情報技術は個々の要望に徹底的に寄り添うことでその存在感を高めてきた。

時間的、空間的な制約の中でサービスを提供するモビリティにおいて、情報技術の方法論はどこまで通用するのだろうか。大方針が曖昧で社会のあるべき姿を論じにくい一方で、個人に直接向き合える技術が発展している状況を正確に認識する必要がある。

(4)情報技術を軽視しない

情報技術は、装置としてのモビリティを実現する要素技術のひとつであるとともに、人と人、企業や国などを結び付け、その間のコミュニケーションや合意形成、商取引などを媒介している。今回示した枠組みの中のあらゆる関係性に関わり、その機会の広がりやスピード、調停や意志決定の精度などを向上させている。社会的な合意形成においても、ＩＴ以前と以降とでは、その形は全く違うものだと思った方がいいだろう。

残念ながら、情報技術における日本企業の存在感は小さい。機械を制御するファームウェアなど、機械装置の一部を成す部品としての情報技術は熱心に開発されてきたが、コンピュータの発展におけるソフトウェアの役割が高まり、ＯＳやシステムソフトウェアなど汎用性やプラットフォーム性の高いソフトウェア基盤を体系的に整備し継続的に発展させることが競争力の源泉となっている現在において、こうした巨大なソフトウェアシステムを構想、開発、維持、発展することに成功した日本企業は多くはない。これらは「ものづくり」とは全く違う発想で人を集め、組織を作り、プロジェクトを運営しないと生み出せないものであり、製造業での成功体験の延長では成し得ないものなのだ。

日本は、これまで資源を持たないという制約に向き合いながら国際関係を結び産業を育ててきたが、これからの日本は、情報技術を育ててこなかったという現実に向き合いながら産業を育てていく必要がある。モビリティにおいても情報技術の存在が徐々に高まっている今、このハンディキャップは強く認識されるべきである。

(5)標準化でスケーラビリティを追求する

地域モビリティを考える時に、とかくその地域独特の利用者像に向き合おうとするわけだが、技術という観点では、いかにこれを標準化し、共通の技術を多くの地域に適用するかということが重要になる。あるところに15人分の移動需要があるとして、15人乗りの自動車を新規開発しようとはせず、既にある、例えば既成の20人乗りの小型バスで需要を満たそうとするのが当然だろう。車両にしても設備にしてもさまざまな技術開発は大規模化しており、新規開発には大きなコストが掛かる。技術開発の視点に立てば、より応用範囲の広い（つまり売れる可能性のある）技術に開発資源を集中させることで、より競争力のある技術開発を行いたいという考え方になる。そのため、技術を共通化することが地域モビリティの継続的な提供のために重要である。

これは一見地域モビリティと相性が悪い。需要が集中する幹線と違って、地域にはそれぞれの個性があり、人数、距離、速度、時間帯などあらゆる点で必要とされる移動は多様で集約しづらい。だからこそ、技術の発展の恩恵を受けるためには、地域を越えて技術への要求を集約し、標準化によってひとつの技術が複数の異なる地域に適用できるようにする努力を続ける必要がある。

⑹産業政策、技術政策としてのモビリティ

最後に忘れてはならないのが、モビリティを成立させる多様な技術のほとんどを、日本は自国の産業として抱えているという点である。自動車産業は素材から部品、内燃機からカーエレクトロニクス、サプライチェーンを支える輸送や完成車の販売、保守など裾野が広い産業だが、その多くが日本に拠点を置き、地域の経済を支え、多くの雇用を生み出している。道路、鉄路、橋梁、トンネルなどの設計や建設も全国に広く立地し地域のインフラ建設に従事しているし、信号機や道路標識、鉄道施設なども多くを日本企業が製造し、その運用技術も自国の技術として抱えている。モビリティに関連する産業は裾野が広く、インフラの維持、発展そのものが地域においても雇用を生み出し、広く全国で地域経済を支える存在になっている。

モビリティ技術の主導権が情報技術に移る中で、産業としてのモビリティを支えられなくなると、地域経済そのものの危機にも繋がる。そうならないためにも、情報技術を含めた産業政策としてモビリティを捉える視点を忘れず、世界の市場を相手に自国の技術を育てていく必要がある。

第2章

モード・路線再編による再構築

流通経済大学
板谷和也

自動車の普及や住民の移動ニーズの変化に伴って鉄道やバスの利用が減少すると、地域公共交通は単独で採算の取れる事業ではなくなる。高速化、高頻度化、そしてきめ細かいネットワークの構築といった抜本的な改善策を講じない限りにおいて公共交通の利用者数を維持することは困難であり、そのために必要なのが輸送モードと路線の再編である。

こうした公共交通の採算に関わる問題は、モータリゼーションの進捗した国・地域ではどこでも同様に生じるものだが、その解決策はそれぞれの地域の事情によって異なり、画一的な解が存在するとはいえない。

本章ではモード・路線再編が必要となる地域で生じる問題点と一般的な解決法、政策の方針などについて取り上げる。

1. 再編が必要になる要因

1.1 自動車の普及と交通行動の変化

首都圏のように公共交通が至便な場所に住んでいると意識しにくいことだが、現代の日本の地方部に住むには自動車が必需品であり、自動車なしでは文化的な生活ができない場合も多い。自動車は人間の移動能力を飛躍的に高める交通手段であり、自動車を使うことができる人はその他の交通手段の利用頻度が低くなる。

各家庭への自動車の普及が急速に進んだ1970年代に鉄道や路線バスの利用が急激に減少したのは、公共交通より便利な交通機関である自動車へと人々が移動手段を変更したためという側面が大きい。したがってよほどのことがない限り、一度自動車の便利さを知った人が公共交通に戻ってくることはない。

鉄道や路線バスなどの公共交通機関は、駅やバス停まで行って発車時刻まで待つ必要がある。また利用の度に運賃・料金を支払わなければならない。そして、車内で着席できるとは限らず、さらに空調は自分で制御できず、そのうえ他人と同じ空間で乗り合わせる必要がある。自動車は自宅ですぐに乗ることができ、着席して空調や音楽を自ら調整できるうえ、他人は入ってこない。さらに、最初に自動車を購入してしまえばあとは時々ガソリン代を支払うだけである。

移動1回あたりのコストを比較すると、自動車は購入時に多額の費用がかかるため、トータルでは公共交通の方が安価なことが多い。しかし自動車を必需品だと思っている人にとっては、「自動車を購入して使用」と「自動車を購入せず鉄道・バスで移動」を比較するのではなく、「自動車を購入して使用」と「自動車を購入したうえで鉄道・バスで移動」を比較するので、きっぷ代やバス運賃とガソリン代の比較となる。この場合はガソリン代の方が安価なことが多く、この点も公共交通が敬遠される理由になる。

つまり自動車を所有・運転できる人にとっては、混雑に関わる問題がない限りにおいて、あらゆる面で公共交通よりも自動車の方が優れているのである。混雑問題が大都市圏ほど発生しない地方部でほとんどの人が自動車を使うのは当然であり、鉄道やバスの利用者が減るのもまた必然である。

自動車の出現とともに人間の日常の交通行動は大きく変化したといえる。つまりそれまでは鉄道やバスや自転車で移動していた人が、皆自動車を使うようになった。さらには、自動車が使えない場合は住むのに適さなかったような場所にも住むことができるようになり、自動車での移動に便利な郊外に事業所や商業施設が立地するようになった。そうした地域にはもとから鉄道やバスの便はないかあっても少なく、自動車以外の交通手段でのアクセスは大変である。自動車は人間の移動手段を変えただけでなく、通勤や買い物、通院などの行き先も変えてしまうのである。このように自動車の普及が進むと人の動きも変わるので、本来なら公共交通ネットワークもそれに合わせて変わらなければならないのだが、様々な要因で簡単にはネットワークの改変はできず、移動ニーズと公共交通路線の乖離が拡大していってしまう。

そういうわけで、自動車が普及して人々の交通行動が大きく変化した地域では、公共交通ネットワークの再構築は必要不可欠である。再構築をしなくても、自動車で移動することができる大半の住民にとっては短期的には影響が見えないが、何らかの事情で自動車を運転できない人や外部から一時的に来訪した人にとっては影響が大きい。

1.2 道路整備の進捗と各種施設の立地状況の変化

自動車が急速に普及したのは、道路整備水準の向上と集客施設の立地の変化の影響も大きい。自動車が公共交通機関と比べると圧倒的に便利なのは、渋滞がなく駐車場が十分に確保できている場合に限る。道路整備が不十分で渋滞や事故が頻発するようでは自動車の魅力は著しく損なわれるし、目的地の近くで駐車スペースの確保に時間がかかり料金も取られるのであれば公共交通の方が快適である。大都市圏で自動車が普及しても公共交通機関の利用が減らないのは、自動車は数が多いと渋滞や駐車場不足でその能力が発揮できないことがあるためである。

狭い地域に多数の自動車が集中すれば渋滞や駐車場不足はどこでも発生する。地方でもそれは同じであるが、それにも関わらず地方で自動車利用が著しく増加したのは道路整備の進捗で渋滞しにくくなったことと、新設された道路の沿道で広い駐車スペースのある商業施設等の開発が進んだためである。旧来の中心市街地は駐車スペースが少なく渋滞も発生しがちだったが、郊外に自動車での移動に対応した新たな集客施設ができたことが住民の行動の変容を後押ししたということである。

地域の古くからの商業施設の立場からすれば、交通至便な新しいライバル店舗が郊外に多数出店してきたということであり、本来ならそうしたライバルに負けないような魅力を生み出して従来の顧客を引き止めつつ、新規の客も開拓していかなければならなかった。だが、そうした努力が不十分で客離れが進んだことで、交通機関を問わず中心市街地へと移動する人が減少し、維持できなくなって閉店する店舗が続出した。そうなると、当初は移動の目的地の選択肢として中心部あるいは郊外のどちらかを選択することが可能だったのが、中心部に店がなくなると郊外に行くしかなくなる。これと並行して、地元住民を主な顧客とする小規模な商業施設も経営が難しくなって閉店することが多くなり、自動車を運転できないと生活に支障があるような事態になってしまっているところも出てきている。

自動車が普及するとこうした事象が発生するということは、日本より先にモータリゼーションが進捗した欧米の事例から明らかであった。郊外における開発の規制や商業施設の規模の制限など都市計画の施策でこの動きを止めることは可能であり、実際にそうした規制がかかっていた時期や現在でも開発に際して制約条件のある地域もあるが、そうでない地域で次々に開発がなされてきた結果として、日本では自動車なしでは文化的な生活ができない地域が国土の大半を占める事態となってしまっている。

それでも、長く女性の運転免許保有率は高齢になるほど低く、自動車を自ら運転できないために公共交通を高頻度で利用する人は少なくなかった。しかし近年では、75歳以下の男女全ての世代で運転免許保有率が50%以上となっており、自動車を利用するのに支障のない人が増加し続けている。

1.3 公共交通の運営方法

自動車の普及は国民の生活水準の向上に伴うものであり、これは否定されるべきものではない。日本の戦後の高度成長は自動車産業の発展に因る部分もある。そして長く立ち遅れていた日本の道路整備を劇的に改善した道路特定財源制度は、自動車ユーザーに自動車の購入・使用等に際して多くの負担を求め、それを原資に道路整備を進めるものであり、この方法が国民に広く受け入れられたことで道路整備が進んだ。

現在の日本における自動車の使用環境が多くの場合に快適なのは、このように自動車の利用者自身が整備費を負担してきたという側面が大きい。であれば、公共交通もその利用者の支払う運賃・料金による収入でサービスを改善するのがあるべき姿であろうが、これは非常に難しい。なぜなら、ここまで述べてきたように人はよほどのことがない限り、自動車の方が快適であれば自動車で移動するからである。不便な交通機関を率先して利用する人はいない。公共交通の利用者はその公共交通に魅力を感じて利用しているわけだが、公共交通に魅力を感じる人自体が少ないために、運賃・

料金収入が少額になってしまう。そうなると、サービス改善の前に事業規模の縮小を検討しなければならない。

通常の営利事業では、商品販売やサービス提供の対価として顧客から受け取る収入が、事業運営にかかる費用よりも多いということが原則であることは改めて言うまでもなく、鉄道やバスについてもこうした考え方を適用してこれまで事業が行われてきている。しかしこれも、モータリゼーションが先に進捗した欧米の経験から明らかになったことだが、鉄道やバス等の公共交通は、通常の営利事業としては長期的に持続不可能な場合がほとんどである。快適で安全な公共交通機関の運行を維持するには非常に多数の利用がなければならず、この条件を満たすところは世界中でもそれほど多くない。日本の首都圏および関西圏の一部はこの条件を満たす水準で鉄道・バスの利用者が多いが、これは世界的に見て特異な状況である。

このため世界的には、公共交通はその運行にかかる費用を事業収入で全てまかなうことができないため、中央政府あるいは地方政府による何らかの公的介入が必要な事業であるということが関係者間での共通認識となっている。ところが日本では、私企業による鉄道事業ビジネスモデルが確立していることも影響し、現在に至るまで健全経営を続ける公共交通企業が複数存在する。どんな事業であれ公営より民営の方が事業効率がよいので、これ自体は肯定されるべきことではあるが、この考え方を事業環境のよくない地方にまで広げて一般化するのは今の時代にそぐわない。そもそも、営利事業では不採算となった部門はリストラするのが普通である。公共交通も純粋な営利事業であれば当然に不採算路線は廃止するべきであるが、地域の住民の足として機能している路線を廃止すると悪影響が大きいこともあり、日本では鉄道やバスの路線を廃止する場合には事前に報告・公表するルールとなっている。そして、多くの場合には民間事業者が廃止した路線には、地方政府が関わるかたちで代替となる交通機関が整備される。
日本の公共交通は営利事業の原則の下で路線やサービス水準の設定は運行事業者が行うこととなっているが、その前提が崩れた地域では民間事業者主導での路線の再構築は不可能である。そして、そうした地域の公共交通は不採算であっても何らかのかたちで移動サービスを維持させなければならない場合がほとんどである。そのため運行事業者ではなく公的機関が中心となって再構築を行うことが要請されている。その際には既存の路線をそのまま維持するのではなく、移動ニーズに即した路線再編あるいはモードの変更が望まれる。

2. 再編に必要な要素

2.1 利用減に伴う利便性低下

公共交通の路線再編ないし全体の再構築が必要になる直接の原因は、利用の減少である。自動車の普及による交通手段の変更、人口減少や少子高齢化といった住民構成の変化、ライフスタイルの変化に伴う通勤・通学・買い物・通院等の目的地および移動頻度の変化といった様々な要因で、公共交通サービスの利用状況は変わり得る。利用が増加あるいは維持しているうちは問題ないが、減少に転じると問題が発生する。利用状況に合わせた運行回数の減少や採算性確保のための運賃値上げによってサービスレベルが低下し、それによってさらに利用者が減少するという悪循環に陥る。

営利事業である以上、利用状況に対して適正な頻度・運賃水準で運行するのは事業者としては当然の対応だが、それが更なる利用の減少を招くので運行が持続可能にならない。だからと言って頻度や運賃等をそのままにすれば赤字が拡大するのでやはり維持することはできない。つまり利用の減少が始まり赤字に転落したら、サービスレベルを需要に合わせる方策では利用を再び増やすことはできないので、その時点で再編・再構築に向けた対策を取り始める必要があるということである。

もっとも、路線によっては開設当初から赤字という場合もある。かつての日本の地域公共交通の運営方法は、特定の事業者に対してある地域内における独占的な運行を認め、その地域内では黒字路線だけでなく赤字路線の維持も求めるというものであった。こうした路線に関しては、その路線の事業者にとって収入源となる路線の利益が出なくなった時点で再編・再構築に向けた議論を始める必要がある。いずれにしても、利用の減少に伴う収入減は運行頻度の低下や運賃値上げといったサービスレベル低下の大きな原因であり、またこれによって車両の更新や新技術の導入も遅れがちになるため、時代の流れに合ったサービスを提供できなくなる原因にもなる。

2.2 高速化と高頻度化

公共交通路線における利用減への対応としては運行本数の削減や運賃値上げ、さらには路線廃止および事業主体の変更（民間事業者から地方自治体へ）といった方策が一般的に用いられるが、多くの場合には従前よりもサービスレベルが下がるため、利用が増加に転じることはあまりない。

公共交通の再編による再構築を目論むのであれば、こうしたサービスレベルの低下する策よりも別の方法を検討する必要がある。特に、自動車で移動することに慣れた人たちに改めて公共交通を利用してもらうためには、自動車と比べてレベルが低い公共交通のサービスを、自動車に極力近づける努力が必要である。その際に最も重要なのが、速度向上と高頻度化である。公共交通が自動車と比べて不利なのは、途中停車があることと停留所や駅へのアクセス時間が余計にかかるために、目的地までの所要時間が自動車より長くなってしまうことが多いところである。これに加えて、運行本数が少ないと上記に待ち時間が加わり、さらに時間がかかることになる。

利用者が多い公共交通路線は、5分から10分に1本以上の頻度で運行されている。そうした頻度で運行しないと利用者を運びきれないということもあるが、そのことが結果的に利用者にとっての利便性を高めている。このような頻度で運行される公共交通の多くは鉄道であるが、路面電車やバスであっても高頻度運行は不可能ではなく、実際にそうした運行を実現している事例も多い。

地方自治体が行う住民アンケートにおける公共交通関連の設問は評価が低いことが多いが、その原因の多くは運行本数が少ないことによる。移動したいときにすぐに使える自動車の利便性と比べてしまうと、次の便まで1時間も待つようなことはできなくなってしまうのである。

ただ、速度向上と高頻度化を利用減少が見られる路線で実現させるのは難しい。運行事業者による努力だけではそのために必要な資金を確保することができない場合が多いためである。特に路面電車やバスのように道路を走行する公共交通では、速度向上のためには専用・優先レーン化や優先信号の導入といった、道路側での施策が欠かせない。またこうした施策は全ての路線を対象にすることは現実的でなく、ある程度対象を絞る必要がある。加えて、運賃収受の方法も乗降車時支払いから事前改札に変更すると速度向上に効果的だが、そのためには地上側も含めた施設整備が必要である。

なお、こうしたサービス水準向上施策は、主に利用の多い幹線系統で実施すべきものである。都心から離れ、利用が少なくなる郊外部では、小型の車両を用いニーズに応じた輸送体系を構築するのが現実的である。この際、幹線系統との接続には配慮が必要である。支線系統の一部を幹線から直通させるか、あるいは途中で幹線から支線に乗り継ぐ方法が考えられるが、いずれにしても利用の実態に合わせた運行形態にしないと利用者に不利益となってしまう。

近年はＭａａＳ（Mobility as a Service）と称される取り組みに注目が集まっている。ＭａａＳのコンセプトは複数の輸送サービスの決済等を一体化して利便性を高めるというものであり、自動車に対する競争力を高めるという観点から見れば同じ目標を持っているといえる。ただ、公共交通の実際のサービスが貧弱な状態でＭａａＳを導入することにあまり意味はない。ＭａａＳ導入の前に公共交通のサービスレベルを一定以上に向上させる必要がある。

2.3 再構築における官民協力

さて、前項で示したように公共交通の再編・再構築にあたっては公共交通のサービス水準を従前より向上させる必要があるが、そのためには財源の確保が不可欠であり、民間事業者だけでこれを実現させるのはきわめて困難である。

日本に留まらず諸外国の事例を見ても、公共交通事業は単独では不採算であることが一般的である。そのため特に欧米各国では、中央政府あるいは地方政府による公共交通への介入方法が重要な問題となっている。ＥＵでは公共サービス義務(Public Service Obligation：ＰＳＯ)として、不採算だが社会的に便益のあるサービスを提供させる義務が中央政府あるいは地方政府にある。ＰＳＯは不採算の公共サービスであればどの分野でも適用できるが、実際には地方部における輸送サービスが多く、その中には地域内の公共交通も含まれる。

ＥＵでも不採算の公共交通全てにＰＳＯが適用されているわけではないが、多くの場合に地域内公共交通サービスを提供する事業者は地方政府が行う入札で決定される。落札事業者は地方政府との間で契約を結び、その契約に則って輸送サービスを供給するが、この契約の形態は場合によって異なる。日本では業務委託等の形態で、事業者が一定額の補助金を得て運行するか、あるいは欠損額が運行後に補填されるかのいずれかの場合が多いが、ＥＵにおける契約はそうした形態に留まらず、補助を受けたうえで収入増や費用削減が実現した場合に事業者の利益が増加するようなインセンティブを含むものがある。重要なのは、公共交通の運行における赤字分を中央・地方政府がどのようにして負担するかである。特定の事業者だけが利益を得ることなく、公正なプロセスで運行事業者を決定し、公共交通サービスが安全かつ円滑に供給されるよう、適切な補助が事業者に向けて行われることが必要である。

ＥＵの政策は、国あるいは民間事業者が独占的に交通事業を運営している状況を改めて、民営化と事業者間の競争状況を生み出すことを企図している。これは、競争下における民間事業者が最も効率的に事業運営することができるためである。ただ、複数事業者が同一路線や同一地域内でバスや鉄道を運行することだけが競争ではなく、競争入札の段階での競争も含めて「競争」であるとされる。このように、公共交通は不採算というのが海外では一般的であり、それを前提にして様々な制度が構築されている。一方、日本では現在でも公共交通は採算事業であるというのが原則であり、そのためもあり補助や競争入札の方法については十分に議論されているとはいえない。２０２０年に改訂された地域公共交通の活性化及び再生に関する法律ではこうした実態を踏まえ、民間事業者による運行継続が困難な場合に地方公共団体が関与するメニューが示されており、また公共交通の将来像を示す地域公共交通計画の作成と運用が奨励されている。

以上のように、サービスレベルが低下した公共交通の再編・再構築にあたっては官民の協力が不可欠であり、サービス供給に関する責任を官が負いつつ、民によるサービス改善や効率的な運営が実現するよう工夫していくことが、重要であるといえる。

3. モード再編・路線再編による再構築の手法

3.1 モード変更の意味と方向性

公共交通の再編・再構築に際しモード再編を伴う場合、たとえば鉄道から路面電車やバス、路面電車からバス、バスから（乗合）タクシーというように、基本的に大規模な輸送単位の交通手段を小規模な輸送単位の交通手段に置き換えることとなる。これは、利用の減少に供給側で対応する方法であり、これをどのようにしてサービスレベルを低下させずに実現するかが重要である。

特に社会的な影響が大きいのは鉄道路線の廃止である。鉄道は自動車と比べたときに速度が速いことが多く、代替交通の設定がうまくいかないと大きなサービスレベルの低下につながる。また過去には鉄道が交通機関の中心だった時期が長い。中心市街地の象徴となる場所に駅が立地していると、廃止による影響はまちづくりにも及ぶ。そのため、鉄道の廃止を含む公共交通の再編には情緒的な反対意見が続出することが少なくない。

それにも関わらず、日本では不採算の鉄道や路面電車を廃止した事例が多い。これは、不採算の鉄道あるいは路面電車の運行を維持するためには、赤字分の負担者が必要だが、そうした負担を引き受ける主体が現れない場合には廃止せざるを得ないためである。日本では鉄道の維持を目的とした恒久的な補助制度はない。鉄道は初期投資および老朽化した施設の更新を含めた路線維持にかかる費用が大きいうえ、その費用は廃止した場合に回収できない埋没費用（サンクコスト）となってしまうので、鉄道の維持には相応の理由が必要である。このことを考え合わせると、日本では、国として不採算の鉄道を維持するだけの根拠はないと判断されていると考えられる。鉄道を維持したうえで公共交通の再編・再構築を行うためには、民間事業者による運行継続あるいは地方自治体による積極的な支援のいずれかが必要である。

鉄道や路面電車は、本来であれば不採算であってもまちのシンボルとして活用可能であり、そういった目的で手厚い支援を受けて運行を続けている事例は海外には数多い。日本では民間鉄道事業者のビジネスモデル（阪急電鉄による鉄道整備と都市開発を組み合わせた事業形態が起源）が確立しているうえに旧国鉄の分割民営化が成功したこともあり、公共交通の採算性が厳しく問われる国情であることが、支援に対して消極的な国の姿勢につながっているものと考えられる。鉄道あるいは路面電車がある場合にはそれを残すか、ない場合には新たに整備することでまちのシンボルとなる幹線を確立する手法は、住民のみならず来訪者にも公共交通の利用を促す効果がある。何らかの事情で鉄軌道系の交通手段を確保できない場合も、BRT（バス高速輸送システム）を導入するなどの方法で幹線となる路線を整備することで同様の効果を得ることができる。

こうした幹線交通以外では、交通手段の変更は輸送単位の小規模化という意味合いが強くなる。たとえば定時定路線型のバス交通から需要に応じて運行するデマンド型交通に移行すると、車両は一般的にバスタイプからタクシー（セダン）タイプとなり、最大で5人程度しか同時に輸送することができなくなる。多くの利用が見込める場合にはこうした変更を行う必要はないが、きわめて少数の利用しか見込めない場合には希望に応じて個別にタクシーを出す方がニーズに合い、しかも採算性も改善することがある。

公共交通の再編・再構築にあたっては、従前の路線のサービスレベルを低下させつつ形式だけ維持するようなことを避け、自動車に劣らないサービスを提供可能なネットワークとなるよう留意する必要がある。その際、ここまで記してきたように交通手段の変更が効果的な場合が少なくないので、そうした選択肢についても積極的に検討するのがよいと考えられる。

3.2 財源とその負担者

公共交通の再編・再構築にあたり、施設整備費や運行によって発生する赤字分の財源をどのように確保するかはきわめて重要な問題である。

経済の大原則は、財の購入者あるいはサービスを享受した者が費用負担するというものである。したがって鉄道やバスの整備・維持費は、その利用者が負担するのが本来あるべき姿である。しかし、これまで記してきたように自動車と比較したときに公共交通のサービス水準は高くなく、そのために公共交通の利用者が支払う運賃・料金による収入だけでは運行事業者の負担している維持・運行費をまかなうことができない場合がほとんどである。そのため、特に海外ではこうした現実をもとに、利用者以外に費用負担を求めることが一般的であり、制度的な裏づけのある国や地域も少なくない。

ドイツや米国ではガソリン税（鉱油税）による税収の一部を公共交通に用いている。こうしたことを行う理由は、自動車だけで全ての輸送需要に対応することはできず不採算であっても公共交通を維持する必要があるためである。加えて地球環境問題への対応として石油の使用を抑える必要もあり、輸送効率の良い公共交通の利用を増やすことはこの点でも整合性がある。ガソリン税収を公共交通に転用することにはこうした根拠があり、これは日本でも状況は変わらないのだが、日本ではガソリン税は一般財源化されており状況が異なる。

一方、特に地域公共交通が存在することによる便益はその大半が当該の地域内に帰着することから、地域内の住民や法人が公共交通の費用を負担するという方法も考えられる。たとえば地方消費税の一部を交通政策に用いる事例は米国の一部都市圏に見られ、またフランスでは交通税（交通負担金）という制度のもとで地域内の法人が公共交通に関わる財源の負担をしている。日本でもフランスのように全国的に適用可能な制度として交通税が創設されればこうした財源を確保することも不可能ではないが、実際には不況下で新たな税目が認められることはほとんどない。また日本は諸外国と異なり、地方税の税率を地方政府の裁量で決定できる環境にない。

また多数の利用客が見込める鉄道・地下鉄等の路線開発に際しては、駅予定地周辺の地主や開発事業者に対して負担金を課したり固定資産税の税率を上げるなどで資金を調達する、開発利益還元と称される手法がある。多数の利用が見込まれる交通インフラの整備ではこうした方法が活用可能であり、日本でもみなとみらい線等の適用事例があるが、利用減が始まっている地域でこれを用いるのは難しい。

利用者以外の受益者に負担させることができない場合に外部から補助するには、地方政府が一般財源から拠出することになる。あるいは人口が少なく黒字運営が全く見込めない地域の費用を全国規模で負担する方法として、ユニバーサル料金と呼ばれる方法もある。一般財源は公平性の面で問題はないが、ユニバーサル料金は公共交通の利用者全員が利用の際に少額の負担をすることになるため、公共交通の利用者と非利用者の間で公平性が保たれない。公共交通の便益は渋滞緩和等のかたちで利用者以外にも帰着するため、公共交通にユニバーサル料金はなじまない。

日本では、このような外部に頼る方法を用いる前に、運行事業者が内部補助で路線を維持することとなっていた。すなわち、黒字路線で利益を出すことで赤字路線の運行を維持するということである。これはつまり、利用の多い地域の利用者が利用の少ない地域の利用者に対して補助するということであるが、少なくとも利用者の立場からは、黒字路線から赤字路線への補助に明確な根拠はない。特に路線バスについては、地域内で独占的な運行を認めることと引き換えに赤字路線の維持を求めてきた経緯があるが、事業者の経営維持の目的からこの方法を正当化することはできても、混雑路線の利用者が閑散路線の運行費用を負担することについて合理的な説明をすることはできない。近年ではそもそも黒字路線がない地域も出現してきているうえ、地域内独占を原則とする考え方は規制緩和で撤廃されているので、黒字路線に新規参入する事業者が現れる可能性もあることもあり、この方法を用い続ける必然性はない。

近年は時間帯別運賃が話題になっている。混雑時間帯の運賃を上げ、閑散時間帯の運賃を下げることで全体としての収入増を狙う方法である。また利用減や物価上昇への対応として一律に運賃値上げを行う場合もあるが、値上げ後に利用が減少することも少なくなく、必ずしも収入増に結び付かない。

財源確保は公共交通の再編・再構築において非常に重要な要因だが、ここまで記してきたように現在の日本では十分な額の財源を確保することは困難である。国民が公共交通の重要性を認識し、公共交通に対して一般財源から支出することが望まれるようにすることが最も確実な財源確保の方法といえそうである。

3.3 複数事業者の協力

公共交通の再編・再構築を行おうとするとき、同一の地域内に複数の運行事業者が存在すると調整が困難である。日本の公共交通は、一部例外はあるものの長く地域独占を認める政策のもとで運行されてきたが、同一都市圏内の地域別に異なる事業者が運行している事例は少なくない。こうした状況では、赤字路線に対する支援における公平性の担保が難しく、加えて、一部の路線や停留所で複数事業者が競合することもあり、調整主体となる地元自治体も調整の歴史が短いことから適切な政策運営ができない場合が少なくない。

小規模な事業者が複数存在するのであれば、経営統合して経営規模を大きくすることで効率性を高めるなどの方法も考えられるが、統合できない事情がある場合もあり、そうすると複数の事業者を存続させなければならない。

このような都市圏で複数の事業者が協力する手法として、ドイツで長らく用いられてきた運輸連合という手法がある。これは、運賃制度を全事業者で共通化し、路線や運行ダイヤの設定において利用者の利便性を高くする方向で連携させるものである。公共交通においては事業者間で競争することでは必ずしも利便性が高まらず、逆に出発時間が偏ったり運賃制度がわかりにくくなる（同じ路線なのに回数券が使えるバスと使えないバスの両方が存在したり、時刻表も事業者別に表示されるなど）といった利用者にはかえって不便な状況を招く場合が少なくない。運輸連合にはこうした競争の弊害をなくす効果がある。

一方で、同業者が競争せずに協力することは、一般的にカルテルと呼ばれ独占禁止法で禁止されている。日本の独占禁止法ではカルテルの除外規定があるが、公共交通については事業継続が困難であるものの地域住民の生活のために不可欠な運送サービスでなければ除外規定が適用されない。つまり、黒字路線が存在し複数の事業者が競争する地方都市などは長くカルテルの適用除外対象とはなっていなかった。

こうした状況が問題視され、2020年に、国土交通大臣による認可を受けた場合に路線バス事業者を独占禁止法の適用外とする独占禁止法特例法が公布・施行された。この特例法を活かし、熊本都市圏で2021年から共同経営を行う準備が進められている。

複数事業者の協力に際しては、なるべく発車間隔が均一になるようダイヤを調整する方法や、運賃制度を共通化して収入をいったんプールし、その後に各社に配分する方法を検討する必要がある。民間事業者のみでこれらを実現することは多くの場合に困難であり、ドイツでも何らかのかたちで地方政府が介入していることが多い。

同一の都市圏・地域に公共交通の運行事業者が1社しかない場合は、こうした問題は存在しない。フランスでは実際に1社が契約上都市圏内の公共交通の運行を独占することを前提とした制度設計となっており、運賃やダイヤの設定については地方政府が強く関与している。

一方、公共交通の利用が減少し黒字路線がなくなるような地域では、運行事業者の撤退問題が出てくるようになる。この場合は、事業者間協力ではなく事業を維持してもらうための支援が必要であり、カルテル除外の対象とはなっているもののそもそも事業者間の競争が成り立たなくなっていることが多い。

地域公共交通は、以上のように一般的な競争がなじまない分野である。こうした事業特性を念頭に置いた制度設計のもとで、事業が運営される必要がある。日本でも事業者間協力が法的に認められることとなったため、今後は事業者間の協力で利便性の高い交通サービスが実現することが期待される。

3.4 計画検討と意思決定

地域公共交通には不採算でも維持する必要があるという特性があるが、純粋に民間事業者が競争環境下で事業運営できるところは少ないため、ほとんどの場合に中央政府あるいは地方政府による関与が不可欠である。かつては運行自体を官が行う場合が多く、国鉄や各市町村の交通局が運行する鉄道・路面電車・バスが多くの地域で見られたが、近年では公営よりも民間事業者が運行する方が効率の良い運営ができることから、民間事業者が運行を行う事例が多くなっている。ただし、不採算路線については補助が必要であり、そうした路線あるいは事業者に対して地方政府が補助を行う場合には、公的資金を投入することからそのプロセスには高い透明性が求められる。

公金を出して維持しているにも関わらずバスの利用がほとんどなく、空気を運んでいるという表現が相応しいような場合には、無駄な公共投資であると批判されることもあるだろう。したがって、住民ニーズに合った路線と運行ダイヤの設定が必要であるが、住民ニーズは調査しないと把握することができない。そのため移動状況に関する意識・実態調査を実施してその内容を分析し、必要な交通サービスの内容を検討する必要がある。検討の結果として概ねの路線・ダイヤ案が固まったらその費用算定や需要予測を行い、議会および住民の同意を得なければならない。

地方政府は、これら一連の手続きを公正に進め、そのプロセスも含めて広く公表する必要がある。こうした一連の取り組みを計画プロセスと呼ぶが、公金を使う以上公共交通の将来計画は明示されなければならず、またその計画内容が広く一般に理解されることが重要である。そのために公聴会や縦覧、パブリックコメントといった制度が準備されているが、それらの制度を有効に機能させるためには、計画の存在を住民が認知するとともにその重要性が理解されていなければならない。

こうした計画プロセスが機能している諸外国の事例と比較すると、一般からの意見が計画に取り入れられることがあまり多くない日本の計画プロセスには課題があるといえる。国民が全体にこうしたことを考える余裕を持つようになり、意見を表明する住民の数が増えることが、課題解決のために最も重要であると考えられる。

4. 再構築の必要性と事例

4.1 再編・再構築が求められる要素

ここまで、公共交通の再編・再構築に際して必要な要素について記してきたが、本節では改めて再編・再構築が必要となる地域の実態について述べることとしたい。

公共交通の再編・再構築が求められる直接の要因は、先に述べたように人口減少や利用交通機関の変更等に伴う利用の減少であり、それによって現存する公共交通路線からの撤退や運行規模の縮小が顕在化することである。そうしたことが起きている地域では既存の公共交通に対するニーズが減少しており、放置しておけば利用はさらに減少するので、この段階で住民ニーズを正確に把握し、そのニーズに合った交通サービスを提供するようにしなければならない。

特に山間部等の人口僅少地域では、自動車に依存した生活方式が広く普及しているため、平時における公共交通の需要はきわめて少数であり、従来の定時定路線型の交通サービスではうまくいかないことが多い。利用の少ない地域で大型の車両を用いて一日数往復の路線バスの運行を維持する事例はよく見られるが、そうした運行が地元のニーズに合っているかどうかはよく検討する必要がある。場合によっては小型車両でタクシーに近いデマンド型のサービスを提供する方がニーズに応えられるためである。

しかし、デマンド型のサービスが万能かと言えば当然そうではない。定時定路線型で輸送可能なニーズがある地域の輸送サービスを全てデマンド型に切り替える事例も見られるが、そうした事例ではかかる費用が高くなりすぎて存続できなくなるリスクを抱えることになってしまう。

一方、ある程度の集積がある地方都市では、複数の交通手段あるいは事業者による連携の強化によって、利用者にとっての利便性が大きく向上することが見込まれる場合が少なくない。公共交通の利用の減少が始まってはいるものの、撤退などの厳しい状況に追い込まれてはいない段階で、路線の整理や駅・停留所等の結節点の改良、運賃の共通化やゾーン制の採用といった速度向上やわかりやすさの改善を目指す取り組みを進めている事例はいくつも存在する。

これまでは公共交通の利用を一度やめた人は基本的に戻ってくることはなかったが、高齢化社会の進捗に伴って運転免許の返納を希望する高齢者が増加している現在、公共交通の利便性が高いということが免許返納を後押しする側面もあり、その意味では利用減が始まっているかどうかに関わらず、どの地域でもこれまで以上に公共交通を便利にするべき時期に来ているともいえる。

公共交通事業者の中には、これまでの厳しい経営環境への対応を迫られる中で、労働環境の改善に十分に取り組むことができず、恒常的な労働者不足に直面しているところが少なくない。サービスレベル改善のために本数を増やしたくても、運転士不足で増便できないといったことが実際に起こっている。こうした状況下でも、再編・再構築の必要性は高まる。

4.2 再編・再構築の方針と実践

公共交通の利便性を維持・向上させる目的で新たな交通モードを導入したりネットワークを再編した事例は少なくない。

日本では、路線バスの撤退に際して地元自治体が移動サービスの維持の責任を負う際、住民ニーズに即した新たな交通を提案するためのノウハウと時間が不足していることが多く、自治体が運営主体となるいわゆるコミュニティバス方式で従前の路線をそのまま維持することが少なくない。しかしこのやり方では縮小トレンドを覆すことはできないので、自治体によっては大きなネットワークの再編を行うことで成果を挙げている。

たとえば愛知県豊田市では、２００５年に1市4町2村による合併を行って市域が大きく広がった際、旧町村が走らせていたコミュニティバスを統合するとともに民間事業者が撤退を決めた路線も含めて再編を実施し、旧町村役場を結ぶ基幹バスと地域内を走る支線バスによる新たなネットワークを構築した。「とよたおいでんバス」という愛称で運賃体系も統一し、運行本数を増やすとともに運行時間帯を拡大して利便性を向上させている。この再編にあたっては、事前に調査と分析を行ったうえで交通計画を公表し、3年おきに評価と見直しを行っている。

一方富山県富山市では、市北部を走るＪＲ西日本富山港線の廃止に際し、その路線を活用して新たにＬＲＴ（次世代型路面電車）の路線「富山ライトレール」として運行本数を大幅に増やすことで利用を大きく増加させた。その後、市中心部を走り既存の民間事業者が運行する路面電車路線との直通運行を実現させ、利便性をさらに高めている。

富山市の施策は、日本では新規に導入することの難しいＬＲＴを、施設保有者と運行事業者を分離する上下分離の活用や各種の制度を用いて財源を確保することなどで実現させたところが最大の特色である。単に公共交通を再構築するだけに留まらず、富山のシンボルとしてＬＲＴを最大限に活用し、都心居住促進等のまちづくりにも活用している。

富山市のように鉄軌道系の交通機関をまちづくりに活用する手法は、海外で多くの実践例がある。嚆矢となったのはフランスであり、フランスでは国を挙げてＬＲＴの導入とそれに伴う都心部自動車進入禁止措置や車道の削減およびバス・自転車専用レーン化といった抜本的なまちの改造を行っている。その際の基本方針は、公共交通に自動車と競争可能なだけの利便性を持たせるというものであり、自動車の利便性を下げることも含めた政策となっている。必要な財源は地方政府が自ら確保できる制度となっていることもあり、策定した計画の内容が実現しやすくなっている。

これらの事例に留まらず公共交通の再編・再構築がうまくいっているところでは、従前のネットワークを大胆に改変したり、新たな交通手段を導入するなどの思い切った政策を実行しているところが多い。そうした政策には明確な根拠があり、それが故に住民に受け入れられている。公共交通の再編・再構築で肝心なのは、住民のニーズに合い受け入れられて、利用者が満足するようになるかどうかである。

4.3　再構築のために必要な要素

本章ではここまで、公共交通の再編・再構築が必要となる要因とそのための手法を中心に論じてきた。ここでは本章のまとめとして、公共交通の再編・再構築を実現するために必要なことをごく簡潔にまとめる。

日本では公共交通の再編・再構築に対する国民の理解が十分でなく、そのために法的・制度的な支援が得られにくい環境にある。本来であれば、公共交通の赤字が不可避であるという特性に対して、財源を確保したうえでの補助制度を確立することが必要であるが、日本ではまだその状況には達していない。今後はこうした方面での制度設計が必要であり、それが実現すると中央政府（国土交通省）の公共交通に対する役割が、事業者に対する監督・許認可から地方政府に対する支援・助言へと変化することが見込まれる。

ただこうした動きがまだ十分でない現状では、再編・再構築を成功させるカギは地元自治体と住民の間に危機感が醸成されていることと、積極的に活動する人材が確保できているかどうかであると考えられる。再編・再構築を実現させた地域では、例外なく政策を動かす際に積極的に活動した人材が存在している。地方自治体だけでなく、事業者側にも住民側にもそうした人材がいるとさらに望ましい。こうした人材がいないと、財源・補助金がないという理由で活動が消極的になり、うまくいくものもうまくいかなくなってしまう。

地元のニーズを正確に把握し、改善に向けて積極的に動ける人材を発掘・育成することが、公共交通の再編・再構築における最も重要な要素であるということを指摘して、本章を締めくくることとしたい。

参考文献

1. フランスの都市交通政策における契約に関する論点整理：板谷和也、流通経済大学創立50周年記念論文集、pp307-321、流通経済大学、2016年3月
2. 豊田市における地域公共交通運営の評価手法構築：石川要一・山崎基浩・伊豆原浩二、土木計画学研究・講演集Vol42、P9、土木学会、2010年11月
3. コンパクトシティ政策と公共交通の位置付け　まちづくりの軸となる公共交通活性化施策と効果：高森長仁、運輸と経済第72巻第11号、pp43-51、運輸調査局、2012年11月
4. 都市交通のモビリティ・デザイン　まちづくりと公共交通を中心に：中村文彦、サン・ネット、2017年7月

第3章

地域公共交通の現場で何が求められているのか？

～キーワードは「適材適所」～

名古屋大学
加藤博和

地域公共交通はなぜ衰退の一途をたどってきたのか？　そして、ＭａａＳ、自動運転、ＡＩオンデマンド交通といった華やかな話題が、疲弊を極める日本の地域公共交通の現場を救う兆しが全くないのはなぜか。

理由は簡単、「適材適所」でないから。シーズありきの発想は生活のため移動している人々には一切通用しない。現場で役に立つソリューションは、現場を知らずして見いだせないのに、現場に入ろうとしない人ばかり。これでは何も解決しない。

地域公共交通に決定的に欠けている「適材適所」を見いだすために何が必要か。それを現場で実現するための支援をする「地域公共交通プロデューサー」はどうすれば育つのか。

公共交通を立て直すのに、評論は不要。具体的な活動こそが渇望されている。この章に書かれたその道筋をお読みになった皆様から少しでも多く、現場で即戦力になる方が出てきてくれることを、全国各地の現場が心待ちにしている。

1. 「今の現場のニーズ」に合わないのに「最先端技術」が注目される不思議

「地域公共交通は会議室でなく現場を走っている！」

1998年に某刑事ドラマの劇場版で主人公が叫んだ有名なセリフのパクリであるが、23年たった今でも私はこの言葉を叫び続けなければならない。

例えば、地域公共交通に関する今の報道の多くは的外れである。現場で何が起き、何を悩み、どう解決しようとしているのかに全然迫れていない。上から目線と言ってもいい。だからトンチンカンな記事にしかならない。ところが、政策決定を左右する偉い方々はなかなか現場に行けないので、トンチンカン記事を読んだり聴いたりして、誤った現場観が脳内濃縮され、それをベースに会議が行われて、大事なことが決まってしまう。いや、もしかすると彼らがそういう「都合のいい現場」を欲しているのかもしれない。決定が本当の現場に下りてくると、皆が頭を抱える。助けてくれるのかと思ったら混乱するだけだと。これは、地域公共交通だけでなく、世の中によくある構造だから、件のドラマも大ヒットしたのだろうが。

現場と意思決定者との乖離を防ぐためには、例えばコンビニエンスストアのPOSシステムのように、現場の状況をリアルタイムで把握してデータ化し、施策分析に用いてもらうことが有効だが、地域公共交通業界はいまだに、運賃箱に1日に入ったお金や、運転士が正の字を書いて数えた利用者数くらいしか使えるデータがなく、それもなかなか外には出してもらえない。企業秘密なので出したくないならまだしも、整理されていないので出すのが面倒ということもしばしばという、決定的に遅れた業界である。こういうところにこそDXが必要なわけだが、今までデータ活用という発想がないので、それをやったらどんなメリットがあるかを考えることから始めないといけない。

実際、ＩＣカードデータなど、日々データが蓄積されているのに有効活用されていないことも多い。

その一方で、いわゆる最先端技術を用いた実証実験が各地で行われ、それが地域公共交通の救世主になるかのような報道もしばしば見受けられる。それ自体があまりに現場のレベルから浮き上がってしまうことも確かだが、それ以前に、現場のニーズに対応しているかどうかが問題である。

自動運転はその典型であろう。プレスリリースとしては「映える」が、今の現場はそれを望んでいるのだろうか。あるいは、導入されることで現場は助かるのだろうか。そもそも、シーズを持つ人たちに、それを考えるメンタリティはあるだろうか。

確かに路線バスやタクシーの運転士・乗務員は非常に不足している。だから自動運転が実用化されるのは待ち遠しい。しかし現段階では、その技量は人間に遠く及ばない。技術革新は日進月歩であるが、それでも、自動運転実験車両に試乗する限り、路線バス・タクシーで人を乗せての営業運転は、数年先であっても一般化しているとは考えられない。担い手が足りないのは今であり、欲しいのは即戦力である。既に減便・廃止や減車を余儀なくされている交通事業者もある状況で、今後も担い手が増える要素はなく、数年先には事業ができなくなってしまっているかもしれない。その時その地域はどうなっているのだろう。地域公共交通は、将来を見据えることがむろん必要ではあるが、それは今の運行をきちんと確保できて初めて言えることである。

自動運転による営業運行が一般化するというのは、見た目ちゃんと走るということではない。現在の有人運転と同等以上の質で運行でき、さらにそれが今の人件費より安くなった時にそうなる。路線バスに乗っていると、急に目前に飛び出しがあってブレーキを踏むと、立ち上がろうとしていたお年寄りがよろめくということがある。路線バスでは少なくないこのリスクに自動運転が対応できるのはいつになるだろうか。現段階ではまだまだ低レベルである上に、その運転にどれだけお金がかかるか想像もつかない。

現在運転士が足りない理由は簡単で、責任が重いわりに待遇が悪いからである。できる人が少ないのではなく、やりたい人が少ない。路線バス運転士は2000年代初頭からの10年間で、給与が2割ほど下がり、労働時間が2割ほど増えた。この期間は他業種も給与は上がっていないが、これだけ待遇が悪化した業種は珍しい。そしてタクシーは地域差や個人差が大きいが、平均としては路線バスよりさらに待遇が悪い。利用者数減少が止まらず先行きも暗い業界であり、特に若者は敬遠してしまう。そのような状態で自動運転の話が報道で出てくると、「どうせ何年か経つとこの仕事はなくなってしまう」という認識になって、運転士になろうという人がさらに減ってしまうという現実がある。一言でいうと、運転士への敬意が社会に欠如している。

「共助」と称して、交通事業者の代わりに住民ボランティアが運転を行うケースが2000年代初頭より出てきている。自家用自動車を用いた有償運送の制度は少しずつ拡大し、交通事業者の撤退を補っている。地域を守るための尊い行いであり、私自身も各地で支援しているが、職業運転者よりさらに安い人件費で働いてもらう状況ではサービスの持続性・安定性は望めない。過大な期待は禁物である。

長期的な投資として自動運転推進が大事であり、そのために現場での実証運行も必要であることは重々承知の上で、しかし、今の運転士不足を解消したいなら、その投資の一部でも運転士の待遇改善に回した方がよほど費用対効果が高く、即効性もある。しかし、現場を見ないと、このとても簡単な真実を理解することができない。そういう人が「自動運転が地域公共交通を救う」と無邪気に言って、現場の士気を下げている、これが現実である。

2.「適材適所」が見いだせないのが失敗の原因

私が担当する現場は過酷なものばかりである。「何か新しいことをやってみたいから一緒にやりませんか？」という甘っちょろい依頼は皆無。例えば「路線バス事業者が営業所を廃止して路線を全廃すると言ってきて気が動転しています」「駅前の商業施設が撤退して買物難民が一挙に増えてしまい、対応策を思いつきません」「地域の二つの路線バス事業者が不仲で、バス見直しが全く進められず困っています」といった「ＳＯＳ」である。腹案があるところは私に頼まない。状況は深刻なのに対応できる人がいない。金もない。アイデアもない。

こういう現場、いや修羅場に行って「自動運転なら、すべて解決します。では、これから実証実験でも…」と言ってみたらよい。「ふざけるな！」と言われてコップの水をかけられるくらいで済めばラッキーであろう。こんな修羅場に皆さん立ち会ったことはあるだろうか。

修羅場の様子は報道には載らない。当たり前である。恥ずべきことなのでＰＲするはずもないし、そもそも対応する暇がない。でも、この修羅場でこそスキルが必要なのであり、私はそこに臆せず飛び込んで、理不尽と思っても泥まみれになって取り組んでいる。もし手伝っていただけるならぜひ私にご一報いただきたい。また、声の大きい方々にもぜひ見ていただきたい。ここでも人は全然足りていない。むろん、足手まといは困るので、私の言うことをしっかり聞いて動いていただくことが条件である。

地域公共交通に関する報道でもう一つ注意すべきは、「立ち上げ時」に偏っていることである。好事例かどうかは言うまでもなく立ち上げ時にはわからず、後になって評価できるのだが、その結果が明らかになる何年後かまで追いかける人はほとんどいない。事前にうまく宣伝し、日本初、最先端技術導入、有名企業参画などと枕詞をつけて華々しく報道されるものはたくさんあるが、そのうちどれだけが残っていくのか。華々しい報道の数年後、結局地域に残ったのは使わなくなった機器群と住民の深い失望、というところを私はたくさん見てきた。そして、そのいくつかが、私の現場となっている。不信感に満ちた地域での仕事、これも修羅場である。

また、いったんうまくいっても、数年後には見る影もないというものも多い。多くは担当者の異動が原因であるが、担当者が報道・視察対応やシンポジウム・国の委員会に引っ張り出されて現場を見られなくなった結果という場合もある。

「日本初」という触れ込みは、私が知る限りほとんどが誤りである。日本中を見れば、今までにもありとあらゆることが行われていて、その多くは報道に載らない。例えば、路線バスの貨客混載。もともと道路運送法82条で少量の貨物を輸送できると規定されていて、昔は全国で行われていたが、宅配便の普及などで衰退した。それが今、少しの工夫で「初」と言われても拍子抜けする。現段階では注目すべき事例は出ていない。「日本初」かどうかなんて、地域にとってはどうでもいいことで、何が大事かわかっていない人たちが騒いでいるだけである。

地域公共交通において本質的に大事なのは「適材適所」である。失敗の大半はこれができていないことに起因する。地域に不要なもの、役に立たないものを持ち込んで失敗しているのである。

日本の地域公共交通の不幸は、多くの地域で「適材適所」を見いだせていない点にある。私はそれをできる人になろうと、「地域公共交通プロデューサー」を名乗って、現場の活動で成功も失敗も経験しながらノウハウやスキルを蓄積し、それを拡散することに取り組んできた。しかし不本意なことに、そのような私の活動が紹介されることは全くない。

地域公共交通の現場、そこでの真実は、通常の報道や書物、シンポジウムなどでは伝えられていない。だから私は、この文章を書くことにした。その真実を知らなければ現場で何もできず、結局失敗するだけだからである。もう時間は残り少なく、失敗している暇はない。そして、終わりにも改めて述べるが、この本をお読みになった皆様から少しでも多く、本当の現場で即戦力になる方が出てきてくれることを、私はもちろん全国の現場が心待ちにしている。

3. 着実に進展したモータリゼーション、旧態依然の地域公共交通

地域公共交通はなぜ衰退の一途をたどってきたのか？

世間には、モータリゼーション、居住域の拡散と低密化、過疎化や少子高齢化など、いろんな理由を挙げる人がいる。そしてこれらは外生的な要因であり、地域公共交通になすすべがなかったという人がいる。しかし、決して外生的な要因ではない。地域公共交通が「ふがいない」ことが促進したのである。地域公共交通が「ふがいない」とは、「地域の移動ニーズに対応できていない」、すなわち「適材適所でない」ことである。そして、「ふがいない」公共交通しかない地域は衰退し、人口減少や少子化を促進してしまう。

モータリゼーション以前は、生活・生産を地域公共交通サービスに合わせなければならなかったし、まちの形もそれによって決まった。地域公共交通が地域のニーズに対応するのでなく、地域が地域公共交通のシーズに合わせる時代だった。日本は公共交通の発展が早く進み、モータリゼーションは遅かったため、このような地域公共交通黄金時代が長く続いた。しかし、利用者が満足していたわけでは必ずしもなかった。

クルマがあれば地域公共交通に縛られる必要が

ない。1960年代後半に本格始動したモータリゼーション。このタイミングで地域公共交通事業は舵を切っておかなければならなかったが、残念ながらそれまでの黄金時代を引きずり、変化は緩慢であった。

　モータリゼーションが急速に進展したといっても、全国の人口1000人あたり乗用車保有台数は1970年で70だったのが、5倍になったのが1996年（358）と26年もかかっている。この間に増加したクルマは世帯の主な働き手が利用することが多かった。そして1996年は世帯あたり保有台数が1台を越え、世帯複数保有が本格化した時期である。主な働き手以外の家族も自由に使用できるようになり、運転できない家族の送迎可能性も高まった。このようなモータリゼーションの段階的深化に応じて取り組みのギアをチェンジし、各段階で離れようとする顧客をどうつなぎとめるかを考えて地域公共交通が変わっていかなければいけなかったのに、残念ながらそうはならなかった。好き好んでクルマを運転するようになった人も多いだろうが、公共交通サービスが不十分なのでやむを得ず運転するようになった人もいることを認識しなければならない。

　結果、全国に旧態依然、十年一日の公共交通サービスが残る。それこそが地域公共交通衰退の根源である。しかし、だからといって全く新しいものを持ち込んでもうまくいかないのが難しいところである。

　適材適所をどう見いだすかがわからない、あるいはそういう発想がない現場だと、目新しいものに期待することが少なくない。これもやむを得ないことかもしれない。私の経験では、報道や書物などで勉強した頭でっかちの方に多い。これもやはり自分たちの現場を見ていないのである。

　以前、ある地方部の郊外の住民組織から「タクシーしか公共交通がなく高齢化も進み、不便なので何とかしたい」と相談を受け、できるだけ早く現地を見ると伝えたところ「うちの地域にどのような方策が考えられるかを『あらかじめ』提案していただいたら、助成を受けている資金から旅費が出せるので送ってほしい」と言われ、あきれ果てた。それを言われなければ旅費は自腹でも急いで行って、適材適所となる方法を考えたのだが。その地域は私への相談を打ち切り、今は東京からＩＴ企業を招いて、ＡＩオンデマンド乗合交通の実験運行を行っているようである。合理的根拠のない「民間療法」でないことを祈るのみである。

地域公共交通プロデューサーの仕事は「臨床医」のアナロジーと考えるとわかりやすい。診察・処方・治療というプロセスを経て、ありとあらゆる方法で病状を的確に把握し、それに基づいて適切な対応策を考え実行する。その際大事なのは、最適な手段をためらわず選ぶことである。ウイルス性感染症なのに抗生剤を処方したり、激しい頭痛なのに胃カメラで検査しているとしたらどうであろうか。これでは患者は助からない。まともに診察もできず、する気もないなら現場に来られても迷惑なだけである。

近年では、本格導入でなく実証実験と銘打つものも多い。できることは何でもやってみるというのは悪くないが、全く関係ないことや効果が考えられないことを実験と称してやるなど、あってはならない。それは、今この時を生き延びていかなければならない地域を愚弄している。現場は実験動物ではない。

「適材適所」を処方できるようになるためには、できる限り多くの治療法を知り、病状をじかに見ながらその時その時でベストを尽くさなければならない。そして、常にすべてが本番である。また、現場から不要と言われるまで絶対に逃げない。それが地域公共交通プロデューサーのあるべき態度である。

4. 「適材適所でない」公共交通の存続は地域にとって有益でない

「適材適所」でない典型は多くのローカル鉄道に見ることができる。

廃止になる鉄道はよく「○○年間、毎日変わらず走ってきた」と言われるが、変わらなかったから廃止になったのだと考えるべきである。逆に、鉄道に世の中を変えさせない力がなかったからと言ってもよい。東京・大阪大都市圏は今でも鉄道主体のまちでありライフスタイルである。しかし地方部の鉄道にはそのような力はない。世の中が変わっているのにそれに対応しないのでは、利用が減って当然である。

ところが鉄道は簡単に変わることができない。駅の新設や線路の移設はお金も時間もかかり容易ではない。一方で大規模小売店舗や総合病院、高校そして市役所までも駅周辺から郊外に移り、鉄道で行ける目的地がどんどん減っていった。鉄道は駅間移動は速いが、駅に行くのに時間がかかるし、本数が少ないので待ち時間も長い。さらに単線だと行き違いに時間がかかることもある。地方だと、駅に行く間にクルマでたいていの用務地に行けてしまう。

鉄道がそのメリットを最も発揮できるのは大量輸送である。そして線路や車両がしっかりしていれば速達性や定時性そして車内快適性が確保できる。それによって魅力が高まることで商圏すなわち駅勢圏も広くなり、大量輸送に見合った乗客数になる。極端な例が東海道新幹線である。逆に乗客が少ないと、固定費となる専用のインフラや車両が負担となり、路線バスより割高となってしまう。そこで固定費を切り詰めることで存続を図ることになるが、線路や車両の保守費用が十分でないと速度低下や乗り心地の悪化につながりサービスレベルが下がる。場合によっては安全性が損なわれ、過去には重大事故が起きたり、自然災害で甚大な被害を受け再起不能になった鉄道が多数あった。

実際に、鉄道が存続する実務的な理由として最後に挙がってくるのは、「路線バスでは高校通学をさばけない（輸送力が足りない）」場合である。高校生は、鉄道だと定期券代が安いので、駅から学校や家が遠くても乗ってくれることが多い。和歌山県の有田鉄道が鉄道線を廃止する直前は、高校通学時のみ列車を走らせ、あとの時間は並行道路を走る路線バスでカバーしていた。

高校生は特に登校時に利用が集中するため、それに合わせて車両や運転士を用意する必要がある。にもかかわらず通学定期券や回数券の利用によって運賃単価は低い。私は通学定期券の制度について、特に地方部では公的補助によって普通定期券との差額を補填すべきだと考えている。そもそも通学定期券の割引は、多くの一般乗客がいる場合に、その運賃支払いで学生をサポートする仕組みであって、高校生が主な利用者になっている場合は成り立たない。ならば地域住民全体でサポートするのが理にかなっている。以前、幾つかのローカル鉄道を対象に、差額補填による鉄道事業者の増収額を推計したことがあるが、黒字に転じる事業者がけっこうあった。地方部では高校通学が不便だと人口減少が促進されてしまうので、この差額補填は真っ当である。

高校通学輸送は客単価が低くピークに集中するため、詰め込みの運行になりがちである。そして駅と高校が離れていることも多い。地方部では学校まで片道10㎞以上の自転車通学も珍しくないが、中には家から駅まで、あるいは駅から学校まで10㎞以上自転車で通う高校生もいる。そのような低サービスレベルを3年も経験させてしまったら、卒業後にはもう乗ってくれることはない。それどころか、少子化進展はもとより、家族送迎の一般化や、高校が生徒囲い込みのために行う通学バス運行などによって鉄道での通学は全国的にどんどん減っている。公共交通を便利にすることで高校生を甘やかしてはいけないという前世紀の発想の方もまだ残っているが、親が送迎してしまえば元も子もない。正直なところ現状で鉄道のまま打つ手は非常に少ない。やはり、直通で高校まで行く路線バスを走らせたい誘惑にかられる。そうしないと人口が流出し、高校もなくなってしまうかもしれないから。鉄道を残すためわざとそういう路線バスを走らせない地域もあるが、それが本当に地域のためと言えるのか。

私は過去、幾つかの鉄道廃線にあたってその代替交通確保の仕事に携わった。鉄道事業者が廃線を申し出るのは、自力での災害復旧が不可能な場合を除けば、極めて利用が少なく好転の見込みもない「超赤字路線」である。赤字になったから廃止にするという軽薄な話ではない。こういう路線では既述した鉄道のメリットは全く発揮できていない。路線バスに移行しても運行時分は伸びず、停留所が便利な位置なので移動全体の所要時間を短縮できることが多い。そして費用が下がり単線の制約もなくなるので増便できるかもしれない。

このように、極めて利用が少ない路線は、路線バスに代替した方がサービスレベルを改善できることが大半である。廃線方針が決まると、そこから1年程度かけて具体的な路線案を考え、さらに周辺のバス路線等も含めて再編することで、費用効率的で利便性が高いサービス提供ができるように煮詰めていくのが理想である。

しかし実際の現場ではなかなかそうはならない。鉄道事業者が廃線意向を表明してから地域がそれを認めるか否かの話が何年間も続き、無策のまま利用者減少は止まらない。しかもその過程では鉄道として存続することの妥当性や代替策との比較はほとんど行われない。それをしないのに妥当な検討ができるはずがないのだが。

多くの場合、自治体による廃線の容認は唐突である。代替交通検討はそこから本格化する。鉄道は廃止届を国に提出すると1年後に廃線できるため、その1年間で代替交通運行開始まで至る必要があり、逆算して検討時間は半年とれればいい方ということになる。JR三江線廃線の場合は半年先延ばしにして検討時間を確保したが、それでも余裕はなかった。しかも総じて、鉄道がなくなることによるあきらめ感から、検討へのモチベーションは高くない。そして、検討が不十分なまま運行開始となって、多くの方から不便になったとおしかりをいただき、ましてや開始時にはトラブルが生じることも多く、マスコミ報道も厳しい。まさに代替バス検討は修羅場の中の修羅場である。

こういう修羅場でも、今はやりの自動運転や、MaaS、ライドシェアといったものは、今のところ役に立っていない。理由は簡単。徹頭徹尾「シーズ先行」だから。こういうマインドの人たちから「うちのシステムが役に立つことがあれば呼んでください」と言われたことは一度や二度ではない。自ら現場に足を運び何が役に立つかを考えて提案するという発想が根本的に欠けているのである。もちろん、「猫の手も借りたいほど」なので使えるものは何でも使いたいし、修羅場で役に立たなくても、修羅場が発生しないように日頃から地域公共交通を盛り立ててくれればいいのだが、それもさっぱりである。コロナ禍による利用減の対策にも全く役立っていない。自分たちのシーズが現場で役に立たないことを目の当たりにすることなしに、シーズが使い物になるには至らないと肝に命じてほしい。

5. 見た目でなく「基本コンテンツ」にこだわれ

地域公共交通プロデューサーの命は、「基本コンテンツ」の提案力にある。

公共交通機関の基本コンテンツは「系統」「ダイヤ」「乗降施設」「車両」の4つからなる。必要なサービス水準を確保するために基本コンテンツをどう磨き上げるか、そしてそのサービスに対して利用者が支払ってくれる運賃や、地域が支払ってくれる公的補助や負担金・協賛金などを合わせて運行維持ができるかどうかが問われる。運賃を「自己負担」、公的補助等を「保険料」と置き換えると、健康保険と同様のスキームだと見なせる。この「交通保険」によって維持される地域公共交通サービスで全国を覆っていくことが究極の目標である。

さらにここではっきりさせたいのは、鉄道や路線バスといった交通機関は基本コンテンツをもって公共交通サービスを提供するものであって、交通機関自体の選択は本質的でないということである。例えばレールボーナスという言葉があるが、これは基本コンテンツの各要素に分解して考えるべきであり、それをしないで「鉄道に固有の価値がある」と言っているだけでは、地域公共交通サービスの改善を止めることにしかならない。地域公共交通網全体のどこにどのような性能が必要かを検討し、それを充足できる公共交通機関を選択するにあたっては、性能を規定する基本コンテンツをいかに適材適所に設定できるかに力を注ぐことが大事である。

路線バスの場合、基本コンテンツのいずれもがコントロール可能である。しかし鉄道ではいずれも不自由で、特に系統はほとんどいじることができない。だから、その決まった路線をいかに便利にして、それに依存した生活をしてもらうようにするかを考えなければならないのである。その主な手段はダイヤの見直しであるが、それとて線路設備等の制約を受ける。よって、ローカル鉄道については トリアージが必須と考えている。すなわち、残す価値がある路線は徹底的に便利にし、駅を集客施設と合築するとともに、端末交通との連携を緊密にする。そうでない路線はバス等へ転換することで各地への直行性も向上し便利にできる。これによって、公共交通網が提供できるサービスを向上させるのである。

一方で、路線バスがその自由度の高さをもってしてもカバーできない領域がどんどん拡大してい る。1960年代までは、輸送力や速度が低い単線鉄道や路面電車を路線バスに置き換えることで増便や時間短縮ができサービスが向上する場合が多くあった。現在の路線バスは、道路混雑によって表定速度が低下し、定時性確保も困難である。これをカバーする交通機関への置き換えが必要である。

2014年の地域公共交通活性化再生法と都市再生特別措置法の同時改正によって、地域公共交通網形成計画(当時)と立地適正化計画の連携による「コンパクトプラスネットワーク」の実現が強く意図された。モータリゼーション進展と都市域低密拡散が人口減少下でも続けばインフラ維持や行政サービス継続がままならなくなることへの対応である。

この時大事なのは、都市域をコンパクトにする力を持つ「魅力的な幹線公共交通」が軸となることである。しかし現実は、これが地方部では心もとないので、いくら鉄道駅周辺に都市機能誘導区域や居住誘導区域を設定しても立地は進んでいかない。旧態依然の鉄道や路線バスを抜本的に改善する必要がここにある。その具体的な方策が、鉄道事業の上下分離、LRT、BRTである。これらの推進は、地域公共交通活性化再生法でも「鉄道事業再構築事業」「軌道運送高度化事業」「道路運送高度化事業」として位置付けられている。

上下分離は鉄道事業をインフラ・車両等ストック(下)と運行(上)に分け、下を公共セクターが運営し、上がそれを借りて運行するものである。減損会計によってより経営の重荷となった固定資産から運行事業を解放するとともに、基本コンテンツのうち固定資産に依存する部分を公的資金によって改善しやすくする。鉄道の持続性確保やサービス向上に有効である。LRTは陳腐化した鉄軌道線を改善するもので、路上の専用軌道といった高速鉄道よりも簡易な構造を採用し、低費用で利便性を高める。BRTは路線バスを高速化するもので、専用レーン・専用道や優先信号、ハイグレードバス停などによって利便性・快適性を高める。

蛇足であるが、LRTはLight Rail Transitであり、日本語に直訳すると「軽軌道」「軽便鉄道」となる。過去には「軽快電車」という言葉も当てられ、とても語感が良い。ところが現在の日本では「低床式路面電車」というあり得ない誤訳が蔓延している。同様に、BRTはBus Rapid Transitで、「バス高速交通」と直訳されるが、日本ではなんと「連節バス」と誤訳されている。これらの誤訳は百害あって一利なしである。地域の幹線公共交通に必要な基本コンテンツが何かが全くわかっていないから。

日本には従来から、国際標準から見てLRTやBRTと呼べるものが存在してきた。LRTとして著名な富山地方鉄道富山港線（旧・富山ライトレール）は15分ヘッド運行、低床車両によるバリアフリー化で利便性を高めたが、例えば豊橋鉄道渥美線〈鉄道線〉（市内線〈軌道線〉とは別）も昔からほぼ終日15分ヘッドであり、土休日と平日昼間は全駅で自転車持ち込みを可能とするほどバリアフリーであり、LRTと呼ぶにふさわしい基本コンテンツである。このレベルの地方鉄道は国内各地にある。

一方、日本を代表するBRTとして、名古屋市の基幹バス新出来町線（道路中央の専用レーン走行）やガイドウェイバス志段味線（ガイドレール付きの高架専用道走行）が挙げられる。既存路線バスよりも高速で走行し、乗客も非常に多く、地域の軸となっている。前者は1985年、後者は2001年開業であり、いまだに国内唯一であることが情けない。

これら、鉄道と路線バスの間にあって、費用を抑えつつサービスレベルを高め、コンパクトプラスネットワーク実現を推進できる力をもった「本当の意味での」LRT・BRTは、世界を見るとどんどん普及している。ところが日本では残念ながら、昔からあるものを大切にせず、全く異なった、しかも基本コンテンツを改善できない「ニセモノ」を普及させようという不毛な状況から脱却できていない。これもやはり、中核市レベルの幹線公共交通の貧弱さとそれがもたらす諸問題を現場で「診察」できる人が不足している故であろう。誤訳が横行するのは、適材適所を必要とする現場を見ていないからにほかならない。ローカル鉄道と路線バスが低品質のままでは、地方部でのコンパクトプラスネットワークなど絵空事である。

6. オンデマンド乗合交通も「適材適所でないところ」にどんどん導入されている現実

路線バスとタクシーの間も広く、超高齢化で重要性が増すラストワンマイル移動に対応できない。

路線バスは鉄道よりボーダーラインは低いものの、乗客が多くないと維持できない。自由度が高いと言っても狭い道には入れないし、停留所まで行くのが大変な高齢者も増加している。このままでは外出できない人が増えてしまうだろう。そして定時定路線だと、利用の少ないところではニーズに合ったダイヤがなかなか組めない。それでも比較的利用があるところでは、単に公的補助で事業者路線の運行を維持するのではなく、自治体や地域組織が事業主体となり、バス事業者に運行委託する形をとることで、地域に必要だが採算がとれない基本コンテンツでの運行を実現するスキームが20世紀末から全国に普及した。いわゆるコミュニティバスである。狭い道も走れるように小さな車両を導入したことで、適材適所となる範囲は大きく増加した。なお、コミュニティバスの意味については後で説明するが、交通「手段」のカテゴリとしては定時定路線型の路線バスの一種である。本稿では路線バスはコミュニティバスを含む言葉として使用する。

定時定路線運行は、ドアツードアのクルマに慣れた住民にとっては大きな制約である。様々な地区をカバーしようとすれば路線は冗長となり、同じ車両数なら減便になってしまう。いろんなところを通っても乗降が全然ないなら非効率極まりないが、コミュニティバスにそのような路線は少なからず見受けられる。そこで近年はオンデマンド乗合交通が拡大の一途である。一般にはオンをつけずデマンド交通と呼ばれることが多いが、demandは日本語では需要という意味であり、「需要交通」は意味不明である。onがつくことで「需要に応じた交通」となる。しかしそれなら、一般タクシーこそそうである。したがって、オンデマンド「乗合」交通が正しい。最も変なのはデマンドタクシーという用法である。

一般タクシーは昔から全国の大半の地域で走っている「乗合でない」オンデマンド交通である。停留所まで行けないという方はタクシーを使えばよいが、一般タクシーは路線バスに比べて運賃が1ケタ高い。それも当然である。1人～数人が1人の運転者と1台のクルマを占有するのだから。もしこれをバス並みの運賃にするなら、非常に高額の補助が必要となる。そこでオンデマンド乗合交通では、経費を抑えるため、乗降場所の限定、予約締切時刻の設定、複数の乗り合わせといった形で、一般タクシーに比べ利便性を下げ、運行効率を高める。経費をさらに下げようとすると、乗り合わせをうまく行えるように、予約と配車をマッチングさせ、空車や回送をなるべく減らす必要がある。

AIオンデマンドとは、まさにそのマッチングを行うための計算にAIを取り入れたものである。AIは計算方法の一つであって、それ以外でもそれなりのマッチングを出してくれる既存の予約配車システムはあり、AIでないといけないわけでもない。いずれにせよこのマッチングを人がやるのは大変で、コンピュータがやってくれるととても助かる。この時、予約を携帯端末から行えるようにすると、より効率的なマッチングを行うために予約時刻の調整を予約者に提案し、同意が得られれば運賃を下げるインセンティブも可能である。

こうして、カラのバスが走ることなく、予約に応じてクルマが家の近くから行先の近くまで動いてくれる、しかも安い。なんとすばらしい仕組みかと思う人が多いだろう。しかしこれとて、適材適所となる範囲はそれほど広くない。

オンデマンド乗合交通は、乗降場所や運行時刻の限定がどれだけ厳しいかによって様々な種類があるので、地域の状況に合わせてその程度を吟味し設定することが大切である。両極端が、ドアツードアで予約即配車の一般タクシーと、定時定路線のバスである。例えば東京都心のように常に多くの利用者がいるところだと、タクシーは空車で走ることが少ない。誰かが降りたらその近くに手を挙げる人がいるし、スマホアプリでの注文もどんどん入ってくる。

しかし便利ではあっても運賃は鉄道や路線バスに比べずっと高い。安くするためには乗り合わせが必要である。ところが人によって行先は異なり、乗り合わせれば迂回が当然生じる。多くの人が乗り合わせればそのロスは大きい。AIがそこを調整してくれるわけだが限界がある。すると利便性も費用効率性も低下してしまう。自動運転になるとこのような運行がまるでエレベーターに乗る時のように滑らかに行われるようになるかもしれないが、それまでは運転者はAIの指示に頭が混乱してしまうかもしれない。そしてエレベーターと違って動きは2次元なので、なかなか行きたい方向に向いてくれない。車両を増やせば対応することになるが、それこそ運転士不足で大変であるし、投入費用もどんどんかさむ。

実際、路線バスを廃止してオンデマンド乗合交通に置き換えた地域で、予約に十分対応できない状況がよく見られる。中には地域公共交通計画で予約成立率を上げることを目標にしているところがあるほどである（つまり日常的に予約をかなり断っている状態）。これで公共交通の役割を果たせているとは思えない。逆に、予約状況を踏まえて、例えば8時30分に診療開始となる総合病院に行きたい人が多いといった、時間帯や方向がまとまっている部分については、定時定路線、もしくは行先とその到着時刻を固定したオンデマンド運行にする場合も見られる。ならば最初からオンデマンドに全面置き換えする必要はなかったのではないかと思える。加えて、予約なく乗れるがダイヤに制約される路線バスと、その逆のオンデマンド交通では客層が違っていることが多い。すなわち、路線バスに乗っていた人がそのままオンデマンド交通に移ってくれるわけではないのである。むしろ一般タクシーからの移行が見られることが多い。

過疎地だとそれほど乗客はおらず、乗り合わせになるマッチングもめったに起こらない。つまり一般タクシーと変わらない。そうなると経費も一般タクシー並みとなるが、そこに高額の補助金を投入して、コミュニティバスと同等か少し高い運賃を設定している。結果的に一般タクシーは割高、路線バスは不便なわりに安くないため利用されなくなってしまう。それでも便利で安いオンデマンド交通が多く利用されればいいと思いきや、特に朝のように利用が多いと予約が取りづらくなったり、乗り合わせがあまり起こらないので利用増加に比例して経費が増え補助金支出も増えてしまう。以前の路線バスに比べて利用者は少なく補助金が増えた、そして一般タクシーはなくなってしまった、という事態も起こっている。なお、近年は過疎地のみならず地方都市でも一般タクシーがゼロになるところが出てきており、あっても深夜早朝営業をしていないところが増えてきている。こうなると本当の意味での公共交通空白地域が大きく拡大してしまう。一般タクシーをどう残していくかも大きな課題になってきているのである。

以前、公共交通利用促進に関する自治体職員への説明会で話をしたとき、ある自治体の職員からこんな質問があった。「うちは正直なところ利用促進したくない。オンデマンドだと利用が増えるほど補助金が増えてパンクしてしまうので」。

なんと本末転倒なことかとも思えるが、これも現場の実情である。オンデマンド乗合交通になってよかったところもあれば、全然ダメだったところもあるし、利用が多すぎて困っているところも全然利用されなくて困っているところもある。やはりオンデマンドも適材適所が大事であり、鉄道や路線バスと全く同じである。

7. MaaSの本質は地域公共交通の一体化である

ＭａａＳほど、日本の交通の世界でその意味が理解されていない概念はない。

ここまでは公共交通「網」について触れてこなかった。しかし、各地区・各区間の基本コンテンツやサービスを適材適所で設定したとしても、網全体として見るとうまく整合がとれず、一体として機能していないということが起こりやすくなる。コミュニティバスはその典型と言える。既存の路線バス網の不十分なところをカバーするために新設されたのに、路線バス網との競合を避け、さらに運賃制度など様々な違いがあるために、全く別個の路線網ができあがってしまい、互いに乗り継いで利用することがやりづらくなってしまった例が全国に多数生じた。オンデマンド乗合交通が加わるとなおさら混乱してしまう。

ここで有効となるのがＭａａＳの概念である。世間では携帯端末を使って公共交通サービスの経路検索・予約・決済を交通事業者の違いを意識せず行える仕組みと認識されているが、私は以下のように解釈している。

ＭａａＳはMobility as a Serviceの略である。日本語では「一つのサービス〈訳が困難〉としてのモビリティ〈移動性〉」となるが、よく意味がわからない。かみくだくと「移動できること」が一つのサービスとして提供されている」となる。ここで大事なのは「a：一つ」である。モビリティ・サービスはいろいろあるが、それぞれがてんでバラバラだと使える範囲が限られてしまう。全体としてうまく組み合わせて使えれば自由に移動できるようになる。それを実現し、いろんな交通機関が合わさった一つのサービスとして考えられるようになることが付加価値なのだと。そしてそれこそが、ドアツードアの自家用車に地域公共交通が伍していくために必要不可欠な条件なのだと。

ＭａａＳはヨーロッパで進んでいると言われるが、日本が何もやっていないわけではなく、むしろ進んでいる面も多い。検索はいくつかのコンテンツプロバイダーが全国をカバーしており、今では路線バスの多くも検索できる。タクシー予約も大都市部を中心にスマホアプリ配車が可能となっている。決済は交通系共通ＩＣカードが普及しつつあり、オートチャージを組み合わせることもできる。そしてこれらいずれもスマホで提供されている。

例えば名古屋市交通局（市バス・地下鉄）は、上記に加えて、バス位置情報提供、ＩＣカード利用時のマイレージ付与や乗継割引、そしてスマホでの提供ではないが「ドニチエコきっぷ」など1日乗車券の発売、市内施設・店舗等での割引特典を行っている。これらがすべて一つのスマホアプリで提供されればベストである。ただし、ＪＲや名鉄など他社にはこれらサービスは適用されない。これが日本の劣る点と言えるが、技術的な問題ではなく、各事業者のイニシアティブが強いことが理由である。

一方、ヨーロッパでは運輸連合の仕組みに代表されるように自治体のイニシアティブが強く、地域公共交通が一体化されているので、それをスマホに載せただけと言える。まさにこの一体化こそがＭａａＳの本質である。

交通事業者横断型の「一つのサービス」を提供するためにどうすればよいかについてはここでは論じない。ただし、地域公共交通プロデューサーの立場としては、ＭａａＳアプリを導入すれば自動的に便利になるなどとは間違っても考えてはいけない。つまり、最初から地域の様々な交通機関を一体的に使うことが有効となるように、各交通機関自体の基本コンテンツを個別に改善するのみならず、相互関係や総合的な利便性を意識して全体的にコンテンツを調整することの重要性に留意しなければならないのである。

これは、ＭａａＳだけでなく、モビリティ・マネジメントや、運行サービス内容に関する標準データ整備とオープン化においても同様である。もともと便利なはずなのにそれをきちんと伝えられていないから使ってもらえないという場合にこれらの付加価値が生じる。よって、高頻度で高密度の路線網を持つ大都市部では無条件に効果的であるが、そうではない地域では、貧弱な運行内容であってもうまく利便性を向上させるしかけを組み込んでいる場合にのみ有効である。さもなくば、むしろ「この地域の公共交通は不便である」と宣伝してしまうことになりかねない。地域公共交通網のつくり込みがあってこそ、円滑な乗継経路が検索され、モビリティ・マネジメントのネタとして使えるような移動スタイルが提案できる可能性が高まるのである。

公共交通網が洗練されたものになれば、それこそＭａａＳやモビリティ・マネジメントが効果を存分に発揮できるし、併せて案内板や駅・停留所掲出物、行先表示器など各種案内による訴求も見直すべきである。わかりやすく目的が明確になって初めて、何を案内していいのかわかるようになるとも言える。

ＭａａＳではラストワンマイルの改善も期待できる。全国的には、単なる携帯端末予約によるオンデマンド乗合交通システムの導入をＭａａＳと称するような、あまりに不勉強な代物が存在している。そうではなく、ＭａａＳが力を発揮するのは、骨格となる幹線が定時定路線で運行し、各地の乗継点で端末手段に乗り継ぐシステムである。こうしないとオンデマンド運行は非効率になるということはすでに述べたとおりである。この効率的かつきめ細かなサービスは、各地区オンデマンド運行の効率化や予約即応を可能とし、より多くの人があらゆる場所から場所へ移動できるようにする方法となりうる。

なお、乗継点を端末手段の運行拠点（営業所）にしておくとより効率化する。逆に現行の運行拠点を乗継点に指定するのもよい。現状だとバスと一緒に回送のオンデマンド車両が走っていき、乗継点で待ち構えるというバカなことが全国で起きているが、それをなくすことができる。さらに利便施設や待合施設などが整備されれば、いわゆる「小さな拠点」になっていくであろう。この拠点の見直しは地域公共交通網の大事な課題である。

また、ＭａａＳオペレーターの狙いは、移動データの把握と利用者の囲い込みにある。一方で地域としては、データを地域公共交通の見直しなど地域政策に活用することや、地域内での活動を活発化させることが目的となる。そのために自治体は、データ取得（モニタリングやセンシング）に関与することが重要であると考えている。

現状では特に路線バスに関するデータが貧弱であることから、その取得やデジタル化に積極的にかかわるべきである。それとともに、地域の様々な施設や店舗などと連携し、地域を活性化させる取り組みを進めていく中で、地域公共交通をその装置として考えることで、地域のニーズと地域公共交通サービスのシーズがマッチングしていく流れをつくっていく。これらの取り組みを主導するのはやはり自治体の役割となる。

8. 自身も気付いていない「お客さん」を探し出し、ライフスタイルを提案する

地域公共交通を改善するために最も大事な「適材適所」は、どうすれば現場で見いだせるのか？

一言でいうと「お客さんがどこにいるか探す」ことに徹する。そんなのだれでもやっているのではと思うだろうが、多くはトンチンカンなのであ

る。そこで、方法の概略を説明する。まず、先入観を持たず「地域を回ってみる」。だれかの案内を受けてはいけない。自分の感性が試され、磨かれる場である。

既存公共交通＋徒歩で回るのと、自分で自動車を運転して回ることの両方を必ずやっていただきたい。片方だけでは地域の現実に迫れないからである。主な行先になりそうなところには立ち寄り、入って、可能な限り人の話を聞くとともに、営業時間や内容も調べておく。その道中、「どこにお客さんがいそうか」を常に物色する。地域の地理に習熟することは基本要件であり、地名も読めるようにしなければならない。

机上に戻り、地図やストリートビュー、アンケート調査結果や統計を見ながら、ある程度の仮説をまとめる。その上で「地域の関係者の話をよく聞く」機会を持つ。利用者や運転士の話は乗車時に聞けばよい。ここでは乗車したいができない人、近くに乗車したい人がいる人、乗車する気がない人がすべて入っている必要がある。今乗っている人の話だけでは利用を増やすことはできないからである。また、老若男女が様々であることが望ましい。最初に皆さんの思いを聞いてから、仮説をぶつけて、乗ってもらえそうかを聞く。

ここで私の場合、「皆さんのことを疑っている」「本当に乗ってくれるならそうなるように最善を尽くす」と話す。実際に乗ることが保証されない要望のたぐいにさんざんだまされてきた経験から、「自分は利用されありがたがられるものをつくるためにここに来ているので、嘘は絶対に許さない」と言ってしまうのである。逆に「皆さんは新しいサービスができると自分がどう変わる可能性があるのかわからないと思うので、それを考えてもらえるように努力する」ことも伝える。公共交通サービスを変える、つくるということは、新しいライフスタイルを地域に提案することなのである。地域住民はそれを、今の生活からはなかなか思いつかない。本当の「お客さん」は自身がそうだと気付いていないのである。

だからアンケートによる行動状況や意向の調査結果はあまり役に立たない。アンケートは顕在化した意向は把握できるが、潜在的な意向をはかるのは困難である。むしろ、新しい地域公共交通を利用することで新しい生活をしてみないかという提案をするスタンスで、「皆さんが何をしたいのか」「どうなりたいのか」のネタを聞き出すことが大事である。そして、それはどんな基本コンテンツで実現できるのかを必死に考える。

「バスを走らせてほしい」「オンデマンド交通があるとよい」といった「形から入る」意見は一切排除しなければならない。そのレベルで考えているようでは利用されるものはできない、公共交通は飾りではないと言い切る。乗っていただいてこそ意味があり、それは地域の潜在ニーズを顕在化する基本コンテンツがあってこそできるもので、それが実現するかどうかは皆さんの意識と行動にかかっていると認識していただく。その上で、様々なマーケティング手法も活用していくことが有効となる。

このような懇談を続けながら、交通事業者や自治体とも意見交換を行う。交通事業者は最もリスクを背負うので、それでも納得してやっていただけるような内容にしていく努力が必要である。「市や地域からこうしろと言われたものをやっているけど、自分は意味がないと思うなあ、実際乗ってないし」と交通事業者に言われたことは数知れない。これがまさに失敗である。補助や受託の立場では発言も控えめになりがちだが、現場を一番見ている人の意見を取り入れないことが失敗の原因だと関係者に広く認識していただく必要がある。もちろん交通事業者にはそう思ってもらえるような発言もしていただきたいし、実情をデータやわかりやすい言葉で伝えていただく努力もお願いしたい。

9. 地域公共交通プロデュースが地域を救う！

私は、どうすれば地域住民・利用者、交通事業者、自治体が「三位一体」になるかに興味がある。地域公共交通は「三位一体」が大事だと言われることが多い。それを口先だけで終わらせないためには「なぜ公共交通が必要か」「どうすれば利用されるようになるのか」「そのためにそれぞれが何をし、互いにどう連携すればよいか」を皆がわがことと考え実行するという共通認識を持つことが起点である。そのゴールは「適材適所」であり、それを目指した試行錯誤を現場でしつこく繰り返すことの必要性を理解することである。

そして、三位一体の真ん中に地域公共交通プロデューサーがいると有効である。単に三者が集まって話しているだけでは、運行開始にさえ至れないことが多いし、至っても当初はシロウト考えの基本コンテンツしかできないことが一般的である。「こういう地域にしていくためにこんな運行が有効ではないか」「これは乗らない。意味がない」「皆さんが頑張れば必ず実現できる。そのためにオレは全力でサポートする」と地域をその気にしながら間違った方向にいかないようガイドできる人がいることで、取り組みを成功させる確率を高める…

…と書いてみたが、これは私のオリジナルではない。1995年に運行開始した東京都武蔵野市「ムーバス」の企画の進め方がベースになっている。「コミュニティバス」という言葉はその試乗会の車中で発案された。コミュニティで熟議することで「適材適所」の基本コンテンツを「三位一体」で生み出した「プロセス」、そしてその結果としてコミュニティの潜在ニーズを引き出したことを称したのである。このことから私が思いつき、制度化されたのが地域公共交通会議の仕組みであることも付記しておく。

ところがその後、「ムーバスのような小型バス・小回り循環・短い停留所間隔・運賃100円・洗練されたデザインで『自治体が主体』となっているのがコミュニティバス」という定義になってしまった。「コミュニティで適材適所を『つくり』『守り』『育てる』プロセス」という本来の思いは忘れられ、適材適所でないバスが全国至るところで走るという現実。ここでも、MaaSやLRT・BRTと全く同様の誤解が生じている。

私は2001年に三重県四日市市の北部で「生活バスよっかいち」の立ち上げにかかわった。まぎれもなく日本初の、自治体が走らせるのでなく、NPO法人が事業主体となった路線バスである。まさに前述のコミュニティバスのプロセスを踏んでいるが、さらに、地域の店舗や医院など協賛者の出資がメインの収入になっていることが特筆される。協賛者の施設前に停留所を設け、利用を勧誘しているところもある。自治体だけに頼らないのがコミュニティバスの真骨頂であり、実は適材適所の追求にもつながるのである。そしてその発想は、2018年に愛知県豊明市で運行開始し、全国各地に広がりつつある「チョイソコ」に受け継がれたように思える。AI配車によるオンデマンド乗合交通であるが、AIであることは積極的にアピールしていない。利用者には何の意味もないからである。そして協賛や自治体との関係については生活バスよっかいちと同様である。

そもそもオンデマンド乗合交通は日本では1970年代からあり、コミュニティバスよりずっと早かったが、当時は固定電話さえ十分に普及しておらず、ルート作成のアルゴリズムどころかコンピュータさえ使えなかった。携帯端末普及とAI技術によって実現しやすくなったが、それだけでは利用されない。なぜならオンデマンド交通だけだと「ライフスタイル提案」がないからである。定時定路線のコミュニティバスは既存の路線バスから乗客を奪わないためにも、「新しいニーズを掘り起こす」ことが至上命題であり、それを定時定路線でどう実現しアピールするかが大事であった。しかしムーバスの型にはめたために利用喚起が後回しになってしまった。そこでオンデマンド交通は「自由に移動できる」ことを売りにしたが、今まで動く用事がなかった人たちに具体的な移動を予約電話までかけさせてやってもらうための「提案」はない。

チョイソコは本来のコミュニティバスの企画プロセスを入れることで、利用者・住民と目的地とのコラボを生み出したと言え、自治体運営バスよりよほど「コミュニティ交通」である。なお、定時定路線かオンデマンドかについてはすでに述べた通り「適材適所」で選定すべきである。

最後に、公共交通をよりよいものにするための「5つの鉄則」を示す。

一番の肝は「適材適所」であるが、それを実現し持続可能にするために、ほかの4つも必要である。ぜひ参考にしていただきたい。

地域公共交通確保維持改善　5つの鉄則
～これを「地域公共交通計画」に書く!!～

1. **目的の明確化**
   - 公共交通は持続可能なまち・人づくり、地球環境対応の手段
   - 現場・利用者起点。公共交通担当者は「ライフスタイル・クリエーター」
2. **適材適所**
   - 固定観念に縛られず、地域の顕在・潜在ニーズを「澄んだ目」で見る
   - 前例・迷信・外見・他地域の優良事例や自慢話に惑わされない
3. **一所懸命**
   - 地域の、地域による、地域のための「地産地消」型交通
   - お願い型・評論型から参画型・自律型へ。担い手を生み出す
4. **組織化**
   - 場づくり：連携・協働、必要十分な構成、行動が生まれる仕掛け
   - 方向性：調整（コーディネート）・企画・・・「戦略」確立が必要
   - バラバラではダメ。ネットワークでないと機能しない
5. **カイゼン**
   - 目的が明確であれば、評価基準も明確なはず
   - 徹底して現場・利用者起点に立つことこそよりどころとなる
   - 失敗を恐れるのでなく、対応を間違えないこと
   - 国の制度も下から意見を出してアップデートしていくべき

名古屋大学　加藤博和（2021）

日本の公共交通を救うのは、この「5つの鉄則」に基づいて現場で活動する「プロデューサー」である。これが決定的に不足している。一方で自身は何も行動せず、ただ評論だけしている人のいかに多いことか。現場で仕事して、評論がいかに空虚であるかを思い知ることができたら、あなたは地域公共交通プロデューサーの第一歩を踏み出したと言えるだろう。

「地域にとってありがたい」公共交通サービスをプロデュースすることを通じて地域に新しいライフスタイルを提案し、関係者間をシンクロさせ、新しい流れをつくり出し、たくさんの方に使っていただく。それによって地域が魅力的になる。そんな地域が日本の津々浦々にどんどん広がり、日本がどんどん面白くなっていく。それが私のミッションであり、そのために私は全国どこの現場でも出かけるし、そのような活動をやりたいと思う人を育てることにも喜んで取り組む。これが現場泥まみれ野郎の生き様である。

参考文献

1. 加藤博和：交通産業が再び花形職業となり、社会をがっちりと支えるために　～労働組合は会社から社会へ出よう！、ＤＩＯ（連合総合生活開発研究所発行）、No.328、pp.8-11、(2017)
2. 加藤博和：地域公共交通をプロデュースする～それは、ライフスタイルを提案すること、ていくおふ（ＡＮＡ総合研究所発行）、No.149、pp.4-11、(2018)
3. 加藤博和：自治体は地域公共交通にどう取り組むべきか？～誤解を乗り越え、そして未来へ～、市政（全国市長会館発行）、Vol.67、No.2、pp.40-43、(2018)
4. 加藤博和：交通不便地域のおでかけ環境を改善する方法～持続可能な公共交通網を地域のみんなでつくりだすために自治体担当者に何ができるか？～、国際文化研修、vol.101、pp.6-11、(2018)
5. 加藤博和：地域公共交通関連制度の再変革を目指して～移動を魅力化する『道具』として活用できるために、都市問題、Vol.110、No.3、pp.32-43、(2019)
6. 加藤博和：「おでかけ」したくなる健康なまちを支える公共交通づくり、都市計画（日本都市計画学会　学会誌）、Vol.68、No.5（340）、pp.44-47、(2019)
7. 加藤博和：「もっと」「あなたらしく」「安心して」「生活できる」移動環境確保のために　〝腑に落ちる〟ＭａａＳを実現しよう！、運輸と経済、Vol.80、No.4、pp.23-36、(2020)

第4章 まちづくりからみた再構築

東洋大学
岡村敏之

まちづくりに交通は不可欠であり、また不可分である。「地域モビリティは街に（または地域に）どんな貢献ができるか」という交通からの視点と同時に、「街が地域モビリティに何を求めるべきか」という街からの視点も重要である。そもそも移動（交通）とは、都市における人々の活動から生じる派生需要であり、人々の本源的な活動ではない。まちづくりを、社会経済活動の活性化と生活の質の向上に資するような持続可能な一連の取り組みとするなら、地域モビリティの取り組みもそのビジョンを共有しそれを具体化していくものでなくてはならない。

まちづくりの分野でも、これまでの都市開発や地域開発のありかたの捉えなおしが国内外で進んでおり、それに応じて、街における地域モビリティのあり方も変わりつつある。本章では、まちづくりの目標の変化にあわせて、地域モビリティに求められる変化について取り上げる。

1. まちづくりのビジョンと地域モビリティ

1.1 よい街とは何か?

「あなたにとって、よい街とはどんな街ですか?」

そう質問したとしよう。それに対して例えば、

「移動にストレスを感じない街」

「公共交通が便利な街」

「どこにでも行きやすい街」

というような、交通そのものの機能性の高さを挙げる回答は、特に交通に関心がある人にとって、違和感はないかもしれない。しかしこれらには、そもそも街でどんな活動をしたいのか、どんな生活をしたいのか、街でどんな過ごし方をしたいのか等、街での本源的な活動が見えない。移動という派生的な活動の不満が限りなくゼロになったとして、本源的な活動への充足がなければ、それは幸福感あふれる生活ではないし、そこが「よい街」「住みたくなる街」とは言えないはずである。

しかし、前記のような回答が行政からも市民からも「よい街のすがた」として語られがちな背景には、「交通システムの貧弱さが街の発展の隘路であり、その機能性を高めることが自ずと街を望ましい方向に導いてくれる」というような暗黙の認識があると思われる。確かにこの認識は、交通の量と質に明らかに問題があった時代には概ね正しかった。交通の機能向上は、街の発展を約束するものであった。しかし現在の成熟した社会ではそんな「約束」が自ずと達成されることはない。「よい街」「住みたくなる街」となるためには、地域の諸問題の解決とともに、地域への新たな価値の創造、生活の質の向上や、それらの活動を促すようなまちづくりや交通での施策がより強く求められるのである。

モビリティが究極の利便性をもつ状況とは、アラジンの「魔法のじゅうたん」やドラえもんの

「どこでもドア」ですべてが足りるような世界である。そこには「目的地」は存在するが、空間としての「街」や「地域」は存在しない。すべてのコミュニケーションがインターネットで完結するような移動の存在しない世界もこれと同様である。極論すれば、先般の回答は、「よい街とは、『街（という空間）』が存在しない街」という矛盾したものとなっているわけである。「よい街」とは「便利な街」と同義ではない。

そう考えると、「街」には機能性だけにとどまらない様々な価値が求められていることに気が付く。はからずもパンデミックによる移動制限は、街とそこで行われる活動の価値をあらためて一人ひとりが捉えなおす機会となった。「よい街」であるためには、なにより街が空間として機能的なだけでなく魅力的であることが重要である。さらに「まちづくり」という観点からすれば、街や地域のパブリックな空間が機能的かつ魅力的であること、それが地域に新たな価値を創造し生活の質の向上につながっていること、そしてそのような活動を自ずと促すような様々な仕掛けがあることが重要である。

地域モビリティには、それらの仕掛けとして「街」やそこでの活動に対してどのような貢献ができて、そのためにどう磨き上げていくのかが問われる。まちづくりの観点では、利便性や機能性の向上といったモビリティの進化そのものが自己目的化してはならないのである。

1.2 「課題解決型のまちづくり」から「目標設定型のまちづくり」へ

「よい街」となるための地域モビリティを構築していくには、どのような街にしたいかをより具体的に示した「ビジョン」＝「まちづくりの目標」が必要で、かつそれが人々の間で共有されている必要がある。まちづくりの分野でも、その計画の考え方は社会が成熟していくにつれて変化してきた。「課題解決型のまちづくり」から「目標設定型のまちづくり」への変化である。

　まちづくりの段階を分けると次のように記述できよう。

　まずは、①まちでの様々な「現象の把握」②それらの現象のなかから「問題の認識」③それらの問題の解決の方向性を示す「課題の設定」、と進む段階である。ここまでは従来の課題解決型のまちづくりと変わらない。ここで③の段階で問題に対する課題をどう設定するか？　そこでカギとなるのは「どんな街（地域）にしたいのか？」すなわち、④課題設定のための「ビジョン（まちづくりの目標）」の構築である。それによって、その後の「施策」（⑤）は大きく異なってくるのである。

　例えば、「自動車が街にあふれている」という現象（①）に伴って、「交通混雑の発生」「駐車場の不足」などの問題（②）が認識されたとしよう。では、その解決のための課題（③）は何か。例えば「道路と駐車場の新規整備」は、「課題」というよりは、課題解決のための具体的な「施策」（⑤）である。一般に、人々が街での様々な問題に直面する際の反応は、「課題の設定」の段階を飛ばして「具体的な施策」の要望という発想になりがちである。ここで設定すべき「課題」は、例えば「交通混雑の抑制」や「自動車依存の抑制」であり、それをブレイクダウンすれば「交通容量の増加」や「交通量の抑制」など異なる方向性の「課題」が設定できるはずである。

　ここで「ビジョン」（④）とは、目指すべき街の将来像とそれを実現するための戦略的な目標である。例えば、「スムーズでストレスのない移動の実現」がビジョンであれば、それが特に大都市圏以外であれば、道路混雑の抑制という課題を設定し、その解決に特化した道路や駐車場の新規整備が地域モビリティに関する主な施策となろう。

　一方で、「ゆとりある都市空間の創出」というビジョンが加われば、道路混雑の抑制というモビリティの課題に対して、市街地での自動車交通量の抑制により自動車のための空間をそれ以外のための空間へと再配分する施策として、公共交通や自転車通行環境、歩行者空間の整備も重要な施策となる。ただしそれと同時に、自動車交通を郊外に分散させるような道路整備も検討されよう。

さらに「活力ある街なかの形成」や「脱炭素社会の実現」というビジョンが加われば、都市全体の自動車交通量を抑制しつつも、人々の移動や都市活動をむしろ促していくために、街なかに人を集めるような施策が求められる。例えば通勤通学のような義務的移動だけでなく、様々な都市活動のための余暇的移動を促すような整備が求められるはずである。さらに、郊外での自動車交通も抑制するために、郊外での道路整備は抑制しつつ、郊外での短距離での自家用車利用を抑制するような施策（例えば、自転車への転換を促すための自転車通行環境整備）や、街なかに向かう自家用車以外の移動手段の整備、街なかでの広場的な歩行者空間整備などとのパッケージが求められるはずである。

これが「目標設定型のまちづくり」である。このように、同じような課題（例えば自動車交通混雑）に直面している街や地域であっても、ビジョンをどう設定するかで、例えばモビリティに関する施策も大きく異なってくる。同時に、様々な施策がどのように関連してまちづくりの戦略的な目標につながるのか明確になることで、目指すべき街のすがたに着実に近づき、街のすがたは大きく変わるのである。

「問題」（たとえば道路の渋滞）は人々の間で認識を共有しやすく、その点では問題に対してより直接的に働きかけるような課題解決型のまちづくりを行うのは容易である。しかし「ビジョン（まちづくりの目標）」は、技術的な検討のみで唯一無二の答えが導き出せるものではなく、市民や行政、経済界、交通事業者などの対話により構築していくものである。それゆえ、市民および多様な主体間でそのビジョンを構築しさらにそれを共有することは容易ではない。目標設定型のまちづくりは、ビジョンの構築と共有のプロセスが重要である。

ここであらためて「よい街とは何か」を再考する。「よい街のすがた」として、交通をはじめとする都市の利便性などの機能面がより着目されがちと前節冒頭で述べた。それは、都市内での移動を含めた「日常的な活動」のスムーズさや快適さへの人々の重要度が高いことと解釈できる。そのような「やらなければならないこと」（義務的活動）は確かに重要だが、一方で「やりたいこと」（余暇的活動）ができるかどうか、またそのような活動が自然と促されるような環境にあるかが都市や地域の質を決めるとしたら、そこへの意識がまだ相対的に弱いという解釈もできる。日本の都市に比べて、例えば欧州の諸都市がより魅力的であるとすれば、計画における都市のビジョンの明確さとともに、その社会が持つ「よい街」に対する意識の高さと、それに基づく長きにわたるまちづくりの蓄積にその要因があるといったら言い過ぎであろうか。

1.3 まちづくりとしての「交通戦略」

では実際に、どのような都市のビジョンが示され、それに基づいてどのような地域モビリティを実現しようとしているのであろうか。国内では、中規模以上の基礎自治体（概ね人口20万人前後以上）の多くで策定されている「都市交通マスタープラン」や「交通基本計画」「都市総合交通戦略」などと呼ばれる計画で示されている。

例として、京都市の『『歩くまち・京都』総合交通戦略』（２０１０年１月策定、２０１７年３月追記・修正）を見てみよう。（なお、２０２１年に改定を予定）

まず、前節で示した「ビジョン」、すなわち、目指すべき街の将来像とそれを実現するための戦略的な目標にあたる部分は、「基本理念」「目標」「柱」と徐々にブレイクダウンされ、それぞれ次のように設定している。

〈基本理念〉

・自動車利用の制限を含めた様々な抑制策等を

通じて、クルマを重視したまちと暮らしを、「歩く」ことを中心としたまちと暮らしに力強く転換する。

・京都が日本を代表する「国際文化観光都市」であると同時に、まちの賑わいを生み出す都市であり続けることを目指す。

〈目標〉

持続可能な脱「クルマ中心」社会のモデル都市の形成を目指して世界トップレベルの使いやすい公共交通を構築し、歩く魅力に溢れるまちをつくり、また一人ひとりが歩く暮らし（ライフスタイル）を大切にすることによって「歩くまち・京都」を実現する。（数値目標：非自動車（徒歩・公共交通・自転車）の分担率を80％以上）

〈柱〉

・既存の公共交通を再編強化し、使いやすさを世界トップレベルにする（「既存公共交通」の取組）

・歩く魅力を最大限に味わえるよう歩行者優先のまちをつくる（「まちづくり」の取組）

・歩いて楽しい暮らしを大切にするライフスタイルに転換する（「ライフスタイル」の取組）

そして、三つの柱それぞれに様々なプロジェクト（すなわち「施策」）が位置付けられ、それぞれが互いに連携し相乗効果を創出できるような体系となっている。それらのプロジェクトは、例えば（1）公共交通利便性向上施策（2）「歩くまち・京都」を支える歩行空間の充実　など計八つの項目に整理されている。▼1

この「歩くまち・京都」総合交通戦略を見てわかることは、単なる個別の交通施策の寄せ集めや、単なる抽象的な理念の提示とはなっていないことである。地域モビリティを構成する「公共交通」「徒歩」「自転車」「自動車」…など全ての交通モードの施策がいわば横串で連携しているとともに、「目指すべき都市像（「基本理念」）から個別の施策までがいわば縦串により思想が貫かれているのである。交通の改善は、特に我が国の場合は、個々の

分野1「既存公共交通」の取組		
（1）　公共交通利便性向上施策		
	ア　バスの利便性向上施策	先　洛西地域におけるバス利便性向上
	イ　バス走行環境の改善施策	
	ウ　鉄道の利便性向上施策	
	エ　鉄道・バスの連携施策	シ　京都駅八条口駅前広場整備 先　京都市内共通乗車券の創設 シ　ＪＲ嵯峨野線　京都・丹波口間新駅の整備
	オ　バリアフリー化の推進	
	カ　効果的な情報提供策	
	キ　観光地交通対策	シ　パークアンドライドの通年実施
	ク　公共交通不便地域のあり方	先　公共交通不便地域の対応策に関する検討
分野2「まちづくり」の取組		
（2）　「歩くまち・京都」を支える歩行空間の充実		
	ア　道路機能分担に基づく歩行空間の創出	シ　東大路通の自動車抑制と歩道拡幅
	イ　トランジットモール	シ　四条通のトランジットモール化
（3）　未来の公共交通の充実		
	ア　新しい公共交通システム（LRT，BRT）	シ　らくなん進都（高度集積地区）における新しいバスシステムの導入
	イ　コミュニティバス等の地域特性に応じた交通手段	
（4）　自動車交通の効率化と適正化		
	ア　パークアンドライド	シ　パークアンドライドの通年実施
	イ　駐車場施策	
	ウ　貨物車の荷さばきの適正化	
	エ　タクシー交通の位置付けの明確化と効果的な活用	
	オ　ロードプライシング	
	カ　環境負荷の小さい車両の導入推進	
	キ　交通条件の公平化	
（5）　パーソナルモビリティの転換		
	ア　自転車交通施策	
	イ　カーシェアリング	
分野3「ライフスタイル」の取組		
（6）「歩くまち・京都」憲章の普及・啓発		
（7）　交通行動スタイルの見直しを促すコミュニケーション施策（モビリティ・マネジメント施策）		
	ア　「家庭」で交通行動スタイルの見直しを促す施策	シ　「京都スローライフ・ウィーク」の実施
	イ　「学校」で交通行動スタイルの見直しを促す施策	
	ウ　「職場」で交通行動スタイルの見直しを促す施策	
	エ　「観光客」の交通行動スタイルの見直しを促す施策	

（8）　観光客を対象とした施策	
	ア　観光地における公共交通利便性向上施策
	イ　観光客向け情報提供策
	ウ　パークアンドライド等による観光地交通対策
	エ　「観光客」の交通行動スタイルの見直しを促す施策

※　表中のシ印は，「シンボルプロジェクト」の略で，戦略を推進するための象徴的な施策。
表中の先印は，「先行実施プロジェクト」の略で，戦略検討と併せて，既に新たな取組を行っている施策。

▶1――「歩くまち・京都」総合交通戦略（2010年策定、2017年追記・修正）の実施プロジェクト

交通事業者や行政（道路、都市計画、警察…）が、それぞれベストを尽くしてその役割を果たしてきた。そのことは、個々の主体の自律的な努力により洗練度を増してきたという評価ができる一方で、ビジョンに基づいて都市全体で首尾一貫した施策の連携と実行をしようというマインドを阻害してきたともいえる。

さらにこの戦略の特徴はその理念である。この戦略の一つ目の柱は公共交通の強化であり、プロジェクトの一つ目の項目も公共交通利便性向上施策で、公共交通への比重が高いことを示す一方で、その目的は公共交通の強化そのものではなく、「歩く」ことを中心としたまちと暮らしに転換するためと明示していることである。地域モビリティの質の転換という上位の目標に、公共交通の強化がその下に位置付けられている、という関係である。

加えて、自動車の削減をここまで明確かつ具体的な目標として、その実現を裏付ける施策を打ち出していることも大きな特徴である。徒歩と自転車、公共交通、自動車の関係性を、まちづくりとの関係でどのように位置付けるか、京都はそのモデルの一つを示しているといえる。ただし、国内の少なくない都市では、交通総合計画や交通戦略においてすら、それを必ずしも明確に位置付けるに至っていないのも残念ながら現状である。

2. 街と交通結節点との関係の再構築

2.1 地域モビリティの交通結節点の本質

交通結節点とは、交通手段どうしが結びつく場所であり、それぞれの交通手段の起終点としての機能や乗継のための機能などを備えた空間である。そしてさらには、街と交通との結節点でもある。

地域モビリティの観点では、例えば鉄道駅や駅前広場、バスターミナルなどの旅客交通のための施設や空間が代表的である。鉄道駅そのものも鉄道どうしが結びつく結節点であり、駅前広場はバスやタクシーなどの端末交通が乗入れる鉄道駅と接した交通結節点である。もちろん旅客船のターミナルや空港も交通結節点である。徒歩も含めた交通手段が結びつく場所とすれば、巨大なターミナル駅と駅前広場やバスターミナルが一体となった複合的な結節点もあれば、バス停（バスと徒歩との結節）や駐車場（自動車と徒歩との結節）なども結節点といえる。

このように、交通結節点とは基本的には「交通」とその利用者がその主役である。もとをたどれば、それぞれの交通モードが結節点を設置し（たとえば鉄道事業者が駅を設置するように）、さらにその端末となる交通が自然発生的に集積することで結節点としての体裁が形成されてきた。たとえばそれが道路系の公共交通であれば、もともとはそれぞれの小規模なバス事業者が都市の中心にそれぞれ発着点を整備したり、現在も多くの途上国で見られるように、個々のバスやタクシー等が路上を自然発生的に発着点として設定したりしてきた。これらは、交通の側が集客と車両（や船、航空機）の運用に最も都合が良いように作られ、それが徐々に整備され進化してきたものといえる。

交通とその利用者のための機能に特化した結節点の代表は、空港であろう。多くの空港やそのターミナルはその外部の空間とは完全に隔絶されて存在し、それに対して空港内では、設計の自由度の高い広い空間に空港に特化した様々な機能が効率的に配置されている。一方で、本書が対象とする鉄道やバスなどの公共交通を含む地域モビリティの結節点の大きな特徴は、交通結節点とその外部にある街が空間的に連続していることである。鉄道駅やその駅前広場が代表的であるように、交通結節点と街とが緩やかに一体の空間を形成しており、それゆえに交通結節点の利用者は必ずしもそこに結節する交通の利用者だけでなく、その街と一体となったその空間の利用者である。例えば我々が「〇〇駅」と呼ぶ場所は、鉄道施設として の駅やそれに隣接する駅前広場だけでなく、その空間と一体または隣接する施設や、さらには「駅周辺の地区」のことを無意識のうちに指している。特に日本の一定規模以上の都市の場合、街での鉄道駅の大きな存在感のもとで駅を中心として市街地が発展し、駅の周辺を含めた一体的な都市空間が形成されてきた。

しかし、交通結節点と街とが一体の空間を形成しているのは、鉄道駅や駅前広場、駅直結のバスターミナルに限らない。鉄道駅（中央駅）と中心市街地が離れている場合には、中心市街地に商業施設等と一体化したバスターミナルが整備されているケースが多い。加えて、商業中心地区とそのメインストリートや中心的な交差点付近の道路上のバスや路面電車の停留所群とが、一体の都市空間を形成しているケースもある。バスや路面電車をそこで下車すれば、そこはすでに街の空間の中心である。これは、商業中心地区の周辺に自然発生的に形成された乗降場所が、街やストリートと交通結節点とが一体となった空間として進化したものであり、むしろこのような場所こそが、街と交通との究極的な一体空間だとさえいえる。

2.2 まちづくりの観点からの駅前広場の再整備のポイント

国内の既存の交通結節点には、その整備から数十年の年月を経たものも多く、その再整備の時期にさしかかっているものも多い。ここでは、街との関係がより深い交通結節点として、まずは駅前広場について、その空間配置と機能、そして街との空間的な連続性に着目して、現状と課題を述べていこう。

あらためて駅前広場とは、鉄道駅に隣接して設置され、鉄道とバスやタクシーをはじめとする道路交通とを結節するための、交通広場のことである。整備から年月が経った駅前広場の多くは、車両の走行と滞留といった交通機能ための空間が広場の多くを占めており、これらの駅前広場はバス・タクシーや一般車の乗降施設とほぼ同義となっている。また車両交通の円滑さと安全を重視する観点から、車両と歩行者との交錯を最小限とするため、結果としてペデストリアンデッキを多用するものも多かった。これは、駅前広場のもともとの定義から、交通広場としての車両の円滑な運用と、車両乗降のための空間確保などの交通機能を重視したからである。1998年に当時の建設省が監修した駅前広場整備指針では、その面積の算定および広場内の空間配置計画にあたって、交通機能に加えて環境機能を明示した。

それ以降、本書執筆の2021年の時点でこれに代わる新たな指針は出されていない。とはいえ、近年で新設または再整備された駅前広場の多くでは、歩行者の通行と滞留空間や、賑わいや憩いのための空間が重視されている。以前に整備された駅前広場では、車両のための空間が大きいだけでなく、それが広場の中心を占めていることで、街と駅との空間連続性に乏しい配置となっているものが多い。これを、街と駅舎をつなぐ歩行者空間を広場の中心に配置することで、街と駅との歩行者の連結性の向上だけでなく、併せてそこを賑わい創出のための空間として位置付け、街と駅とが駅前広場を中心に一体化した空間を形成するような例が増えている。その際に、公共交通車両の運用を阻害せず、同時にその空間をよりコンパクトして、歩行者空間の拡大とバス利用者の歩行距離の縮減をいかに図れるかがポイントである。また、文字通りの広場として賑わいを創出するために、単に面積を確保するだけでなく、空間配置や意匠といったハード的な工夫と、その空間を生かすマネジメント面でのソフト的な工夫が併せて求められる。

大都市のターミナル駅から地方の中小駅まで、駅前広場には多くの整備事例が蓄積されつつある一方で、敢えて進化が見られない点を挙げるとすれば次の点である。前述のように、確かに街と駅前広場と駅舎の三者が空間的にも意匠的にもより一体的となった上質な「駅周辺空間」が構築されつつある一方で、鉄道駅構内のプラットホームやその上屋を含めた空間も含めて、それと駅周辺空間とが空間的にも意匠的にも一体となった空間を形成している駅は、国内で一定規模以上の駅では極めて少ない。駅構内や列車内から、駅周辺空間を見通せず、街から列車やホームの存在を感じることもない。ここは鉄道側と都市側との間の大きな壁を感じざるを得ない。

2.3　まちづくりの観点からのバスターミナルと小さな拠点

ではバスターミナルはどうか。

かつてはバス事業者単独によるバスターミナルの設置が見られたが、現状ではバス事業者によるターミナル設置は困難であり、複数のバス事業者が乗り入れるような都市的な施設として行政により整備されたバスターミナルが多く、今後も増えることが想定される（例：東京のバスタ新宿）。

整備にあたっては、限られた空間でどのように車両を運用していくか、利用者のための空間をどう確保するか、などといったターミナルそのものの機能に関する課題に加えて、街との関係も重要である。商業オフィスビル等や道路を含めた一体的整備となると、どうしてもその施設内で閉じた空間となりがちで、街の側に開かれていないターミナルも少なくない。公共が関与した整備であれば、街と空間的に一体感を持った整備は、鉄道駅に比べれば困難は少ないはずである。これは今後の整備に期待したい。

本章でこれまで触れてきた交通結節点は都市の中心部を主に対象としたものであった。さらによりスケールの小さい結節点でも、街や地域との関係は重要である。小規模な町村の中心部や都市部でも住宅地側での交通結節点、そして農村地域の集落もその対象になる。

これらの交通結節点では、交通利用者数は相対的に少なく、さらに人が現れるのはバスの発着時に限られることも多い。都市中心部の交通結節点のように、交通の集客力により賑わいや交流を創出していくことは期待できない。一方で、これらの地区にはその地域の拠点となっているような場所や施設があり、それは例えば中規模の商業施設や図書館など、地域コミュニティの何らかの拠点となっている場所がそれにあたる。人が集まる場所、集まりやすい場所であるそのような拠点に交通結節点を併設し（または、駅やバス停の場所に人が集まる拠点を併設し）、その拠点への公共交通でのアクセス性を向上させつつ、そこに交通結節点の待合空間としての魅力を付加することができる。バス停や駅があればそこに自然と人が集まり滞留するわけではなく、人が集まる場所をつくりそれを運営して、そこを交通結節点として活用する、という順番である。

　したがってこれらの交通結節点整備は、文字通りのまちづくり／地域づくりの一環として行うべきものである。交通目線で整備をしても、それは物理的な結節点にはなり得ても、人が集まる拠点にはならない。

　このように交通結節点の整備には、交通それ自体のハブ機能の進化もさることながら、街や地域と一体となった空間形成や、それに伴う賑わいの創出といった、まちづくりとの連携が求められるのである。

3. 公共交通指向型開発（TOD）とコンパクトシティ

3.1 徒歩と公共交通の親和性

都市活動とモビリティとの関係を考えると、都市の活動空間としてのパブリックな空間とモビリティとが結びつくことが、豊かで多様な都市活動を創出する。その基本となるのは、人の活動や憩いのための空間と、徒歩という基本的なモビリティを支える歩行者空間とが連続的な空間としてデザインされることであり、そこに公共交通などとの結節のための交通空間がうまく組み込まれていることが理想である。

徒歩は、公共交通の端末交通手段としてだけではなく、都市や地域とモビリティとを空間的につなげるものである。徒歩と公共交通とは、移動の体系から見ても、街の空間的な体系から見ても親和性が高い。

まずはミクロなスケールの都市空間として、街なかのストリート空間から取り上げよう。ここで「ストリート」とは、文献(3)に基づき「街路の路面のみならず、沿道の民間敷地、さらには沿道の建築物等土地利用を含めた街路空間」としよう。街なかでの人のための空間を、単に歩行者のための移動空間としてのみ捉えてしまうと、そこに求められるものは、歩行者の円滑で安全な通行という「交通機能」であり、空間整備の基準は極めて技術的な側面から規定される。街なかでのパブリックな空間のあり方は、安全と移動性の重視だけでなく、「楽しさ」演出、「賑わい」「交流」「憩い」の促進の観点をより重視したものへと、国内外で大きく変化してきた。そこでは、単に「歩きやすい」だけでなく「歩きたくなる」ことが重視され、「ウォーカブル」な空間形成が求められる。

前述の「歩くまち・京都」の象徴的な施策の一つとして有名なのが、京都市中心部の四条通の、車道削減と歩行者空間の拡大である。技術的に見れば、歩道に溢れる歩行者の通行性の確保や路上でのバス待ち空間の確保という交通機能の改善を目的としたものといえるが、その真の目的はウォーカブルなストリート空間の創出である。沿道空間と歩行者空間、そしてバス待ち空間とがより一体となり、厳しい景観規制(看板等の大きさや色の制限など)の導入とも相まって、上質な街なか空間へと生まれ変わった。

国内では、2020年の道路法の改正で、道路空間をカフェやベンチ等がおかれた滞在空間として活用可能となり（「歩行者利便増進道路」制度）、それに先立ちコロナ禍での特例として、沿道飲食店等の路上利用に伴う道路占用基準の緩和が行われた。また同年には国土交通省が人中心のストリートへの転換を目指したデザインガイドライン「ストリートデザインガイドライン―居心地が良く歩きたくなる街路づくりの参考書―」を公表した。これらは、道路空間を通行だけに留まらない様々な活動のための空間として積極的に位置付けようとするものであるが、今後はこれらの流れと、公共交通や新しい小型の移動手段を含めた交通結節機能のための空間整備との融合を指向した、新たな街なか空間の創出に期待したい。諸外国で見られるいわゆる「トランジットモール」（歩行者と公共交通のみの道路空間）はその一つの形態である。

3.2 「沿線開発」「駅前開発」とは異なる公共交通指向型開発（TOD）の思想

「公共交通指向型開発（TOD）」とは、「歩きたくなるストリート」という街なかの「線」を広げて、交通結節点を含んだ「面」としての都市空間整備のすがたを示したものといえる。

ＴＯＤはもともと1990年代の米国に端を発したものであり、その計画の考え方の要は、特定の地区の開発に際して、土地利用や住宅の構成や形状が単一ではなく混合させること、地区全体の街路のデザインや建物配置が「ウォーカブル」なものとすること、建物や人口の密度が（米国の自動車中心型の戸建て住宅地と比べて）高いこと、であり、さらにそのような地区開発を、公共交通の路線や駅から徒歩による生活圏として構築すること、である。

一方で、日本型ＴＯＤとも称しうる我が国の都市圏での鉄道沿線開発や駅前開発は、この米国のＴＯＤの歴史に比べればはるか以前から行われ、一つのビジネスモデルとして確立してきただけでなく、日本の都市の形そのものを規定してきたものといえる。鉄道事業者を中心として各種の主体が開発に関わり、自律的で持続的な「まちづくり」がなされてきたことが大きな特徴であり、これは鉄道の持つ強力な「吸引力」に依拠したものである。

ＴＯＤという言葉は、公共交通と都市開発との連携という理解が一般的であろうが、米国でのもともとのＴＯＤと、日本の都市圏での「日本型ＴＯＤ」とはその中身は大きく異なることが理解できるだろう。米国等でのＴＯＤの地区は、日本の大都市圏のような、駅周辺を拠点とした都市機能の高密な集積や、公共交通に強く依拠した生活が当たり前の住宅地といった、街と公共交通とのあらゆる強い結びつきは必ずしも見られない。ＴＯＤ地区であっても、公共交通の分担率は日本の大都市圏に比べれば決して高いとはいえない。そもそも米国では、日本の大都市のような鉄道の強い「吸引力」は期待できないのである。

では米国のＴＯＤはとるに足らないものかといえば、そうではない。米国発祥のＴＯＤは、古き良き米国のかつてのダウンタウンをもイメージさせるヒューマンスケールの街とそのライフスタイルを、新規の開発地区で公共交通とともに実現しようとするものである。「土木的スケール」で駅周辺に相対的に高い人口密度が実現されることだけがポイントなのではなく、よりミクロな「建築的スケール」での子細なつくりこみ（植え込みや住宅の形態や色の指定など）を行うなど、都市計画のあらゆる手法を用いて、きわめて自動車に依存した社会において、徒歩と公共交通が街の中心となるような潤いのある地区を創りだそうとする思想であり計画手法および事業手法なのである。

国内に改めて目を転じると、大都市圏および地方中核都市の中心駅では確かに、魅力的な沿線開発や駅周辺開発が行われ、不動産事業としても成立してきた。一方で、自動車分担率の高い地方都市圏の郊外で、どれだけＴＯＤの思想を実現しようとした魅力的な開発が行われてきただろうか。例えば、地方都市圏での新駅設置と連動した土地区画整理事業は多く、まさに米国型のＴＯＤと同じような立地条件であるが、それらは「事業」としての採算面からは成功しているとしても、またその事業性を考慮せざるを得ないがゆえに、自家用車利用が中心の住宅地開発と大きな違いはないものがほとんどである。「駐車場の『海』に浮かぶ住宅や店舗」というような地方都市圏郊外の典型的な土地利用や建物配置がなされ、ウォーカビリティも特段考慮がなされていない。自動車の分担率が高い地域であればこそ、ウォーカビリティやヒューマンスケールの実現にはかなり計画的な配慮が必要で、それこそが米国発祥のTODの要なのだが、現状では、「ウォーカブルな生活圏の形成」という観点からの「地方都市圏版近隣型TOD」のモデルが、国内では成立するには至っていないといってよいだろう。これは交通側というよりはまちづくり側の発想の転換と工夫が必要である。ここは広義の「公共」の力強さが試される場面である。

3.3 コンパクトシティ、そしてコンパクト+ネットワーク

TODが、徒歩と公共交通を中心とした地区レベルでの新規開発の手法とすると、コンパクトシティとは、都市圏レベルで都市機能がいくつかの拠点に集約され、住宅地を含む市街地が都市圏全体として無秩序に拡大していないような都市のマクロ的な構造を示したものである。そのような構造の都市では、都市内の交通軸が集約され需要も集約されるため公共交通が成立しやすく、また都市圏やその中の各生活圏がコンパクトであるため移動距離が短く、徒歩や自転車などによる移動が多くなり、自動車による移動距離が短くなるとされる。

このように、TODとコンパクトシティは異なる概念であるのだが、TODを「公共交通を中心として既に形成されている徒歩を基本とした生活圏」という地理的特徴の概念と読み替えると、それら「徒歩を基本とした都心拠点や生活圏と、それら

を結ぶ頻度の高い公共交通ネットワークによって形成される都市圏」という都市圏像、すなわち「コンパクト＋ネットワーク」となる。日本の地方都市圏を念頭に置くと、自家用車の分担率が高いとはいえ現状で成立している公共交通ネットワークを最大限活用して、人口減少社会の都市構造をゆるやかに変化させるという考え方となる。

都市機能を有する拠点と、徒歩を基本とした生活圏を構築していくことがまちづくり側の役割とすると、それを結ぶネットワークが交通の役割である。地域公共交通がそのネットワークとして効果を発揮していくには、都市の幹線軸となる公共交通への「公」の何らかの支援と、まちづくり側の「拠点」「生活圏」の構築、さらにそれらをつなぐ交通結節点では前述の通りまちづくりと交通の連携が求められる。

都市の幹線軸となる公共交通の路線の多くは、採算性が高く事業者単独での維持が可能と我が国ではみなされてきた。確かに端末路線や閑散路線などの不採算路線への行政の支援は重要であり、現状でも多くの支援がなされているが、採算路線のさらなる強化に対する支援は限定的である。バスについては、路線再編による幹線軸の強化が行政も関与した形でなされる例（例：新潟市、熊本市）も出てきたが、鉄道に関して（特にJR在来線）は、都市圏内での重要性の高さの反面、行政による地域公共交通のネットワーク計画の中での強化策が位置付けられていないケースがほとんどである。公共交通の幹線的な「ネットワーク」は、一定の採算性があるがゆえに地域にとっては「あって当たり前」という意識がまだまだ存在している。それらのネットワークの重要性を地域が共有した上で、その強化の必要性やそれに対する行政の支援の必要性を地域が共有できるかどうかが、次へのステップに進めるかどうかの一つのカギであろう。

参考文献

1. 交通まちづくり 地方都市からの挑戦：原田 昇、羽藤 英二、高見 淳史、鹿島出版会、2015年7月
2. 都市・地域総合交通戦略のすすめ～総合交通戦略策定の手引き～（改訂版）：国土交通省、2019年4月
3. 「歩くまち：京都」総合交通戦略：京都市、2010年1月（2017年3月追記・修正）
4. ストリートデザインガイドライン―居心地が良く歩きたくなる街路づくりの参考書―（バージョン1.0）：国土交通省、2020年3月

第5章

情報技術による再構築

東京大学
伊藤昌毅

情報技術は、インターネットとスマートフォンという形で広く一般に浸透することで、現代において単なる便利な道具ではなく、社会制度やビジネス、文化や娯楽など、あらゆるものの前提となる基盤となった。

情報技術がもたらすものは、ＰＣやスマホの画面の中だけで完結するサービスから、現実世界をシームレスに巻き込むものに発展しつつある。この流れの中に、交通も組み込まれていくと捉えるのが、長期的な情報技術と交通の関係だろう。

この章では、まずは現代のＩＴが深く人に浸透し、デザインやアジャイル開発、データや心理学的な知見も踏まえながら人の行動変容を仕掛けていることを示し、その延長に交通も位置づける。そして、それを前提とした公共交通・地域交通の可能性について論じる。

1. モビリティはＩＴ産業になる

現代においてＩＴは単なる便利な道具ではなく、社会制度やビジネス、文化や娯楽など、あらゆるものの前提をつくる基盤となっている。そのため「ＩＴは果たしてモビリティに役に立つのか？」「地域モビリティのためにＩＴをどう活用できるか」というような問いは、今や意味がない。ＩＴが全てを動かしている時代の中で、モビリティはＩＴ産業の一部であり、自動車や電車などの車両、道路や線路などの設備はコンピュータの周辺機器の一つである。それを前提として、地域における交通はどのような形になるのかというのが意味のある課題設定である。

ここでは、地域モビリティとＩＴとを考える前に、ＩＴ産業としてのモビリティ産業というものを構想してみたいと思う。

ＩＴの登場以前に、交通に関わる技術や産業が成立したという歴史をひとまず忘れて考えれば、ＩＴと交通とは極めて親和性が高く、ＩＴの強みをもっとも活かせる対象のひとつが、モビリティである。

近年よくいわれるデジタルトランスフォーメーション（ＤＸ）とは、さまざまな企業をＩＴ企業として捉え直してその事業や組織形態などを見直そうという動きであるが、さまざまな産業が自らをＩＴ産業として再定義しようとしている中でも、公共交通やタクシーなど、ＩＴ企業としてのモビリティ企業は想像しやすい。

モビリティ事業はなぜＩＴと親和性が高く、将来的にモビリティ産業がＩＴ産業の一部になるのだろうか。

ここでは、その理由を四つの柱を掲げて説明する。

1.1　ITによる供給の最適化：車両、乗務員、燃料などの資源を最適配置し、効率的な移動システムを構築できる

モビリティとは、抽象化して捉えれば、現在や将来の移動需要に対して、車両や乗務員などの移動を実現する資源を最適配置し、計画通りにこれらを動かすという産業である。これからの移動需要を予測し、鉄道やバスのダイヤを作成したりタクシー車両を待たせたりする。そのために必要な運転手や車両を揃え、日々適切な場所に配備し安全に運行する。需要の変化に応じて路線やダイヤを整備、改良し続ける。こうしたことが、鉄道、バス、タクシーをはじめとする現在の公共交通事業者の事業そのものである。

ここで必要になる移動需要の把握や予測は要因が複雑で容易ではないし、車両や人員の最適配置やダイヤ作成も労働時間や燃料、渋滞や混雑、車庫や乗り場の位置などさまざまな制約があって容易ではない。計画通りに車両を動かすことも、機械だけでなく人間社会を深く理解しないと実現できない。

しかし、これらの困難はＩＴが得意とする領域でもある。地域や移動に関する十分なデータが揃い、さまざまな制約が定式化されれば、需要予測は機械学習による典型的な予測問題になるし、車両や乗務員などの最適配置についても、最適化問題と捉えることができる。これまでは、鉄道やバスにおいてダイヤを作ることは職人技と見做されており、運行の仕組みや地域の情報を熟知した経験を積んだ者だけができる仕事とされてきた。しかし、こうした部分は今後人の領域からコンピュータの領域としていくべきだろう。

計画通りに車両を動かす技術に関しても、自動運転技術によりＩＴによる精密な制御が視野に入ってきた。更にスマートシティにおいては道路や信号などの交通インフラも制御の対象になる。こうなれば、都市全体の車両や交通インフラを制御可能な対象と見做した上での最適な運行も可能

になる。このように、移動を実現するさまざまな資源（車両、運転手、燃料、道路など）を最適化する仕事は、究極的には人よりコンピュータに向いた仕事なのだ。

1.2 ITによる需要の喚起や制御：人の情報環境を制御し、移動需要を作り出せる

交通インフラは、単に移動需要を満たすために作られるだけでなく、そもそも移動需要そのものを作り出す役割があることも重要な視点である。また移動需要をあえて集中させるのも重要である。これは輸送の効率化という意味もあるが、賑わいの創出という点でも重要だろう。どんなに自分の気持ちに寄り添った場所であっても、わざわざ移動した先が誰も行こうとしない場所だったら、なかなか満足は得られないだろう。

近年の情報技術の進化の要は、人の心を動かし、需要を生み出す部分にまでITが入り込んできたことである。情報システムが、操作する人の求めに応じて受動的に機能する存在から、人一人ひとりに積極的に働きかけ、行動そのものを変える役割を担いつつある。従来この領域はマスメディアの独擅場であった。TVや新聞、雑誌などに広告を投入することで認知を高め、購買行動を促進してきた。このマスメディアの役割が大きく衰えたと言ったら言いすぎだろうが、それに匹敵する機能を、近年のITは備えるようになった。

そもそも需要というのは自然発生するものではない。はじめに利用者による認知があり、そこから段階を経て実際の交通行動に帰結する。こうしたプロセスについては広告業界においてAIDA（Attention, Interest, Desire, Action）などとして古くからモデル化されており、行動の前に感情が、感情の前に認知があると理解されている。

これまでの交通事業が認知や感情の段階に対して行ってきたアクションは、多くがインフラ整備を起点とするものだった。大きくは路線の新設や

延伸、沿線の都市開発、ソフト寄りの施策としてもダイヤ改正や優等列車の新設など、インフラをアップデートすることである地点からの移動可能性を更新し、そのことを交通手段とともに認知させようとしてきた。「○○線が開通したので都心まで○分で行けるようになりました」といった広告は多くの人が目にしたことがあるだろう。

こうした認知段階に向けた働きかけが交通事業者においては不十分であり、一般に向けてバスや鉄道の利便性などをより良く伝えるコミュニケーション施策が必要であるという批判は、モビリティマネジメントの文脈でよく行われており、ここでは繰り返さない。ただ、インフラ施策が出発点となる交通事業者においては認知への訴求の必要性が数年から十数年単位で認識されがちなのに対し、実際の利用者は年単位で入れ替わることもあり(例えば通学など)、交通事業者の感覚よりははるかに頻繁に、認知への働きかけが必要なのは間違いないだろう。

一方で、ITが実現しているのは、これらの事例とは比較にならないほどの超短期な認知への介入である。今この瞬間、移動について考えようとしている人に対して、ピンポイントで必要としているだろう情報を伝え、認知させる。スマートフォンが拡がり誰もが情報の多くをスマホ経由で入手するようになった現在、極端に言えばこのような形での広告が可能になっている。そして、今まさに必要としている人に対する情報は「広告」とすら認識されることなくその人の行動を引き起こすのである。

この現象を利用者の目線で見れば、それはスマートフォンやSNSが引き起こしている情報環境の変化である。一人ひとりが常時情報端末を所持し、その端末は今の時刻や場所、今日の予定や人間関係まで把握している。情報を検索する、閲覧する、「いいね」などの反応をするなどのあらゆる行為が端末所有者のプロフィールとして解釈され、次に示すべき情報を推測する手掛かりとして使われる。個人のミクロからマクロあらゆるレベルの行為が捕捉され、情報同士を秩序立て、情報同士の導線を作る。リコメンデーション機能などはその典型である。

情報を提供する側は、単に機能を満たすという観点だけでなく、心理学や行動経済学、大規模なABテストやビッグデータ分析などを駆使して、提供する情報の姿形やタイミングまで精密にコントロールしながら人の意志決定に寄り添おうとする。スマホアプリとは、素朴には「何か願望を持った利用者が操作して願望を満たすもの」と捉えることができる。しかし実際には、利用者が願望の具体像を持っていることは少ない。「何か暇を潰せないか」「どこか面白い所に行きたい」「近くで中華料理が食べたい」など、多くの願望は具体性がなく、ゆらぎを含んでいる。それに対して、スマートフォンのアプリはささやかに、しかし確実にその願望が具体化する過程を導いていく。アイコンの位置や形や大きさ、検索結果の並び順、情報を出すタイミングなど、画面のあらゆる構成要素で利用者を刺激し、曖昧な願望の具体像を自覚するためのインプットとして機能するようにデザインされている。利用者は、アプリの利用を通して、自分の意思として願望を具体化し、その結果としてアプリが導くゴールにたどり着く。

今後、この対話性を持つ情報環境作りの手法はスマートフォンの画面を飛び出し、公共空間や商業空間を設計する文法にも取り入れられてゆくだろう。環境は特定の行動を引きおこすことを意図して設計され、物理環境からスマートフォンのアプリにシームレスに繋がっていく。交通インフラの空間、つまり駅やバスターミナル、タクシー乗り場などの設計にもこうした手法を取り入れることができる。情報が並んだ、単なる「メニュー」から踏み込み、人の意志決定に寄り添い、行動を引き起こさせる空間というのは、商業施設においてはすでに一部で実現していると思うが、交通の空間においても重要な要素になるだろうし、それが、スマートフォンと連動して動作することの可能性は大きい。

ＩＴが日常生活の隅々にまで入り込み、人の認知や行動がＩＴによるいわば「ハック」の対象になりつつあることの是非は、ここでは論じない。個人情報の際限ない収集についてはプライバシーの点から批判があり対策が進んでいるが、大きな傾向としてＩＴが人を動かすという方向は変わらないだろう。どれだけ人を外に連れ出せるか、その人がいつどこに向かうか、どのような交通手段を選ぶかを決める主戦場は今やＩＴであり、その仕組みは今後ますます洗練されていくだろう。それならば、交通やまちづくりの価値観を反映しながら、ＩＴによる移動需要の喚起や制御に踏み込んでいくのが地域モビリティの今後のあるべき姿ではないだろうか。

1.3 データ指向の緊密な協業により移動需要と供給とを一体的に制御できる

ＩＴ企業としてのモビリティ産業は、一社が全ての事業を行うというよりある程度専門領域や地域に特化した企業や組織による分業や協業というイメージの方が正しいだろう。ものづくりにおいては、原材料から部品、製造から販売に至るサプライチェーンを考えるが、ＩＴ産業としては、複数の企業や組織の分業・協業の中心にはデータの流れがある。ＩＴ産業としてのモビリティ産業においては、データ流通コストが極限まで低下することによって、需要の制御と供給の制御が一体化したシステムが成立する。実際は複数の企業によってなされたとしても、利用者から見たときは一体化したシステムとして交通の供給が捉えられるようになるだろう。

こうしたＩＴ企業同士の連携は、「データ連携」といって理解されることも多いが、その言葉からまず連想するような、バルクデータをある組織から別の組織に流すようなイメージばかりではない。むしろ、分散システム同士のＡＰＩによる連携が主になるから、どちらが呼び出す側か、呼び出される側かということがビジネス的にも大きな意味を持つようになる。例えば、モビリティアプリを提供している企業が配車リクエストを受け取ると、それに対して、付近のタクシー事業者のサービス提供可否をＡＰＩ経由で取得し、提供可能なタクシー会社の、もっとも近くにいる車両に配車依頼を伝える。リソースを持つ企業はその利用可能性の情報を提供し、予約や利用要求、支払いなどを受け付ける。現在、ホテルの予約サービスやタクシー配車アプリなどで行われている仕組みと似たような仕組みが、移動に関わる幅広い企業を巻き込んで行われるようになる。

複数のシステムがＡＰＩで接続され、サービスが構成される状況は、ＡＰＩエコノミーとも捉えられる。先ほどのタクシー配車の例では、配車にまつわるデータはアプリ企業の方に集中するし、どの車両を配車するかのロジックもアプリ側の判断となる。極端な言い方をすれば、タクシー会社の生殺与奪の権をアプリ企業が握るという形になるが、アプリ企業に使ってもらいやすい形に自社サービスをチューニングすることで、業績を伸ばすという作戦もある。いずれにしても、利用者からのアクセスを集め、より多くのサービスを束ねたところが支配的な地位に就くことになる。これを、プラットフォーマーと呼ぶこともある。

プラットフォーマーというと、その独占性にばかり注目されがちであるが、現在のＩＴにおいて原理的な意味での独占を成立させたプラットフォームはそれほどない。例えばGoogle検索もWindowsも、その代替技術を開発する機会は誰に対しても開かれている。しかしプラットフォームが成立するということの技術的な意味は大きく、それはすなわちその業界において標準化が行き渡っているということになる。標準化はまず論理レベル、アーキテクチャのレベルで行われ、「何をもって一つの事業者という単位とするか」「どのようなやり取りをひとまとまりのＡＰＩとするか」などの次元で整理が行われるだろう。例えば「タクシー事業者」といっても独自の配車の仕組みを持っているか無線組合に加入しているか、独自のタクシーチケットを発行しているかなどの違いがあり、一つの企業の担当範囲が異なる。今は交通事業者が行う運行管理も、それだけを専門に担う企業に外部委託する可能性もある。このように、社会的にも線引きが曖昧になっている組織や組織間のやり取りに対して、標準化は共通の区切りを作ることを求める。その上で、さらにやり取りの具体的な内容についても一定の共通ルールが求められるようになる。

また一般には見えづらいプラットフォーマーのもう一つの仕事が、サービス提供者の形態や品質をモニタリングしその改善を要求することである。提供されたデータの品質を評価する、利用者による評判をフィードバックする、ＡＰＩやＷｅｂの呼び出し時間を評価するなど、システムや利用者の目線で測定可能なさまざまな項目を評価する。こうした情報はサービス提供者にフィードバックされるだけでなく、検索順位などにも反映され、より高品質だと判断されたサービスにリクエストがより集中するようになっていく。このように、プラットフォーマーの存在によってモビリティを担う組織の業務の標準化や高品質化が進むことは見逃せない。もちろんここには、参入の容易化や競争の激化という側面もあるので、安全性への要求が高いモビリティ産業をどう舵取りするかという意味でも大事な点である。

巨大な情報の流れができるということは、利用者や事業者をこの情報のループの中に閉じ込めるということでもある。うまく行ったなら、これは利用者にとっても事業者にとっても心地よい世界になる。利用者にとっては、一つのアプリさえ使えば常に「最適」な移動が提供される。事業者にとっては、プラットフォーマーから「最適」なサービス提供要求が行われるので、効率のいい車両の運行が実現できる。そしてフィードバックを元に更にプラットフォームの機能や性能が磨かれ、利用者の満足度も高まる。これは、現代のＩＴにおいてプラットフォーマーが肥大化していく仕組みそのものでもある。そのようなループが一度成立すると、そこを乗り越えるのは容易ではない。しかしながら、競争が行われなくなり、偶発性が低下した世界は持続しないだろう。この時、モビリティが提供する価値とは何かが改めて問われることになる。

1.4 低熟練者の高付加価値化：高度なシステムによる支援で低熟練者による満足度の高いサービスを実現できる

ＩＴによる仕組みだけで完結せず、現地においてて何らかのモノが動くことがモビリティ産業の特徴である。この部分を完全に無人化するのは難しいので、自動運転が普及したとしても、モビリティ産業では現地で対応する人員が今後も必要になる。一方で、ＩＴによる仕組み作りは低熟練者による業務の遂行をこれまで以上に拡大するだろう。これまで、経験者の知識や判断を必要としていた業務がＰＣやスマートフォンの支援によって誰でも行えるようになる。使いやすさ、便利さをシステム化することで、良いサービスを作る役割を人から機械へと委譲できるとともに、業務を定型化、標準化することで、サービス水準を属人化させず一定にすることができる。

ここで挙げている低熟練者による高度なサービスを実現した先駆的な事例がコンビニエンスストアだろう。全てのサービスをマニュアル化し、高機能なＰＯＳやレジのシステムによって、アルバイト店員によっても店のオペレーションや十分な満足度のサービス提供が可能になった。現在は、外国人がコンビニで働く姿を見る機会も多い。一つの成功事例であるが、現在、コンビニにおけるサービスは高度化し、その店員は低熟練者とは言いがたい。

モビリティサービスがITという窓口を持つということは、利用者が標準的、包括的なユーザインタフェースを求めることにも繋がる。交通を利用する際の窓口は人ではなく可能な限りスマートフォンなどITのインタフェースであるべきで、それが、国際的に共通のわかりやすいインタフェースで24時間即応的に稼働する。キャンセルや変更など複雑な操作こそ標準化されITのインタフェースで可能になるべきだろう。「国や鉄道会社によって切符の買い方が違う」「特定の時間帯は切符が買えない」「バスによって乗り方や運賃の払い方が異なる」といったことはITサービスとしては受け入れられない。

業務の標準化と相まって、人の採用可能性や流動性は高まる。人が対応する必要はあるが、遠隔でも可能な業務も増えるだろう。このことが過疎地域における人材確保の困難を直接解決できるわけではないが、モビリティ産業が求める人材像は少しずつ変わっていくだろう。

2. ITモビリティ産業のサービスと組織像

これまで、四つの柱を掲げてIT産業としてのモビリティの姿を見てきた。モビリティ産業の性質がIT産業と親和性が高く、たまたまITの発展以前にモビリティ産業が成立したことをあえて無視すれば、モビリティ産業はIT産業のバリエーションと捉えて問題ないだろう。それでは、IT産業としてのモビリティを担うのは、どのような組織体であろうか。新しいベンチャー企業が登場するかもしれないし、現在のIT大手プラットフォーマーがその地位に就くかもしれない。もちろん、既存の交通事業者が発展的にそうした形へと変貌する可能性もある。ここでは、それぞれの可能性については論じない。しかし、ITモビリティ産業の組織は、これまでの交通事業者とも、ＩＴ企業とも異なったものになっているはずである。その組織のあり方について検討してみる。

ＩＴによるモビリティが従来のモビリティと異なるもっとも大きなポイントは、モビリティがユーザの要求に立脚した動的なものになるということである。決められたダイヤやルートを運行するのではなく、利用者の欲求が最初にあり、それを充足する形としてモビリティサービスが提供されるのである。ただし、利用者の欲求というものそれ自体も制御の対象であり、その形成プロセスに踏み込んだ最適化が可能、また必要であることも前節で指摘した。いずれにしても、日々どれだけ同じオペレーションを安全に、正確に実現できるかという価値観とは違った組織カルチャーや技術が必要になってくる。

2.1 利用者を経営判断や施策の主軸とする姿勢と態勢

ＩＴ産業としての交通事業者が今の交通事業者と大きく違うのは、「利用者」を中心にシステムが構築され、業務データも利用者を軸として整理されることである。今でも掛け声として「利用者目線」が掲げられることがあるが、ここではもっと具体的に利用者一人ひとりがデータ化され、その属性や利用実績、支払い情報などが紐付いている状態を指す。老舗のデパートや商店などは顧客名簿が財産であり、誰がいつ何をしたかの記録に基づいてサービスを行うことで、顧客の嗜好に沿ったきめ細かいサービスを実現している。ＩＴ産業としての交通事業者もこれと同じように、人を軸としてサービスを企画し、評価する。

さまざまな取り組み、例えば新規路線の開設や割引の実施などは人に紐付けられてリアルタイムにデータが得られ、それを評価しながら改善を進めていく。例えば「今年度高校に進学した学生」

の中の「定期券の購入者」が個々の利用実態とともにリアルタイムに集計されるので、プロモーションの成否は即座に検討され、場合によって翌日から戦略を変えることもあるだろう。

この考え方は、デザイン思考や人間中心設計といったＩＴ企業の方法論とも親和性が高い。ＩＴ企業がサービスを設計する際、いかに利用者に響くサービスを実現するかという点からさまざまな方法論が議論され、まとめられてきた。これらの特徴としては、反復的にプロトタイピングを行い、利用者の観察を通してその精度を高めていくような方法論である。こうした、高度に洗練された方法論をモビリティサービスのデザインにおいても用いるようになるだろう。

サービスのリリース後に利用者を増加させる仕組みそれ自体をサービスのデザインに組み込み、サービスの利用体験が自然に利用者の増加に繋がる仕組み作りも、グロースハックとしてインターネットサービスでは広く用いられている。利用者が増えれば皆が更に便利になるような仕組み（ネットワーク外部性）は、モビリティサービスでも共通する特性であり、それを利用者にどう伝え行動変容に結び付けるかは、サービスデザインでも意識する必要があるだろう。

2.2 データに基づく絶え間ない改善とそれを実現する技術基盤

動的なモビリティを実現するためには、日々のオペレーションにおいても長期的なサービスデザインにおいても変化への対応を中心に組み込むことである。日々の運行も需要によって変動するし、能動的、受動的な長期変化もあるだろう。ＩＴという未だ発展途上の技術を扱う以上、技術そのものの変化にも対応しなくてはならない。事業の継続や成長のためには、変化への対応が業務の中で当たり前にならないといけない。

これを安定的に実現するためには提供したサービスに対するリアルタイムでの評価と改善が、事業の中に組み込まれる必要がある。よくＰＤＣＡサイクルを掲げるが、そのサイクルを１回転させる時間が、場合によっては数年単位だったりすることも珍しくない。しかしここでは、毎日（あるいはそれより早く）サービスは改善されるべきであり、そのための技術基盤と、それを使いこなすスキルを備える必要がある。サービスの提供水準や利用者の満足などをＫＰＩに定め、常時モニタリングする必要があるだろう。決められたＫＰＩだけでは実態は掴めないから、経営層においてリアルタイムにローデータにアクセスできる環境や、ローデータを自在な切り口で分析する技術も必要になる。

2.3 開発と運用の一体化 モビリティ版DevOpsの実現

ＩＴモビリティ産業をサービスとして見たとき、それは、大きく変わる人の需要に対して先行して手を打ち、ダイナミックにそのサービスを変えていく柔軟な発想と実行力を持った組織ということになるだろう。一方で、その足元においては、日々の運行を安全に遂行する、安定的で強い責任感のある組織でなくてはならない。この、相反するような性質をどのように一つに統合していくかが、大きな課題になる。

ＩＴ企業においては、近年開発と運用とを一体化して考えるＤｅｖＯｐｓという考え方が注目されている。自社でサービスを運営するＩＴ企業が、新しい機能の追加などを第一に考えるソフトウェアの開発（Dev）と、比較的安定性が求められるサーバなどの運用（Ops）とを、一体感を持って運営し、スピード感と安定感を両立させながらサービスを進化させようという考え方である。製造業が、研究→開発→製造→販売というような長期にわたる一方通行の流れを想定しながら組織や文化を作ってきたことに比べ、ＩＴでは研究、開発、販売などの垣根が比較的低い。それでも、普通なら壁ができてしまうそれぞれの世界を繋ごうという考え方であり、これ自体が単一の方法論を指すわけではないが、開発体制から組織文化などに幅広く及ぶ。

交通事業者の現場もまさにＤｅｖＯｐｓである。ＩＴ企業の経験や方法論も参考にしつつ、より良い組織作りを実現することが必要である。

2.4 ＩＴのスケーラビリティと人材戦略に向き合う

ＩＴ産業の特徴の一つは、知識集約による圧倒的なスケーラビリティである。仕組みを一つ作れば、その仕組みは全国どころか全世界に適用可能である。この特徴によって、現代の巨大ＩＴ企業は世界から人材を集め世界に対してサービスを提供するのが当たり前になっている。また、人材のレベルによるアウトプットの差も顕著である。よく、エンジニアによって生産性が数十倍以上異なると言われているが、実際は人数を増やしたり時間を掛けても作れないものは作れないので、高度なＩＴを実現するためには高度な人材を雇うしかない。エンジニア側からすれば、より労働環境が良く将来性のある事業に就業の機会を求めることになる。

地域モビリティというと、あたかも地域で課題を解決する問題に聞こえてくるが、ＩＴ産業として考えれば、どうやって全国、全世界を対象に、共通する洗練された仕組みを作り出せるかという挑戦になる。その仕事を完遂するにふさわしい人材、すなわち高度なＩＴ人材とどうやって課題を共有し、関心を高めてもらえるかを考えなくてはならない。スケーラビリティの課題に向き合わず、地域とＩＴとを密結合して語るようなことがあれば、それは、ＩＴの本質的な性質から目を反らしていると言えるだろう。

3. ＩＴ産業としてのモビリティの世界で地域モビリティはどうなるか？

改めてここで、「ＩＴによって地域モビリティはどうなるか」という課題に戻って考えてみよう。確かにこれまで、ＩＴは都市と地方とのさまざまな格差を埋めてきた。今や携帯電話網は相当の山間部でも整備されており、どこに住んでいようが、接することができる情報の格差は当然のこと、物流の発達やネットショッピングの充実で都市でないと買えないモノは少なくなった。コロナ禍を境に急速に一般化したリモートワークは、地方にいたまま人間関係を維持したり、都市部の企業に就業することなども可能にした。地方でも、大都市と変わらない生活を送れることへの期待は以前にも増して高まっていると言えるだろう。

ではモビリティはどうなのか？ 地域モビリティにおいてもＩＴ産業としてのモビリティ産業という姿に変わっていくことは間違いないだろう。一方で、モビリティ産業は地域に密着した許認可事業であり、新興の事業者に全てが取って代わるという形も考えづらい。だとしたら、地域モビリティの関係者はその移行期に何を考え、何から手を付けたらいいかを考えてみたい。

3.1 それでも、地域モビリティの担い手はデジタル化を進めるしかない

地域モビリティはこれまで、地域の企業によって支えられてきた。しかしこのあり方はＩＴの性質と合致するものではなく、ＩＴ産業としてのモビリティでは、オペレーションやサービスデザインをより広範囲に標準化して実施することが求められることになる。一方で地域という単位に高度な人材を配置する必要性は弱まり、地域に残るのは標準化された低熟練者でも担える仕事が主となるだろう。

ここで問題になるのは、現時点で地域モビリティの担い手を自任している地域企業などの将来像である。ひとつはもちろん、自らがＩＴ企業となり主導的に日本や世界を視野に入れた大きな流れを作り出す方向性である。これについては、今がチャレンジできる最後のタイミングだろうと考えている。私自身も、この思いを持って２０１６年に「交通ジオメディアサミット」というイベントを開催し、それ以降私なりに業界への働きかけを続けて来たつもりである。

次に考えられる方向性は、大きな流れに適応できるように自らを変えていく方向である。データやＡＰＩなどの形でＩＴ企業に向けたインタフェースを強化するとともに、社内にもＩＴ人材を揃える。外部に主導的なＩＴ企業が存在することを前提として、それが求める水準に対応できるよう変わっていく。

最後は、自治体の一部門となるなど公共団体との結びつきを強め、地域において唯一無二の存在になる方向である。地域モビリティがそもそも採算事業としては成立しないことを前提とすれば、インフラ維持やオペレーションを中心とした部門は公営で運営し、その上でサービスを成立させる部分を民間中心で運営するのもひとつの形かもしれない。

とはいえ、社会の変化は急には来ない。今を起点として20年くらいはほとんどの場面で変わらない今が続くだろうから、変化を察知できない人も多いだろう。「インターネット」が流行語になった１９９５年から25年経っても「コストを掛けてＩＴ化する必要はあるのか?」「お年寄りはパソコンやスマホを使えないからＩＴ化する意味はない」などの言葉を頻繁に聞く。ただ、交通事業者が変わらない世界にしがみつこうとすることは、これから利用者になるかもしれない、大半の地域住民を置き去りにする道であるという点は指摘しておきたい。

3.2 データ整備を進め 行政や交通事業者のデジタル化を進めよう

地域モビリティが今向き合うべきなのは、データの世界である。この点で、筆者らが推進している取り組みの一つが公共交通オープンデータの推進である。これは、公共交通の基礎データを交通事業者自身が整備し、オープンデータ、すなわちＩＴ企業やスマホアプリの開発者、国や自治体の政策担当者や交通コンサルタントなどさまざまなステイクホルダーが利用できるようにしようという取り組みである。データは「ＧＴＦＳ」と呼ばれる世界的な標準フォーマットで整備することで、データを処理するためのツールやノウハウも世界共通のものになる。

２０２１年６月現在で３７０を超える交通事業者のデータが整備され、オープンデータとして公開されている。データの大半がバスのものであり、一部が船舶や鉄道である。データは主にGoogle Mapsなどの乗換案内サービスによって用いられているが、個人やベンチャー企業が独自のアプリを開発したり、政策決定の場で活用されることも期待されている。

公共交通オープンデータの取り組みは一見交通事業者の外に向けたものに思えるし、スマホアプリなどを通して公共交通の利便性が高まるのは事実であるが、実際にはその変化圧は事業者の内部にも向くことになる。データ整備のために更に業務を増やすわけにはいかないので、これまで手作業で進めていた業務をデータを使う形に切り替え全体の業務量を減らす道を探ることになる。駅やバス停に貼る時刻表作りや運輸局への申請などがその例である。この、データを軸に業務プロセスを見直す機運が生まれることが大きなチャンスである。事業者を越えて業務が標準化されていれば同一の業務に同一のＩＴシステムが使えることになり、低コストで高品質なソフトウェアを入手しやすくなる。

変化圧は行政にも向かう。地域という単位の中で交通政策を立案、実施することが地方自治体に求められているが、ここでデータに基づいた定量的な政策論議を実現することが期待される。これまで、交通は実態の調査だけでも難題であり、移動需要を知るためのパーソントリップ調査は交通の実態を捉えるには質も量も足りていない。それどころか、地域においてどこにどれだけのバス停があり、一日何本走っているか、病院に行くまで何分掛かるか、タクシーがどこで何回利用されているかといった基礎的な状況の把握すら困難だった。こうした実態調査の一部は交通事業者による公共交通オープンデータが利用できる。行政の業務の中でデータの取得や整備に掛けるコストが減少するとすれば、交通政策の立案そのものに使える予算や時間が増えるし、その質に対してもより期待されるようになるだろう。

地域モビリティのさまざまな関係者がデータに向き合う経験をすることは、交通事業者だけでなくさまざまなステイクホルダーのデジタルトランスフォーメーションのきっかけとなるだろう。データの流れを主軸にした捉え方で交通を考えられる人材が各所に揃うことは、地域交通にどのような未来が来るにせよ大事な資産となるだろう。

3.3　オープンカルチャー・自前主義から協調へ

オープンデータといういわば「形式」から入った地域モビリティのデジタルトランスフォーメーションが次に目指すべきこととしては、自社以外の人材、技術、ノウハウや方法を柔軟に取り込み、また自社の情報を積極的に発信するオープンカルチャーの世界に飛び込んでいくことである。例えば交通事業者には膨大な数の「我が社のやり方」「我が社の書式」「我が社のルール」があるが、その中のどれに本質的な価値やノウハウが反映されており、どれは変更可能なものなのであろうか。ひとつの組織で閉じて方法を作り上げようとするのではなく、他社の良いものを取り入れ、相互にフィードバックしながら、業界全体でより良い方法論を作り上げていく。

この意味はもちろん、ひとつは標準化によって暗黙知の形式知化や情報システムの共通化を促し、システム開発コストを下げながら品質を上げていくことである。それ以上に、自社以外の人と交流し、情報を交換し、ノウハウを学び、必要ならば自社のプロセスを変えていくというカルチャーを持つことが強みになる。変化の激しい時代の中で自分自身で取り組めることは限られている。その時に、オープンカルチャーのネットワークに身を置いていることが強みとなっていく。

3.4 Z世代に学び、任せよう

公共交通のデジタル化の話に対しては、未だに「利用者はほとんど高齢者」「デジタル・スマホアプリを進めても、高齢者は使わない」というような反応が返ってくる。現状認識としてはそれは正しいのかもしれないが、移動、交通という誰にも関わる事業に対して、その認識では好き好んで先細りの道を選んでいないだろうか。むしろここでは、Z世代から次の道を学ぶことを考えたい。

Z世代というのに明確な定義があるわけではないが、1990年代後半以降の生まれで、生まれた時からデジタルが当たり前だったデジタルネイティブの世代をZ世代と呼ぶ。日本においては「失われたn十年」に育った世代と言えるが、一方で世界的には人口も多く、新しいITサービスのトレンドがこの世代から作られることも多い。この世代の行動様式からは、高齢男性を頂点としたヒエラルキーに支えられた大人世代の常識とは違う世界が見えてくる。

Z世代は社会課題への関心が高いと言われることも多いが、私の感覚では、この世代は「個人」と「社会」という二項対立を乗り越える感覚を持つ世代である。一定以上の世代において、社会への参加とは自己犠牲を伴うものであり、個人の時間や欲求を犠牲にして、就職したり社会的な地位を求めたり、社会からの要請に従ったりというのが当然とされてきた。また「社会」と言っても実態は「会社」であり、組織の価値観（それは時に社会の中で持つべき価値観とも反する）に染まることを良しとしていた。一方でこの世代は、自己実現と社会との距離感が近く、会社に所属するとしてもそれを通して社会に対してどう貢献できるかを気にする。この世代が作り出す「公共性」への感覚がどのようなものか、まだ全容はわからないが、ひとつは、ＳＮＳによる繋がりが社会の認識のベースにあるだろう。ＳＮＳは地域や学校、会社などに閉じることなく世界がフラットに繋がり、良いものを応援する側面とともに、規範意識が求められる場でもある。

２０２０年に東京都がCode for Japanの協力で新型コロナウィルス感染症対策サイトを立ち上げたとき、その仕組みを全てオープンソースとして提供するというチャレンジがあった。これに呼応して全国の道府県で同様のサイトを立ち上げようという動きが広がったが、Ｚ世代がその動きの中心を担った例も少なくない。例えば岡山県では、地元の高校生が全国の同世代の学生らと連携しながらサイト立ち上げを主導し、行政や大学などを巻き込んだ体制作りにまでこぎ着けた。このような取り組み[*1]を実行できる行動力や技術力、人間ネットワーク、そして何より、社会の役に立つことを自分の喜びと思える感性にＺ世代らしさを感じる。

公共交通というのも、幸いＺ世代が関心を持つテーマである。公共交通オープンデータにおいても、この世代の学生による活用事例が少しずつ出てきたが、その技術力や実行力に対して学生という下駄を履かせる必要はないだろう。この世代の公共に対する感覚と、ＩＴやデータ技術とが結びついたときに構想される公共交通というのは、個人的にも楽しみに感じている。

3.5 短期的な流行に振り回されず、技術を積み重ねよう

最後に、ＩＴの時間軸について論じる。ＩＴはよくドッグイヤーと言われ、人間の7倍の速さで生きる犬のようなスピードで進むと言われたりする。新しい技術が瞬く間に開発され、世界を席巻すると思われがちである。しかしこれは半分正しく、半分正しくない。確かに流行りのキーワードを追いかけていれば次々と新しい（多くの場合誇大な）概念が提示され、旺盛な投資が行われ、そして多くが消えていく。デマンド交通にしろＭａａＳにしろ、人工知能にしろ自動運転にしろ、数年で新しいものが登場し、次から次へとキーワードが入れ替わる。そしてその大半は、大した成果も残さず消えていく。この動きだけを見ていたら、「何もしないものが勝者」となりかねない。しかしその裏で着実に進んでいるデジタルシフトを見逃してはならない。流行り廃りにはそれとして付き合いながら、着実に世界の進む方向性を先取りしていかないと、事業を続けることはできない。

本章では私は、短期的な流行り廃りだけではないＩＴと交通の方向性を示したつもりである。私が提示したほとんどのことは今は夢物語であり、全くリアリティが感じられないだろう。しかし世界のどこかには、このような（あるいはもっと先を行くビジョンを10年20年と抱え続けながら地道に（もちろん時には派手に）技術を積み上げ、事業を発展させている企業や組織があるはずだ。そして気付いた時には、その存在は無視できないほど大きくなっているだろう。

私が社会に関わるようになったこの20年間、残念ながら日本社会は表面的に数年スパンの流行を追う振りをしながら、長期的には未来を信じず継続的な取り組みを放棄するという態度をとり続けている。この、明らかに間違っている社会の姿の根本原因がどこにあるかはわからないが、地域モビリティに限らず、大学運営などの教育行政でも、ＩＴ政策を含めた産業政策でも、地方創生や少子

化対策などでも、さまざまな分野においてこの傾向が見られる。行政における施策や人事や予算、民間企業の投資や技術戦略などさまざまなものがこの傾向を共有し相互に強化している。短期的なキーワードに合致しないという理由でさまざまな技術や事業、組織や積み重ねた取り組みを手放し、「気付いた時には遅かった」となっても、その意志決定は全社会的に行われたため、反省して方向転換するということすらできなくなっている。

モビリティは社会を支える根幹のひとつである。それは、今はまだ日本全国にいる、強い責任感と高い熱量で現場を支える人達によって、辛うじて保たれている。しかし、そこにも「自動運転」「ＭａａＳ」「ＧＴＦＳ」「デマンド交通」などが短期の流行りを追う形で「実証実験」として導入され、技術が本当に育ち始める前に次の流行りに移っていく。この結果、地域モビリティの現場には徒労感と新しい取り組みへの嫌悪感が残り、日本社会には技術は定着しない。新しい取り組みの多くはＩＴが関わっているため、地域モビリティをよく知る人であればあるほど、ＩＴに対して根深い不信感を持つという構図になっている。

本章のテーマである情報技術による地域モビリティの再構築を実現するためには、キーワードに振り回されない深いＩＴへの理解を意思決定層が持つことと、民間や行政において長期的な取り組みを支えられる組織や制度作りが必要だと考えている。情報技術はまだまだ未熟であり、これから、長期的にデータを積み重ね、技術を開発していかねばならない。海外が圧倒的に進んでいて今さら間に合わないということはないが、何も残らない実証実験に時間や資金を費やすほどの余裕はない。技術の方向性を見失わない、長期的な取り組みが切に求められている。本稿が、そうした取り組みの一助になれれば幸いである。

*1——https://youtu.be/Cxdao1NcWBY

第6章

車両技術による再構築

一般財団法人 日本自動車研究所
鎌田 実

様々な技術革新に伴い、車両も進化してきている。また新しいカテゴリの車両等も登場してきており、モビリティ実現へのツールが広がってきているとも言える。本章では、こういった技術面からの交通の再構築として、ここ十年くらいの車両等の進化を紹介していく。

なお、自動運転については、完全無人の自動運転車の実現にはまだ相当の時間がかかりそうであり、技術等も日々進化しているものであり、ここでは現状の概要を紹介するにとどめる。

▶大丸有地区を行く自動運転バス
（歩行者専用時間帯に許可を得て運行）

1. バス・タクシー車両の進化

バスやタクシーの車両も、人にやさしく・環境にやさしく、技術的に進化を遂げてきている。ここでは、それらを簡潔に紹介していく。

1.1 乗り降りのしやすいバス▼1

昔のバスは床高が1mくらいあり、30〜40㎝のステップをよじ登らなければ乗車できず、お年寄りには困難なものであった。1997年に床高30㎝（ステップはニーリングという車体降下で23㎝）のノンステップバスが登場し、人にやさしいバスとして普及が始まった。2000年の交通バリアフリー法の制定により、路線バスは原則ワンステップバスかノンステップバスで車椅子対応が必須になり、20年経過した今、全国ほとんどのバスがバリアフリー対応となっている。

国土交通省では、ノンステップバスの標準化による価格低減・普及拡大、改良によるノンステップエリア拡大・走破性の向上などに取り組み、2015年には、ワンステップを廃止しノンステップに一本化した車種も登場している。

▶1――ノンステップバスの改良：ほぼ同一の全長に対し、下の改良型はノンステップエリアが70㎝拡大

1.2 フルフラットバス▼2

1997年に日本で登場した初期のノンステップバスは、特殊な駆動系を用いて、車内通路に段差の無い形態（ローフロアバス）であったが、高価であるため、標準化・コストダウンの流れにおいて、コンベンショナルな駆動系を用い、車内後半部が段上げされた車型（ローエントリバス）が普及した。床面を上げることで、広い床面を得ることができ、日本のラッシュ時での詰め込みには有効であったが、段差部における乗客の転倒が懸念された。

このような中で、東京都交通局は2018年に、フルフラットバスと称するローフロアバスの導入をはかった。国産では対応できず、北欧製のシャーシと豪州製の車体の組合せで作られ、29台導入された。床面の傾斜は2・9度と低く抑えられているが、中扉を前方へ位置させておりノンステップエリアは狭く、後部エンジン部のデッドスペースが大きいため、全長は11mと長いが定員は同時期導入の国産一般車より少ない。通路段差は解消されているが、後部通路が狭いため詰め込みがきかず、日本のラッシュ時の使用シーンを考えると、せっかくの構造が生かされていない面もあり、今のところ増備はされていない。

1.3 低公害バス▼3

1990年頃から、ディーゼルエンジンのバスよりも低公害のバスとして、ハイブリッドバスやCNGバスが登場してきた。ハイブリッドバスについては、改良が重ねられ、排出ガスの低減に加え燃費性能も向上し、継続して販売されている。CNGバスは、一時期かなりの数が公営交通を中心に投入されたが、高圧ボンベの耐久年数の制約や、充填設備の面から、数を減らしてきており、新車のラインナップからは落ちている。電動バス・燃料電池バスは別項参照。

1.4 連節バス▼4／5

一般の路線バスの定員は70名程度であるが、二つの車体をつないだ連節バスだと130名くらいまで収容可能であり、大量輸送の路線で威力がある。さらに最近ではドライバ不足により、運転士1名でより多くの乗客を輸送できるという点からも、連節バスへのニーズがある。これまでは国産で対応できなかったため、輸入車の導入が進んだが、2019年に国産連節バスが登場し、導入が始まった。

▶2――東京都交通局のフルフラットバス

▶3――最新のハイブリッドバス：前方屋根上にバッテリを配置している

▶4――国産連節バス：日野ブルーリボン（横浜市のベイサイドブルー）

▶5――輸入連節バス：メルセデスベンツ・シターロ（西鉄の福岡BRT）

1.5 観光バスタイプの車椅子対応 ▶6／7

一般路線バスは低床化によりバリアフリー対応がなされたが、観光バスタイプは床下に荷物室を配置する関係で、床は低くできない。このため、リフトによる車椅子対応がなされてきている。リフト装置による荷物室の減少、車内の座席の可動化による手間などがあり、時間に追われる空港リムジンバス等への普及はなかなか進んでいるとは言い難いが、最近は徐々に進んでいる。

また、車内に昇降装置を設けて、スロープで車内に乗り込み、床面へ上げるというエレベータ装置付きのタイプも登場している。このタイプだと、リフトに比べて車外への張り出しは少なくできるが、昇降装置の部分には座席を設けられず、定員が減少するというデメリットもある。さらには、2階建てバスにより、1階部分は低床であるのでスロープで車椅子乗降可能とするものも、登場している。

▶6――リフト付きバス（バスグラフィック36号より許可を得て引用。撮影：伊藤岳志）

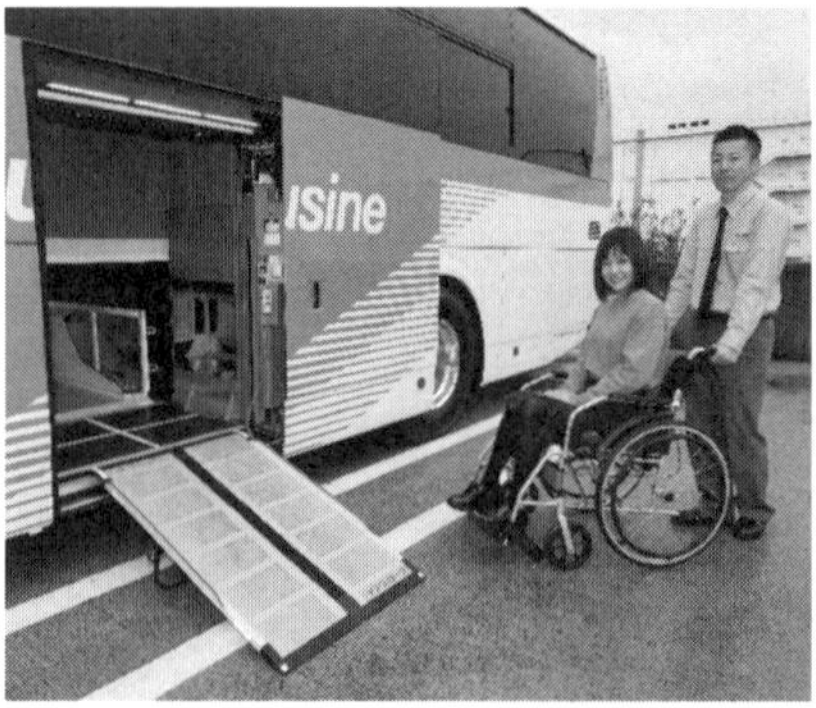

▶7――エレベータ付きバス　（バスグラフィック37号より許可を得て引用。撮影：伊藤岳志、モデル：布施貴美子）

1.6 電動バス ▼8/9/10

バスの電動化は、かなり昔からトライされており、日本でも昭和40年代からいくつかの試験導入の実績がある。電動化への期待は最近10年で高まり、海外では積極的に電動化を推し進めている国もある。電動化の進捗は政治的な側面もあるが、技術的には、バッテリの性能と航続距離の関係で、進化が進められている。路線バスの平均的な1日

▶8——輸入電動バス：BYD社製。岩手県交通（バスグラフィック38号より許可を得て引用。撮影：伊藤岳志）

▶9——パンタグラフ式充電の電動バス：関西電力（バスグラフィック39号より許可を得て引用。撮影：伊藤岳志）

▶10——燃料電池バス：トヨタSora（東京BRT）

の航続距離は１５０㎞程度といわれるが、昔の鉛バッテリでは、その距離を可能とするには膨大な量が必要となり、重さもかさむ。最近のリチウムイオンバッテリでは、重量や性能面で実用的な姿が得られるようになってきている。国内では、電動化の改造車がいくつか見られるほか、中国から完成車の輸入も進んできている。路線バスでは低床化が必須であるため、バッテリを屋根上に置く等の工夫がなされている。また、大量のバッテリを積むと、航続距離は伸びるが、充電に要する時間が長くなり、バッテリのマネジメントが難しくなるので、バッテリ量を少なくし、こまめに充電するようなタイプもあり、関西電力のトロリーバス代替の電動バスでは、パンタグラフを設けて、停車中に充電させる形になっている。

　また、燃料電池バスも、トヨタ自動車が取り組み、20年近くの歴史がある。様々な改良が重ねられ、最近になって量産タイプが登場し、導入例が増えてきている。水素のボンベを有し、燃料電池スタックで、電気を発生させ、あとはバッテリ式の電動バスと同様な構造になっている。

　これまでの電動バスは、エンジンをモータに置き換えたようなものがほとんどであるが、電動を前提とした駆動系レイアウトを採用することにより、バスの車内構造を一新させるようなポテンシャルも有しており、今後は先進的な車両の登場が期待される。

1.7　ＵＤタクシー[11]

　これまでのタクシーはセダン型が一般的であったが、英国のロンドンタクシーでは車椅子対応が可能であり、日本でもそのようなタクシーの登場が期待されていた。（これまでは、車椅子のまま乗車可能なのは、いわゆるチェアキャブと呼ばれているワンボックス車にリフトを付けたタイプで運行されるＳＴＳ〈スペシャルトランスポートサービス〉や福祉限定タクシーに限られており、数が少なく、広がる需要をカバーできない）

　国土交通省で車椅子でも乗降可能ですべての人にやさしいＵＤタクシーに関する検討が行われ、

モックアップ等を用いて、乗降方式や車両構造についての議論がなされた。車椅子がどこから乗るかについて、後からと横からの2方式が検討されたが、道路の状況により一長一短があり、一本化は諦め、結果的に、日産のNV200タクシーが後から、トヨタのJPNタクシーが横からという形で、2タイプが登場している。JPNタクシーは、車椅子で乗り込んでから向きを変える必要があるため手間がかかるが、歩道がかさ上げされているとスロープ傾斜角が抑えられ容易に乗降できる。（しかしながら、登場当初は、スロープ板の設置に時間がかかり、乗務員も不慣れなため、一部で乗車拒否が発生したりして問題となったが、スロープ板は改良型となり、乗務員の研修も進んだため、懸案は解消の方向にある）

▶11——UDタクシー：トヨタJPN TAXI

▶12——EDSS（緊急時非常ブレーキ）のボタン：西鉄観光バス

2. 自動運転／運転支援

最近の車両技術のトピックとしては、自動運転や高度運転支援がある。完全自動運転は、まだまだすぐに実用化がなされるわけではないものもあるが、最近の状況を記す。

2.1 被害軽減ブレーキとEDSS ▼12

国交省の先進安全自動車ASVのプロジェクト

で、様々な運転支援装置が開発され、普及が進んでいる。一番馴染みが深いのが、自動ブレーキと思われるが、これは当初は被害軽減ブレーキと呼ばれ、衝突が避けられなくなったら緊急ブレーキを作動させて、衝突時の被害を軽減させるというものであったが、技術の進展により衝突回避も可能となった。大型車での義務化が先行したが、乗用車を含め義務化が法制度化され、既に新車のほとんどに装着されており、機能も拡充されてきていて、アセスメントでの性能の点数化もなされるようになった。

運転者の健康起因による事故が、死亡事故の約1割を占めているという報告もあり、運転者が気を失い運転継続が不能になった際に、車両を自動で止めるような、いわゆるデッドマン装置が期待され、大型バスからEDSSと称したシステムの装着が始められた。当初は、ボタンを押すことにより、自動でブレーキがかかり減速するタイプであったが、運転者の顔や動作をモニタリングして、異常が検知されたらブレーキをかけるタイプも登場している。

2.2 自動運転

ここ7~8年で、自動運転への取り組みが活発化し、世の中での自動運転への期待も高まってきている。交通事故の9割以上がヒューマンエラーによるものとされ、自動運転システムに置き換えることで大幅な交通事故の減少が期待されるが、まだまだセンサー等の性能や状況判断の能力は熟練運転者並みになるのには相当の時間がかかるし、システムの費用がリーズナブルにならなければ普及が期待できない。また日本では人口減により、ドライバ不足が叫ばれており、自動運転による無人化も強く期待されている。しかしながら比較的低速で、簡易な交通環境のもとでは実現可能かもしれないが、技術的にも法制度的にも、まだまだクリアすべき課題がたくさんあり、実現には時間がかかりそうである。

以下、いくつかに分けて状況を記す。

〈1〉ゴルフカートタイプ[13]

ゴルフカートがゴルフ場で誘導線上を自動で動くことは20年前から達成できている。これを公道でもできないかと、2016年11月に石川県輪島市で初めて実現した。

自動運転といえども運転手付きのレベル2であり、誘導線上を自動（12km／h程度）で動き、加減速も自動であるが、周辺監視は運転手が行い、必要に応じて介入をする形である。これに続き、経産省・国交省自動車局のラストマイル自動運転事業、国交省道路局の道の駅自動運転事業、それから民間や大学の自動運転実証などでも、ゴルフカートを使用したものが進められている。ゴルフカートを公道で走らせることは、20km／h未満での道路運送車両法保安基準の緩和規定により、簡素な装備でもナンバー取得が可能なことによる。また、19km／h以下の速度帯であれば、比較的低速なため、危険回避がブレーキにより短い距離で止まれるという点もあり、比較的簡素なセンサ構成でも自動運転の実現が可能とされ、誘導線式であればインフラ設置のコストはかかるものの、自動運転の実用化に一番近いとも言われている。

〈2〉ロボットシャトルタイプ[14/15]

海外では10名程度が乗れる、ハンドル・ペダルの無いシャトルでの自動運転が実用化されつつある。仏のイージーマイル社やナビヤ社の車両が典型例である。当初は、ナンバーが無いため、道路封鎖をしての走行であったが、運転席相当を設けることにより、保安基準緩和申請を行って認可され、正式にナンバーが取れて、公道実証が可能になっている。この種の車両の導入に熱心な自治体もあり、2020年11月には茨城県境町がナビヤ社アルマ3台を導入し、運転手付きのレベル2ながら、本格運行を始めた。ゴルフカートと同様に比較的低速（18km／h程度）のため、交通環境がシンプルな所でのさらなる展開が期待される。

この種のものの今後の展開としては、トヨタ自動車のe-paletteもあり、ＭａａＳのサービスの一形態にこの種の車両の活躍が期待されていく。

〈3〉バスタイプ[16/17]

日本の自動運転で一番期待されているのがドライバ不足への対応である。特に大型二種免許が必要なバスは、人材確保ができないと、減便や路線廃止につながり、それへの救世主として自動運転・無人運転が強く求められている。

数社で小型バスを用いた実証がなされ、最近では大型バスを使用する例も出てきている。国では、ラストマイル自動運転実証の一部としてのＢＲＴ型や、中型バスを用いた全国5ヵ所での実証を進めている。ＢＲＴのような専用空間を用意できれば、比較的容易に自動運転化が可能となるので、日立での廃線跡、ＪＲ東日本での震災復旧でのＢＲＴなどで、実証が続けられている。

バスタイプでは、40～60㎞／hでの走行が必要となり、混合交通下での周辺監視や状況判断による経路生成などにおいて、一段と技術的に高いレベルが要求され、まだまだ実証により検証を重ねていくことが必要である。

さらに、自動運転は、運転操作の自動化であるが、運転手は運転以外の乗務員の仕事も課されており、それをどのように対処していくかは、検討が始まったばかりである。当面は、運転の資格を必須としない乗務員を乗せる対応が想定されているが、将来的には遠隔監視とロボット技術の適用などで、対処していくような形を目指していくことになるかと思われる。

3. 小型モビリティ

自動運転やＭａａＳのようなハイテクを使ったもの以外でも、新たなモビリティで注目されてい

▶13—— 廃線跡を活用した自動運転実証の例：福井県永平寺町

▶14——境町で本格運行の始まったナビヤ社アルマ

▶15——トヨタの e-palette

▶16—— JR東日本の気仙沼線BRTでの実証

▶17——経産省・国交省の中型バス自動運転の実証：京阪バス

るものがある。ここでは小型モビリティやスローモビリティのいくつかを紹介する。

3.1 グリーンスローモビリティ ▼18/19

ゴルフカートを正式にナンバー取得をして公道で走らせたのは、2014年に輪島からであるが、2018年に国土交通省が、この種の19㎞／h帯の乗り物を、グリーンスローモビリティ（略して、グリスロ）と名付けて、普及拡大を旗振り始めた。4人乗りのゴルフカート（軽自動車登録）、5～7人乗りのゴルフカート（5ナンバー登録）、10人乗りのバスタイプ（3ナンバー登録）、16人乗りのバスタイプ（2ナンバー登録）がある。ゴルフカートはヤマハ製と日立製、バスタイプは、群馬のベンチャーが作るeCOM8(10)が今のところの主流である。

これまで100近い場所で、実証実験が行われ、事業化（タクシー、バス、自家用有償、登録不要無償輸送、それぞれ事例がある）が拡大しつつある。ゴルフカートでは、ドアの無いオープンな構造、低床で乗り降りしやすい、車幅が狭いので狭い道路を奥まで入れるといった特性を有し、低速であることにより、車内外でのコミュニケーションが可能であるなど、乗る人から笑みがこぼれ、単なる目的地への移動具である以上に、コミュニケーションツールとしての役割もあり、家に閉じこもりがちになる高齢者の外出支援などにも役立っている。

最初にタクシー事業として事業化した福山の鞆の浦では、道路が極端に狭いので、ゴルフカートの車幅の狭さが非常にマッチし、普通のタクシーでは入れないところまでアクセス可能であり、重宝されている。地域住民の他、観光客の利用も多く、事業として成立しており、そのタクシー会社は第2弾として福山城へのアクセスの事業も始めている。

eCOM8(10)では、向かい合わせの座席により、車内での会話が弾み、一種のサロンのような形になり、目的地までの移動中が楽しいものになっている。

このように、グリスロは、単なる移動具というより、地域コミュニティにおけるコミュニケーションツールとしての役割を果たしており、そういう意味での活用の広がりが、今後期待される。

3.2 超小型モビリティ ▼20/21

前述のグリスロは乗って楽しいものであったが、自分で楽しく運転していくものとして、超小型モビリティがある。これまでも、ミニカー（道交法上の規格。道路運送車両法では第1種原動機付自転車の4輪版）の規格で、1人乗りの超小型の電気自動車は存在したが、

▶18――グリスロ：松戸市での実証

▶19――グリスロ：福山・鞆の浦でのタクシー事業

▶20――超小型電気自動車（日産NMC、トヨタi-ROAD、トヨタ車体コムス）

▶21――トヨタの超小型2人乗りEV

2人で乗れるものとして、欧州のL6／L7クラスの車両を日本で走れるようにするため、軽自動車の基準の一部緩和で、超小型モビリティ認定制度が2013年に制定され、各地で実証実験が進められた。軽自動車よりもずっと小さく、小回りが利くので、大変運転しやすく、駐車場にも入れやすいといった特徴を持ち、近隣移動の下駄代わりに有用である。しかし、小さいゆえに、ぶつかった時にダメージが大きいのではという懸念を持つ人もいる。（認定制度での実証実験中に重大事故が起きたという記録は無い。）

認定制度では、自治体やそれに準ずる組織からの申請が必要なため、欲しい人がすぐに購入できるものではない。このため、正式に認証して発売できるようにするために、型式指定のための要件を定め、2019年度末に制定した。トヨタ自動車が、これに合わせ、超小型EVシーポッドを2020年12月に発売した。

ミニカー規格は、1人乗りのみであるが、2人乗りへのニーズが強くあり、今後対応が望まれる。

3.3 電動車椅子など▼[22/23/24]

電動車椅子は、最高速度6㎞／hの電動の乗り物で、重度障害者の使用がメインのジョイスティック形と、高齢者の使用がメインのハンドル形があり、歩行補助具とされ、道路交通法上は歩行者の位置づけとなる。運転免許不要であるため、免許返納後の足として使われることも多いが、自動車の速度帯からはかなり低速となるので、自動車運転にこだわるケースも多いと言われている。認知症の人の使用もあり、運転操作を誤っての事故の報告も多数ある。

最近では、ジョイスティック形ながら、デザインに凝って、高齢者にも使ってもらおうとしている車種（WHILL）、ハンドル形でオフロードも可能とするようなタイプ（ヤマハのコンセプト車）、立ち乗りのタイプ（トヨタの歩行領域EV）なども提案されており、従来の電動車椅子からパーソナルモビリティとしての乗り物へ進化していると言える。

海外では、15～20km／h程度まで出せるクラス3の車椅子も発売されており、ハンドル形はMobility Scooterと呼ばれている。

また、最近の動きとしては、電動車椅子の自動運転化もトライされている。空港でPRM（Passengers with Reduced Mobility）対応の効率化を目指した実証なども行われている。

さらに、新しいモビリティとして電動キックボードがある。日本では保安基準に適合させ、原付自転車として公道走行可能である。規制緩和して、もっと簡易に乗れるようにしたいという動き

▶22――ハンドル形電動車椅子のコンセプト車：ヤマハ発動機

▶23――電動キックボード

▶24――電動車椅子の自動運転：パナソニック（提供：安藤健）

もあるが、海外では事故が多くあり、規制強化の動きもある。

3.4 福祉機器など▼25／26

電動車椅子は、搭乗しての移動具であるが、福祉機器には、歩行の支援具もいろいろある。シルバーカー（歩行車）は、最もポピュラーなものであるが、坂道などでの使用は困難であり、それを電動アシスト形としたものが出てきた。登り坂ではアシストし、下り坂では速度をセーブしてくれるので、楽に安定した歩行が可能となる。さらに、GPSや通信機能を有しているものもあり、見守りの機能が果たせる。このほか、歩行アシストといったロボット機器もあり、ロボット・センサー技術により、歩行そのものの支援も様々な形でできるようになっている。

▶25――電動アシストカート：RTワークス社　RT1（介護ロボットポータルサイトより許可を得て引用）

▶26――歩行アシスト：ATOUN社の試作品

むすび　地域モビリティの今後に向けて

　これまで示してきたように、車両等の改良は様々な形でなされてきた。今後を考えると、カーボンニュートラルに向けての動きが急加速しそうで、電気自動車や自動運転車はコスト高になるため、マイカーからシェアサービスへの転換も進み、それに合った車両が増えていくことが想定される。電気自動車としてのバッテリ管理や、自動運転車による運行を考えると、いわゆるコネクティッドで、つながるクルマが前提となり、それによる付加価値の創出も期待される。遠い将来には、完全自動でドライバレスとなっていくものと思われるが、そこにおいては、車内での接客サービスを、遠隔で行ったり、ロボットが介助したりすることも考えられ、それらの実現に向けての技術開発も必要となる。

　1人乗りのパーソナルモビリティから、10人までのワゴン車、20人程度までのシャトル、それ以上のマイクロバス、中型バスから大型バス・連節バスまで、道路交通の車両は多様なものが勢ぞろいしていくものと思われる。また、速度域も、歩行帯の6km／h、低速の20km／h未満、一般道用の30～60km／h、高速道路も走る100km／hまで、運行設計領域にそって、様々なものが用意されるようになるであろう。

第7章 災害・防災から地域モビリティを捉えなおす

神田佑亮
呉工業高等専門学校

本章では、大規模災害が発生し、交通が大混乱に陥った状況下からの公共交通を含めたマネジメントの経験から、平常時も含めた地域モビリティのあり方について論じる。

災害発生後に普段使える公共交通が使えない状況下で交通サービスを構築していく上では、まずは状況を把握し、需要を予測した上で、優位な公共交通サービスを設定し、自動車からの転換をも図りつつ、交通障害に伴う人々の移動・行動制約を迅速に緩和していかなければならなかった。そして、状況を継続的にモニタリングしながら、さらに改善を図るための次の一手を打ち続けなければならなかった。

こうした過程は災害時だから特別な状況ではなく、平常時の地域のモビリティのマネジメントにもほぼ通じるものである。

1. 厳しい状況が続く地域モビリティ

地域のモビリティが厳しい状況が、全国各地で続いている。運行便数の削減や路線網の縮小の問題は今に始まった話ではない。最近では担い手の不足により交通サービスが提供できなくなる事態となっている。従前では乗客数や運賃収入が運航コストに到底見合わず、採算性というよりは寧ろ費用負担の観点から、「需要の状況に応じて」サービス水準を低下させざるを得なかった。

しかしながら、2010年代後半ごろから事情が異なってきている。黒字、あるいは収益性は問題ないものの、減便や運休・廃止をするケースも見られるようになってきた。すなわち、公共交通サービスの供給力の制約による課題も露見しはじめてきた。なぜ、このような状況に陥ってしまったのだろうか？

元々、地域のモビリティは採算性の高い事業ではない。多くの地域のモビリティは、運航補助金であったり、収益性の高い幹線交通で得た収益を、公共交通事業者の自主的な努力による「内部補助(cross-subsidy)」を運行の財源とし、サービスを提供し続けてきた。「あって当たり前の状態であり続けた」と言っても、過言でないであろう。しかしながら、この状態が持続可能な運営形態であると言えないのは自明であろう。我が国全体レベルでの少子高齢化・人口減少、そして地域のレベルに目を向けると、郊外部の人口低密度化など、地域モビリティを取り巻く環境は、極めて厳しいキーワードを容易に並べることができる。

こうした暗い、地域モビリティの将来に対し、もう諦めるほかないのだろうか？

筆者は平成30年に発生した西日本豪雨発災後に、混乱した地域の交通のマネジメントに最前線で対応するという、貴重な経験を得た。筆者の職場が位置する広島県呉市と、生活面・経済活動面でも関わりの深い広島市とを結ぶJR呉線、広島呉道路が同時に、長期に亘って絶たれ、公共交通の移動が極めて困難となった。極めて厳しい環境下での地域の交通のマネジメントであったが、データを集め、予測して運行計画を立案、それに基づいて実行・運用し、交通の状況や利用者の反応を見て、サービス水準のバージョンアップを図ることを短期で何度も繰り返した。

この経験を通じて、普段の「地域モビリティのマネジメント」の課題をこれまでにない感覚から捉えなおし、そして解決の方向性を考えるようになった。

本章では、こうした災害・防災をはじめとした、条件不利の交通マネジメントの実践の経験から、地域モビリティの問題解決の方向性を論じたい。

2. 平成30年7月豪雨被災後のモビリティのマネジメント

2.1 突如襲ってきた生活移動困難の状況

平成30年7月豪雨は、中国地方を中心に甚大な被害をもたらした。前線や台風の影響により降り続いた雨は、中国地方の多くの観測所で総降雨量500ミリを超え、観測史を更新する記録的豪雨となった。大規模な河川の氾濫、数多くの土砂流出などの甚大な被害が広域で発生し、岡山県、広島県、山口県で、181人の尊い命と多くの財産が失われた。広島を中心とするエリアでは交通網が受けた被害も甚大であった。とりわけ広島市〜呉市の間では土砂崩落による大量の土砂流出等の被害により、自動車専用道路である広島呉道路、幹線国道である国道31号、公共交通輸送を担うJR呉線の、三本の幹線交通が全て長期間に亘り寸断されることとなった。

発災5日後の7月11日深夜、国土交通省中国地方整備局や関係する建設業関係者の懸命の対応により、国道31号は仮復旧として通行可能となった。直後に都市間のバスも運行が再開された。しかしながら、その翌日からの運行は見合わせとなった。広島~呉間の移動需要が国道31号に集中し、平常時であれば1時間弱で移動できるところ大渋滞により3時間以上を要し、かつ早朝から深夜まで渋滞が続く事態となったためである。

2.2 「災害時BRT」の発案と交通サービスのマネジメント

とはいえ、深刻な渋滞が続く事態をずっと継続させるわけにはいかない。広島市~呉市の間は土砂災害により被災した集落も多く、深刻な渋滞は市民の生活のみならず、救援・復旧活動にも影響を及ぼしていた。

仮復旧として暫定的に供用された国道31号の交通容量（車を通すことのできる台数）には限りがあり、そこに自動車で押し寄せる人々の移動に対する需要を、上手くマネジメントを行うことが必要であった。交通需要マネジメント（TDM）には、「手段の変更」、「経路の変更」、「時刻の変更」、「自動車の効率的利用（相乗りなど）」、「発生源の調整（リモートワークなど）」の五つのアプローチがあるが、「経路の変更」は、平地が少ない地形から、他に利用できる道路が少なく、さらに、それらの道路も被災しており、代替経路が利用できない状況であった。「時刻の変更」は、未明から深夜まで大混雑している状況から限界に達しており、「相乗り」は自発的にされつつあったものの、効果が未知数であること、「発生源の調整」は、新型コロナウイルスの感染拡大以降はリモートワークの環境と社会の意識が浸透してたが、当時はそのような状況はなく、大きな効果は見込めなかった。

残すは「手段の変更」のみである。鉄道は被災したため、あとは「バス」をいかに活用するかであった。ただし、単純に自動車と同様に渋滞に巻き込まれ、長時間も乗り降りできないとなると、自動車からバスに交通手段をわざわざ変更する人は、ほとんどいないであろう。長時間の乗車となると、移動中のトイレの不安がつきまとう。その点でも自動車が明らかに有利である。

そうした状況下で、大量輸送手段である「バス」を活かすには、自動車より明らかに早く、そして確実に移動できるサービス水準を確保することが不可欠であった。とにかくバスが走ることのできる空間があれば、一般の自動車と分離し、走らせてしまうことができれば速達性は確保できる。そうして思い付いたのが「災害時ＢＲＴ（Bus Raipd Transit）」であった。通行止となっていた広島呉道路のうち、物理的に損壊していない区間をバスが通行できるようにして、速達性と、所要時間の信頼性を確保した。[*1] 途中、逆方向のインターチェンジをバスが「逆走」し、「Ｕターン」して本線を走行するという、前代未聞の方策であった。

「災害時ＢＲＴ」は、公共交通の速達性を確保するという意味では有効であったが、これをより一層使えるものにするためにはクリアすべき課題がいくつかあった。ただバスの経路を確保すれば良いという話ではない。

一つ目は、需要の予測であった。どのくらいの利用者が利用し得るのか、そのために、どのくらいの車両を用意すればよいのか。この予測のためのデータを得ることは容易ではなかった。普段の呉線の利用者数、バスの利用者数と、自動車の交通量が分かれば簡単に求められると思われるが、実際はそうはいかなかった。バス・鉄道の普段の利用者数について、その時点で入手可能なデータがなかった。結果、自動車交通量については道路交通センサス（平成27年度）と、比較的年次の新しいデータを得たが、公共交通については、国勢調査のデータ、しかもおよそ12年前の平成22年の調査結果から予測せざるを得なかった。余談であるが、これらの結果1日1万2千人ほどの移動が広島〜

呉間であると推計したが、「災害時ＢＲＴ」の１日あたり最大利用者数とほとんど乖離がなかった。

２点目は、使える交通手段として、広くアピールしていくことであった。「災害時ＢＲＴ」というネーミングの狙いの一つは、こうした状況下でも広く拡散させていくことであったが[*2]、「災害時ＢＲＴ」と聞いて、すぐにスピーディな代行バスだと閃く人はほとんどいない。この交通手段がどのようなサービス水準で、どのように使えばよいのかを、迅速かつわかりやすく知らせていかなければならなかった。

「災害時ＢＲＴ」の速達性、そして所要時間が安定しているという信頼性などのサービス水準には自信があった。これを端的に伝えるため、運行初日のバスの所要時間を計測し、筆者の研究室のホームページに掲載し、さらに呉市の公式ツイッターやFacebook等のＳＮＳを通じて拡散した。ここで掲載した情報は個人のＳＮＳを通じて相当の勢いで拡散されていった。途中からはバス運行事業者がバスの空席率（満空情報）も発信するようになり、この情報発信により、利用者は時間帯によっては、早くバス停に行って待つ必要がなくなり、移動によるストレスの低下にも随分と貢献できたと思われる。

３点目は、交通サービスのマネジメントの体制を構築するのか、という点であった。大規模災害発生後の交通状況は復旧状況に応じて刻々と変化する。人々の生活が元に戻るにつれて、通勤や通学などの活動に伴う移動の量も元に戻る。それにより渋滞がより深刻化する可能性があった。そうした状況下では、交通の状況を把握できるデータを迅速に分析し、対策を決定し、素早く実行に移し、また状況を見守りつつ手を打つことのできるマネジメント体制が不可欠であった。筆者は被災地である呉市より「渋滞対策委員会」を設立するため、委員としての参画の依頼を受けたが、分析・対策立案・実行を迅速かつフットワーク軽く動けるようにするため、現場レベルに近く、かつ判断のできる体制として「呉市渋滞・交通対策チーム」への改組を提案し設置された。[*3] この間、約3ヵ月で30回以上の議論を重ね、そしてかなりの回数の検討・施策実施・評価と次の方策の検討を繰り返した。PDCAというよりも、アジャイル（Agile：迅速かつ適応的）という表現のほうが適切であろう。

一方で課題もあった。1点目の課題は、「災害時BRT」の運行のためのバスが、運行初期段階では十分に集まらなかったことであった。特に災害時BRTの運行が始まってすぐの段階では、広島県内の貸切バス事業者が運行の中心を担ったが、70台車両確保の目標に対し、運行につくことのできた車両数は、運行開始時点で約30台、その週末でも約50台であった。広島県内のバスのみでの供給力では全く足らなかった。翌週には中国地方の他県から応援を得て、関西や九州から、最遠では北海道からのバスも応援に駆けつけて下さった。ピーク期には約200台のバスが駆けつけたが、

鉄道代行バスの管理両数の推移（JR呉線・広～呉～広島間）

資料：広島県バス協会提供

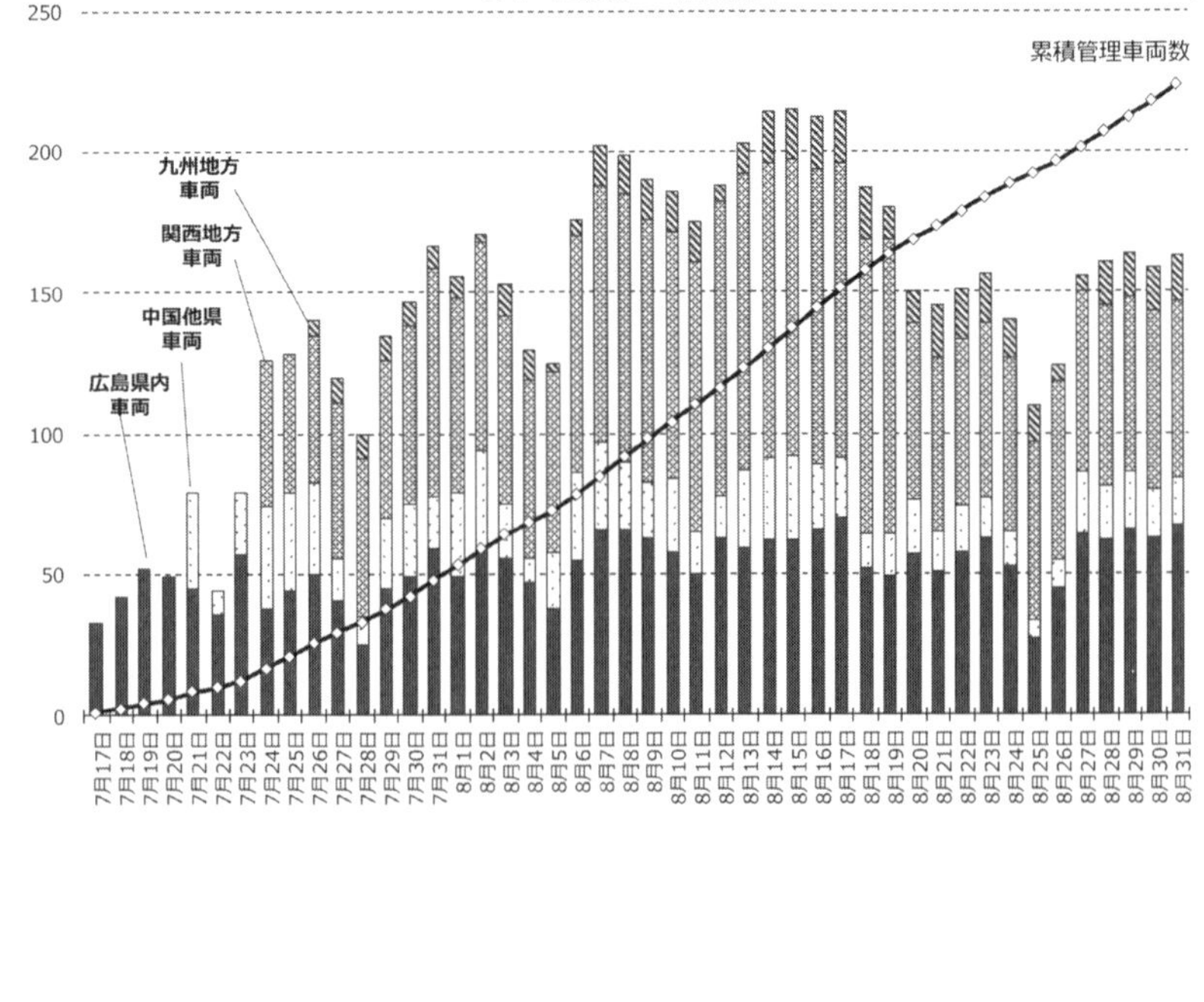

その大半は関西のバス事業者のバスであった。全国各地からの応援には大変感謝している。さらに、限られた車両数に対し運行効率を上げるため、渋滞による所要時間変動を極力抑えるように、災害時BRTの渋滞による遅れをできるだけ小さくするように、交通規制等の運用改善を追求した。遅れ時間が生じるのであれば、運行計画に時間的余裕を持たせる必要があるが、遅れが生じなかったり、所要時間が安定しているのであれば、時間的余裕の備えを小さくすることができる。その結果、回転効率を上げ、供給力を高めることができる。

なお、バスを広島や中国地方だけでは賄えず、全国から集めたという結果は、交通に深刻な影響を及ぼす災害が発生した場合には、その地域のバスだけでカバーできるほどの供給力の余裕がないことを示す結果でもある。新型コロナウイルス感染拡大の影響により、公共交通関連事業者の廃業やサービス・供給力の縮小が加速しているが、今後同様の災害が発生した場合に対応できるのか、非常に心配でならない。

2点目の課題は、災害発生後の生活交通に関係する移動ニーズへの対応である。これは被害の大きかった呉市に限ったことではないが、市内中心部と周辺の地域を結ぶ路線バス・生活バス等は、運行するルートの被災も相まって、運行が再開するまでに時間を要した。その結果、通院や薬の受け取り、買い物などの生活上の移動が困難となった方も少なくなかった。例えば路線バス車両で運行していた路線を、災害発生後には同様のサービスをワゴン車などの小さい車両で運行したり、運行を一時的にバス事業者からタクシー事業者に移管したりするなどの柔軟な対応ができたならば、こうした生活交通へのサービス提供も可能となるかもしれない。

3. 災害時交通と過疎地のモビリティとMaaS

3.1 災害時交通と過疎地交通との関連性

ＭａａＳ（Mobility as a Service）について、少し触れたい。近年では、公共交通の利便性向上を目指すために、ＭａａＳという概念が注目されている。ＭａａＳとは、ドア・ツー・ドアの移動に対し、さまざまな移動手法・サービスを組み合わせて一つの移動サービスとして捉えるものであり、シームレスな移動が可能となるものである。加えて、さまざまな移動手段・サービスの個々のサービス自体と価格を統合して、一つのサービスとしてまとめて課金することにより、いわば「統合一貫サービス」を新たに生み出すものであり、価格面における利便性の向上により利用者の移動行動に変化をもたらし、移動需要・交通流のマネジメント、供給の効率化も期待されている。

ＭａａＳの代表的な取り組みとしてフィンランドのＭａａＳグローバル社が運営する「Ｗｈｉｍ」が挙げられる。「Ｗｈｉｍ」では、フィンランドのヘルシンキ市内全ての公共交通機関（鉄道・路面電車・バス）に加えて、カーシェアリング、レンタカー、タクシーが一つのサービスとして統合され、一つのアプリで、交通手段ごとの枠を超えたルート検索、予約、決済を可能としている。また、料金を定額のサブスクリプション（定額乗り放題）形式としており、三段階のプランによってサービス内容が異なっている。

日本におけるＭａａＳの取り組み状況については、２０１８年から本格的に議論がスタートし、「都市と地方の新たなモビリティサービス懇談会」等により、日本独自のＭａａＳモデルである「日本版ＭａａＳ」の方向性について議論が行われてきた。「ＭａａＳ相互の連携によるユニバーサル化」と「移動の高付加価値化」が望ましいまちづくりの実現に資する形で位置づけられたＭａａＳ

が「日本版ＭａａＳ」の目指すべきものとして示されている。

　国内でのＭａａＳ導入に向けた議論が行われている中で、国土交通省は、２０１９年を「(国内)ＭａａＳ元年」と称し、全国各地のＭａａＳ等新たなモビリティサービスの実証実験を支援し、地域の交通課題解決に向けたモデル構築を推進するため「新モビリティサービス推進事業」の公募を行った。全国の牽引役となる先駆的な取組みを行うモデル事業として、大きく「大都市近郊型・地方都市型」、「地方郊外・過疎地型」、「観光地型」の各地域類型に分類された19事業の実証実験が選ばれた。

　こうしたＭａａＳのコンセプトへの理解を深めていく上で、災害発生後の交通と過疎地の交通は共通する部分があると筆者は直感した。過疎地のモビリティサービスは、そもそも公共交通サービスの水準が低く、公共交通を使う、あるいは使おうと思う人、住んでいる地域の公共交通サービスを理解している人も少ない。そして、公共交通の時刻表などのデータベースが整っておらず、普段一般的に使われている検索アプリにも対応していない交通サービスも散見される。高速バスや鉄道等の幹線交通と路線バス・生活バスなどの生活交通との連携も取れているとは言い難い。

　そして、ＭａａＳによりモビリティの改善を図るアプローチも共通するとも直感した。現状の交通サービスが不十分なのであれば、それに応じて「災害時ＢＲＴ」のように、地域の状況や環境に「寄り添った」サービスの交通手段を導入する余地があること、情報がない状況下で情報を整備し、共通のプラットフォームに載せて「見える」ようにすることがＭａａＳにより実現できないか、という点である。サービスの結合以前に、データ、交通サービスなど、ＭａａＳを構成する要素を一つひとつ丁寧に整えていくことは、災害時の交通と過疎地での交通を考える上では、共通している。

　加えて、過疎地に関しては、「サブスクリプション」の可能性も直感した。過疎地の公共交通サービスは、よく「空気を運んでいる」と揶揄されることがある。この表現は見方を変えると、「限界費用がゼロ」、すなわち、乗客が一人増えることによる運賃収入の増加額が、ほぼ利益の増加額となることを意味するものであり、空気を運んでいると揶揄されるぐらい利用者数が少ない状態から、一人でもサブスクリプションの購入者が増加し、多く公共交通を利用しても、増便しない限りは利益の減少には繋がらない。過疎地においては増便しなければならないほどの利用者増までは、そう簡単にはならないであろうし、仮にそうなった場合には、公共交通の役割をポジティブに捉えることもできるようになる。それ以上に、公共交通で外出する人と、外出の頻度が増えれば、地域の賑わいも感じられるようになり、社会的な効果も大きくなっているであろう。

3.2　過疎先進地でのMaaSへの挑戦から得たこと

国土交通省の2019年度の19のMaaSモデル事業のうち、「地方郊外・過疎地型」のプロジェクトに深く携わる機会を得た。その中でも特に条件の厳しい、広島県庄原市でのモデル事業であった。中国山地のほぼ中央にある広島県・庄原市は、人口は約3万4千人(2020年時点)と少なく、2020年までの直近の5年間で人口が約10%減少した。反面、市の面積はとにかく広く、香川県の3分の2に相当し、西日本では最も広いエリアである。

公共交通サービスも衰退が続く。バスなど公共交通の利用者数も右肩下がり、路線の廃止・減便が続いている。最近は高齢者の免許返納が全国的にも大きな議論となっているが、このような地域では自動車を手放すことは死活問題である。

MaaSは「さまざまな交通手段の情報やサービスを結合し、決済を一元化し、それらのサービスをスマートフォンなどで一元的に利用できる」

と表現される。しかしながら、この定義に出現するキーワードは、過疎地にはほぼすべてがマッチしない。「さまざまな交通手段」といっても、大手のレンタカーやカーシェア、シェアサイクルのサービスもない。地域のバスの情報も、自治体が運行する生活バス路線は、乗り換え検索アプリなどに掲載されていないことも多い。「複数の交通サービスを一つのプラットフォームに載せる」前に、個々の交通サービス基盤を整えるところから始めなければならない。

サービス受益者のほとんどが高齢者である。そのため、「ガラケー」も健在である。加えて、自動車利用が当たり前で、公共交通はほとんど使わない地域であることから、インターネットやアプリでの乗換検索サービスの存在から説明しなければならない状況である。都市型のサービスをそのまま導入する、プロダクトアウト型の進め方ではうまくいくわけがないのは自明であった。

それでは、何故このような「条件不利地域」でMaaSを実施するのか、という点である。それは、「移動需要を創出するために、MaaSも活用して何ができるか?」ということである。プロジェクトは地元公共交通事業者、経済団体等とのプロジェクトチームを結成して推進しているが、常々、「市民の方々が元気に生活してもらえるよう、家から出る回数をいかに増やすか、そのためにどうすればよいのか、交通はどう貢献できるのか」という議論を行なっている。

こうしたコンセプトのもと、庄原市では2019年には市内中心部から10㎞ほど離れた低密度の農村地帯をフィールドに、AIオンデマンド・シャトルの導入と、サブスクリプションの導入実験を試行した。100名程度のモニターを募ったが、60歳以上の高齢者がほとんどであり、90歳代の方もおられた。加えて、普段バスを使う人は数パーセントであった。AIオンデマンド・シャトルの乗降ポイントは、路線バスのバス停よりも近い場所で、地域の集会所等に設定した。この時に、自宅前には設定しなかった。これは、公共交通での移動を通じて負担にならない範囲で体を動かす機会を提供するためであった。また、サブスクリプション制度は、このAIオンデマンド・シャトルとこのシャトルに並走する路線バス、市内中心部の路線バスを乗り放題とした。前述の「限界費用ゼロ」の特性に立脚している。

2019年度の実証実験は、11月に1ヵ月実施した。AIオンデマンド・シャトルでは、バス乗降場所までの距離が短くなる効果も加わり、期間中に何度も利用して外出した高齢者も確認された。移動先は買い物施設や医療施設への外出のほか、ゴルフ練習場や地域内の温浴施設などへの往復に相当の回数利用されていた。加えて、並行するバス路線の利用者が増加した。新たなモビリティサービスと、使いやすい運賃の導入により、外出を促し、地域内での消費拡大効果も確認された。

サブスクリプションチケットは、モニターには1500円で購入をお願いした。実際に利用してみてもし本格導入された際に購入するかどうかを尋ねたところ、月々1500円ではモニターの9割以上が購入するとの購入があり、予想以上の好感触であった。概算であるが仮にモニター参加者のみ（地域住民の1割相当）が購入したとすると、運賃収入は1桁多くなると見込まれる結果であった。

実証実験そのものではこうした結果を得たが、それ以上にプロジェクトのメンバー達は、「過疎地域でも地域の交通が果たすことのできる役割が何かを考え、追求し続け、まずは恐れずにやってみることが重要である」という気づきを得たことが非常に大きい。庄原地域では、実験を実験で終わらせるのではなく、2020年も引き続きAIオンデマンド・シャトルとサブスクリプションの実証実験を継続して実施し、さらに社会実装に向けてステップアップして、高齢者でも使いやすいWebアプリケーション・システムの模索を行なっている。加えて、こうした実証実験の積み重ねで得たものを地域の公共交通計画に位置づけて、早く社会に実装できるように議論を重ねている。

何よりも、MaaSはサービスそのもの以上に、誰の、何に役立つサービスなのか？　というのを探求し続け、そして、長きに亘り脚光を浴びず、「思考停止状態」が長らく続いた地域交通に、技術のみならず「思考」のイノベーションをもたらした効果は極めて大きい。形や過去の思考から入るのではなく、地域にあったモビリティサービスを肌感覚も重視して設計し、住民を含めたさまざまな方と丁寧なコミュニケーションをとり、とにかく失敗を恐れず進めていけば、過疎地のような条件不利状態でも可能性を見出すことができるのである。

4. 真の「マネジメント」が欠如している現状の地域交通

もう1点、災害発生後の交通と過疎地MaaSの最前線での実践を通じて感じたことがある。いずれも手応えを得た現場から、普段の一般的な地域交通の運営の状況を俯瞰すると、本当の意味でのマネジメントがなされていないのではないかと強く感じる。「民間企業では」という表現をあまり用いたくはないのだが、ここでは敢えてその表現を用いる。

民間企業では、売上額や利益を指標に、今後の予測をある程度定型化して集計し、会社や事業内容にも依るが、毎月、毎週議論し、その数字を分析・解釈しながら、今後講じる対策を議論し、速やかに実行に移しているところが相当多いであろう。そして、次の議論のタイミングでは、その施策の効果や課題、改良点を議論し、さらなる一手を講じているところも多い。

筆者は民間企業に10年以上勤務していたが、マネージャーとしての立場で従事していた際には、こうした数字とともにリスク要因を定例のミーティングで洗い出し、先手を打っていた。また、

1年単位で、その事業年度の計画を立てていた。この計画は数字だけでなく、組織のパフォーマンスをどのように高めていくか、そのアクションも含んでいた。

地域交通の現場はどうだろうか？

立てたビジョンの達成状況を、チェックしているだろうか？利用者の状況、収入額をモニタリングしているだろうか？数字に変化があった場合に、その原因を追求し、どのような対策を、誰が、いつまでに講じるといった議論を行なっているだろうか？新しい発想や技術を学び、どのような形であればその地域にあったものとして導入できるか、議論やトライアルを行なっているだろうか？

それ以上に、そうした議論ができるプラットフォーム（会議・組織体）があり、さらに機能しているだろうか？さらに、議論をきめ細やかにできているだろうか？

全国各地の自治体等で、公共交通の計画が立案され、その計画に基づき、公共交通の運営がなされているが、残念ながら、先に挙げたマネジメントが十分できていると感じることのできる地域は極めて少ない。酷いところは的外れな指標を定期的に集計するものの、その数字を踏まえた本質的議論がなされなかったり、さらに酷いところは、計画策定後、次の計画策定のタイミング（概ね5年後）まで、全く調査や本質的議論がなされない（数字は提示するものの、それ以上の深い議論がない）地域も多数見ている。本当にそれで良いのだろうか？

災害発生後の交通マネジメントは、日単位で数字を見て、対策を打って、また評価してといった、PDCAサイクルを循環させていた。そして深い議論も相当な頻度で、相当な回数実施した。その結果、交通問題の劇的な緩和に至った。過疎地のMaaSでも、非常に厳しい地域ながらも手応えを得た。地域交通の危機的な状況は、PDCAは名ばかりで、その本質が機能していないところに原因があるのではないだろうか。

5. 災害等の条件不利状態から地域モビリティを捉えなおす

ここまで、災害・防災や、そこから発展した過疎地での取り組みなど、究極の「条件不利状態」でのモビリティのマネジメントの実践を通じた経験から、課題等を述べた。本節では、課題の多い地域モビリティを、どうやって負のスパイラルから抜け出していくのか、その方向性について5点挙げたい。

5.1 地域モビリティのマネジメントを「真に」、アジャイルに機能させる

はじめに、地域モビリティのマネジメントを「真に」機能させることが何よりも重要である。ここで言うマネジメントは「経営」である。地域交通のマネジメントが真に機能していない可能性が高い問題については先に述べた。地域のモビリティは市町村単位でも数億円～数百億、数千億円の事業規模であるが、この規模は株式を公開している上場企業の売上規模に相当する。そのような規模で、数年に1回の計画策定と、年に1回あるかないかの数字の集計と浅い議論で果たして良いのだろうか?

集まる、データを見る、対策を立てる、やってみる、評価するというのを細かく繰り返す、アジャイルなマネジメントへとシフトしなければならない。アジャイルなマネジメントが機能することは、平成30年7月豪雨発災後の交通マネジメントで有効に機能したことが、それを実証している。

普段の地域のモビリティのマネジメントでも同様である。まずは、交通のみならず観光や福祉などの他のセクションの、現場に近いメンバーと、1～2ヵ月に1回、数字を見て議論する場を作ってみて欲しい。きめ細やかに数字をモニタリングし、関係者と議論を始めるだけでも、地域のモビリティの推進体制は一気に高まるであろう。さま

ざまなアイデアが生まれるきっかけとなり、腹の探り合いのような関係性が改善し、施策展開の調整も円滑に進み、結果としてまちづくり全体が一気に進むであろう。これこそが、本当のＰＤＣＡサイクルを回す、ということではないだろうか。

5.2 地域モビリティのビジョン・ミッションを明確に定義する

２点目は、モビリティサービスの提供を通じて、どのような地域を実現したいのかというビジョン、そして地域のモビリティが、地域にとってどのような役割を果たすのかといったミッションの再定義を行うべきである。

多くの地域で、「公共交通」のメインターゲットを「交通弱者」として設定していないだろうか？　その結果、公共交通での移動を通じて「生活に楽しさをもたらす」という発想が抜け落ちてしまっているのではないかと感じる。前述の広島県・庄原市での過疎地ＭａａＳの実証実験で、普段公共交通に乗らない生活をしていた人が、ゴルフの練習にバスで何度も出かけたり、皆で集まって日帰り温泉とランチを楽しんだりと、モビリティサービスの改善が、人々の生活に「うるおい」をもたらすことが、典型的かつ最先端の過疎地でも確認されている。そして、まちに人が出て、消費拡大を誘発しているのである。

別の視点で捉えると、モビリティ・サービスが十分でないが故に、「うるおい」のある暮らしの機会が削がれていると捉えることもできる。公共交通サービスが不十分であるが故に、夜、飲みに行くのが難しいという問題に直面している人も少なくない。「人々の生活のうるおいとまちの賑わい」にフォーカスし、需要を拡大するのではなく、削がれた「逸失需要」を取り戻す、という観点で、交通が果たすべき役割を再定義しなければならない。地域モビリティは人の生活、ひいてはまちづくりなのである。

5.3 よりよい交通を議論するためのデータを整える

3点目は、データを整えておくことである。誤解なきように記すと、データベース・システムを構築せよということではない。バスや鉄道の路線別の利用者数、遅延の状況、観光入込客数など、関係する統計データ、動的なデータを含めて、すぐに取り出せるようにしておく、ということである。これらのデータを備えておけば、冒頭で挙げたプラットフォームでの議論も進むであろうし、いざ災害が発生した際に、需要を予測する際にも困ることは減るであろう。普段眺めているデータがあるかないかが、災害発生後の初動に影響した。いざというときの対応力にも当然影響する。

5.4 公共交通サービスの提供方法を柔軟に考える

4点目は、公共交通の供給力にも限界があることを認識し、効率的かつ柔軟な供給体制を構築することである。最近は人材確保が難しい状況が続き、加えて、新型コロナウイルスの感染拡大により、公共交通事業者の廃業や事業縮小が加速しつつある。こうした中でも、公共交通サービスの向上も同時に果たさなければならない。供給力を高めるために、ドライバーや車両を増やしていく必要は当然あるが、量的拡大にも努めながら、運行効率を高めていく必要もあるであろう。

極端な例ではあるが、航空輸送では、機材と乗員を他社に貸し出すウエットリースや、機材のみ貸し出し、運行する乗員は借りた事業者が行うドライリースという方法がとられている。独占禁止法特例法成立により共同経営の議論が今後進んでいく可能性があるが、もちろん、安全管理等の課題はクリアしなければならないが、こうしたリソースの柔軟な配分と活用についても、今後議論する必要が出てくるであろう。平常時の効率性を高めるだけでなく、災害発生後、移動需要が頻繁に変わるような状況でも、大量輸送で対応する需要と、小規模ながらもきめ細やかに対応する需要に柔軟に対応できるようになってくる。

5.5 公共交通計画の策定プロセスを「仮説検証型」に。脱・金太郎飴的公共交通計画！

最後に、地域の公共交通の方針の柱となる、公共交通計画の策定にあたってのプロセスを見直すべきではないかと考える。数億〜数百億円の地域の交通事業の計画を、1年弱の浅い議論で策定しても上手く機能するとは到底思えない。より実効性の高い地域の公共交通計画を策定していくためには、前回計画の最終年次に検討をスタートさせるのではなく、次期計画を策定時期の2〜3年前あたりから、その地域モビリティの課題を整理し、最新の技術動向も得た上で、改善のための施策を実証実験等で検証し、数度のブラッシュアップを経て、効果をシミュレートしながら、最終的に地域のモビリティの計画に精度を高くして位置づけるという、計画策定段階でもPDCAを回す、仮説検証型の地域マネジメント計画立案のプロセスに変えるべきではないだろうか。

モデル事業が全国で数多く実施されているものの、本格導入に至っているケースが少ない問題点として、検証すべき課題がなきままずは実行されていることが要因の一つとして考えられ、こうした計画策定プロセスを志向することでこの問題は解消するかもしれない。例えば、公共交通計画にサブスクリプションを位置づけることに対し減収の恐れがあるのであれば、策定前に一度試せば良いのである。

それにより、各地の交通計画が、地名と地図を変えれば中身はほぼ同じといった「金太郎飴的公共交通計画」や、アンケート等の調査結果は充実しているものの、計画の内容が薄っぺらいような計画書が横行・乱発している現状も改善できるのではないか。意図を持って試してみる、それにより軌道修正する、という繰り返しが、災害時の交通マネジメントで有効に機能したが、このアプローチを普段の公共交通計画の立案でも活かすべきである。

以上、災害・防災や、そこから発展した過疎地での取り組みの経験から、普段の地域モビリティのマネジメントのあり方を述べたが、災害の状況下が特別なのではなく、プロセスは普段と変わらない。ただ異なる点は、スピード感と是が非でも失敗を避けなければならない緊張感の大きさである。絶対に地域を守る、モビリティを守るという覚悟が何よりも必要ではないだろうか。

参考文献

1. 神田佑亮・藤原章正・塚井誠人・力石真・三村陽一：平成30年7月豪雨時の広島～呉間の公共交通サービスの確保・向上策とその効果検証", 土木学会論文集B1（水工学）, 75巻1号, pp. 340-349（2020）
2. 鳴海侑：広島、豪雨被災地を支えた「臨時バス」の舞台裏・「災害時ＢＲＴ」の経験、今後にどう生かすか、東洋経済ONLINE、https://toyokeizai.net/articles/-/291802、（2019）
3. 呉市：平成30年7月豪雨災害・呉市災害記録誌(2020)

第8章

SDGsで活かす交通権確保の道筋

岡山大学
三村 聡

世界規模で新型コロナ災禍の拡大が続き、陸路、海路、空路、共に人の移動の自粛や規制により、公共交通の利用は減少、交通事業者は深刻な収益減に直面することを余儀なくされている。各国政府は、新型コロナ災禍対策として、経営不振に陥った企業を公的資金で救済する措置を進める中、企業は生き残りをかけて厳しい経営判断を迫られる事態に直面している。

特に地域における公共交通事業は、少子高齢、人口減少が急速に進む中で需要の減少が続き、それに拍車をかけるように各地で自然災害が発生、そして、今般、新型コロナ災禍が襲来、その影響は、公共交通事業に極めて深刻な事態を生起させ、「地域の足」は存続の危機に瀕している。

本章では、国民生活が様々な環境変化の影響を受ける中で、SDGs（Sustainable Development Goals：持続可能な開発目標）を視座に置いた、交通権の確保と地域モビリティの再構築に向けた市民参加の在り方について地方創生の観点から考察した。

1. 新型コロナ災禍と交通権

1.1 「交通権」再考

人が移動したいと思う意志や移動動機は、本来、希求される「生存権」や「幸福権」への自然本源的な欲求から生まれるものであり、人間における移動動機にはこの自然本源的な意志、すなわち理性的欲求とも言える強い意志が内在している。それは、植物は自らが芽を出し、一度根を張った場所から動くことなく光合成により葉を繁らせ、花を咲かせ、実をつけ子孫を残す。つまり自らが移動しなくとも生きてゆける。ところが私たち動物、とりわけ人間は、古来より、狩猟社会であろうが、農耕社会であろうが、必ず何らかの移動を伴う生産活動を続けることにより命をつないできた。

それは現代社会においても不変である。個別移動であれ、公共交通手段による移動であれ、移動行為は人間が生きようとする意志により実践される。それゆえ、今般の新型コロナ災禍においては、人間の社会的あるいは経済的な活動を目的としての移動はもとより、移動行為自体が、人間に共通する「生きる」という自然本源的な意志によるため、基本的に長期間の移動制約や制限には自ずと我慢の限界が生じると推察される。換言すれば、モビリティの発生と進化は、移動が人間の営みにとって必然的な行為であるため生まれ、そして交通ネットワークの拡大と共に発展を続け、ライフラインとして極めて重要な役割を果たしてきたと言える。

つまり、人間が自由に移動したいという意志と行為を保障することは、人間が生きるための正当な行為を保障することに他ならない。それが「交通権」であり、個人の自由で多様な移動環境の確保と、その手段を保障することは「人間が生きるための礎」であると言える。

1.2 新型コロナ災禍から見えたもの

皮肉にも、その厳然とした事実を、私たちは、この度の新型コロナ災禍により、改めて思い知ることとなった。しばしば、新型コロナ災禍においては医療界と経済界の立場から二分して議論がされる。しかし、人類が存続するためには「安心安全優先」か「経済優先」か、との二者択一的な議論は、やや深慮を欠いた議論であり、いかに「安心安全に人が自由に移動できる環境と手段を確保する」ことができるか、それこそが人間が命をつなぐために、最も重要かつ大切なテーマであると確信する。その視点を熟思・省察すれば、移動行為は個人の意志の具現化されたものであり、現代社会において鉄道やバス、船舶や航空機をはじめとする公共交通による移動システムは、こうした個々人が持つ、人間の合理的かつ多様な移動手段選択へのニーズが集大成され、発明、進化を遂げてきた必然的なシステムなのである。

わが国は自由主義国であり、それを公共交通システムの維持・発展の視座から考えれば、国民生活を取り巻く環境がいかに変化しようとも「個人誰もが自由に移動できる環境」を守らねばならない。そのためには、国家や自治体、交通事業者、そして国民自身、それぞれが果たすべき責務とその範囲について熟議を重ね、明確な方針の決定と覚悟ある行動を起こす時を迎えている。とりわけ、多発する自然災害や新型コロナ災禍の影響により、国民の平等性の確保を起点とした地域公共交通が危機的な事態にある昨今、これまで以上に、「公」としての国や自治体、「民」としての交通事業者が、「個人の自由な交通権」を保障するために、いかなる方法論と手段で、いかなる合意に基づき行動できるかが重要になっている。

そしてSDGsの視座から申せば、公共交通システムの持続可能な創意工夫に富む開発に向けて、国民各人の負担を含む全体のコスト負担とサービス分配をいかに進めるかが課題と言えよう。まさに、わが国の地域公共交通は「崖っぷち」に立っていると言え、その課題解決に向け、環境負荷の問題を含め具体策を取り決める重大な局面を迎えている。

1.3 国の財政執行スタンス

多発する自然災害や今般の感染症拡大への対応における財政出動は、効果的かつ機動的でタイムリーでなければならない。また、それは国民生活の持続的な幸福を旨としつつ、その安定基盤を確保するためには、健全財政の維持こそが、国の安寧にとり重要視されるべきである。そのためにも無駄を排除し、的を射た施策を、期間を決めて集中執行することが重要とされる。これは従来発想の「造る」から、SDGsが目指す環境や資源に配慮しつつ「上手に使う」発想への転換を意味する。それが持続可能な開発の底流に流れる「ひとりも取り残さない」と謳うSDGsの精神である。そして、今こそ、こうした人知を超えた災禍に対して、万民の移動の自由を保障するための政策と財政の在り方について熟議せねばならない。

もちろん、現行、地域公共交通を維持するために、富山市の例（第2部第3章参照）をはじめ全国自治体では様々な創意工夫と財政負担により、地域の足を確保・維持するために、覚悟をもった施策が実施されている。同時に、国の持続的発展を生む財政出動の在り方についても議論がされ、国が示す地方創生では、予算面でも省庁間に横串を刺すと同時に、官任せにならない産官学金労言士連携による一体的なまちづくりの推進が社会的要請として喚起されてきた。

その結論として「攻めの縮小均衡モデル」をグランドデザインとした新しい社会の創造を提起したい。そのために地域公共交通の課題解決に向けた検討プロセスでは、SDGsを、いわゆる「産官学金労言士」という異なる立場を結ぶための「共通言語」として活用したい。いま直面する課題解決に向けて、SDGsが掲げる目標・ゴールを目指す発想で、立場の違いを超えて産官学金労言士が一堂に会して知恵を出し合い、共通理解を得る仕組みができれば、その答えは自ずと見えてくると確信する。すなわち、経済再生と財政健全化の両立が、国や全国自治体が直面する課題であり、少子高齢社会やインフラ老朽社会の進行により生起する様々な社会課題はもとより、自然災害の多発化や感染症の拡大が、国民生活や社会経済にとって、負の変化や新たなライフスタイルの生成を迫ることは衆目が一致するところである。このままの伝統的な政策スタンスを続ければ、総人口が急速に高齢縮小する社会で、財政負担は増大の一途を辿ることは火を見るより明らかである。こうした社会構造変化と自然災害の多発化や感染症の拡大による環境変化に起因するニューノーマル社会の到来に対して、地域公共交通部門への財政出動の在り方を根本的に見直す必要性がある点を改めて指摘したい。

その一例を示す。新型コロナの感染拡大により、航空業界のドル箱であった世界を結ぶ国際線をはじめ国内線もビジネス客が大幅に減少した。その結果、収益は悪化、大幅赤字となり、国や日本政策投資銀行などが大規模な資金支援策に乗り出した。その間、オンライン会議システムへの転換により、商談や実取引など、ビジネスのやり取りはオンラインサービスの活用が定常化した。そして新型コロナ災禍の収束後も、出張を伴う対面会議や商談は減少、飛行機や新幹線の利用によるビジネス客（現役世代）は災禍前と比して減少のままで推移するニューノーマル社会の到来が想定される。一方で、日常生活では、生活用品の購入、通勤・通学、病院通いなど、高齢社会の進行による運転免許証返納の増加と相まって、地域公共交通の必要性は、ますます顕在化すると思料する。こうした社会構造変化への攻めの対応を視座に置いた縮小均衡モデル、いわば、「ぜい肉を落としアクティブに動ける骨太のモデル」を描き対応するための財政施策が焦眉の急と言える。

なお、新型コロナ災禍による公共交通事業者への影響については、一般財団法人地域公共交通総合研究所が、２０２０年、２０２１年の2度にわたり、地域交通事業者の経営実態と地域公共交通の重要課題を明らかにすることを目的として「公共交通経営実態調査」を実施した。

巻末に、その概要を紹介した。地域交通事業者の厳しい経営実態をご理解いただきたい。

2. ＳＤＧｓの「礎」となる政策例

2.1 オリンピックを活かした環境重視のモビリティ政策

さて、２０２１年は諸説議論の末に、東京オリンピック、パラリンピックが開催される。

本節では、まず、２０１２年ロンドンオリンピックの開催を契機とした、英国ロンドン市とオックスフォード大学交通研究所（Transport Studies Unit）の連携による、環境政策をゴールに置いた都市交通政策の例を紹介する。その特徴は、自動車交通優先・偏重の交通政策が招いた交通渋滞や排気ガス増大による環境負荷への反省を踏まえ、交通施策を「地球温暖化対策」最優先へと完全に舵を切り、公共交通や自転車利用の促進政策を具現化するトリガーとしてオリンピックを位置づけた点にある。加えて、中長期的な二酸化炭素の削減目標をベースに、ＳＤＧｓの論議でしばしば話題となるバックキャスティング手法[*1]により政策パッケージ戦略を立て、実践展開したことである。[▼1]

なお、２０１２年、ロンドンオリンピック開催当時のロンドン市長は、２０２１年4月現在、英国首相を務めるボリス・ジョンソン氏である。

２０１０年5月、彼が打ち出したロンドン市交通戦略（Mayor's Transport Strategy）では、まず6つのゴールを、①経済発展と人口増を支える、②すべてのロンドン市民の生活の質を高める、③すべてのロンドン市民の安全と保安を向上させる、④すべての

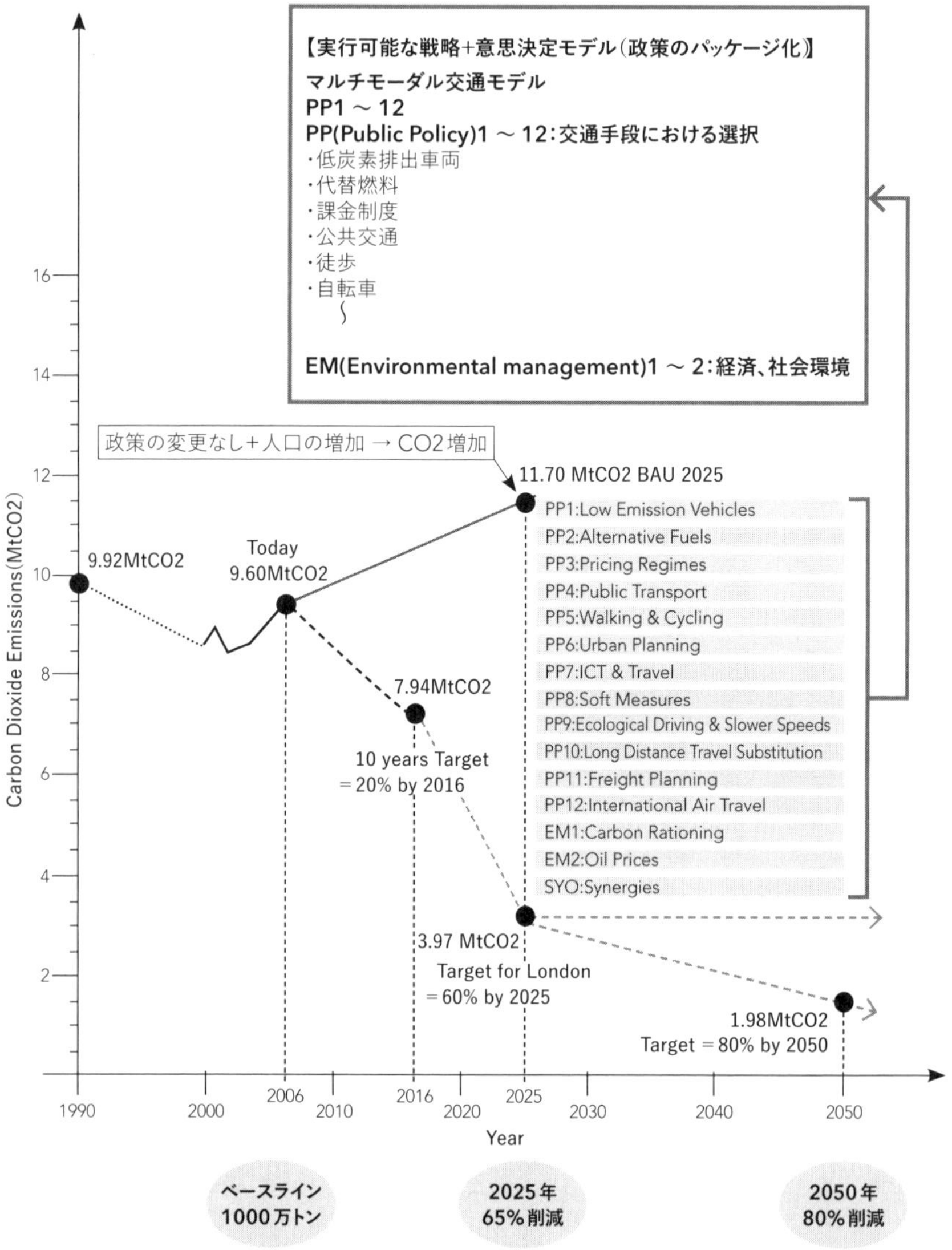

資料提供：オックスフォード大学交通研究所
トヨタ自動車モビリティ研究会で加筆作成

▶ 1 ── Scenarios and Low Carbon Transport Futures

ロンドン市民の交通機会を向上させる、⑤交通の気候変動への影響を減らし復元力を高める、⑥2012年のロンドンオリンピックとパラリンピックの成功を支える、と定めた。

その環境施策の要諦は、マルチモーダルな交通モデルを目指すことであった。

①バス交通：バス路線の利用拡大に向けた継続的な検討、バス、地下鉄、電車等移動手段間での接続性の向上
②船（河川）：物や人の移送に川のさらなる利用
③交通網：新しい交通管理システム（道路工事調整、渋滞解消）、道路と鉄道のリンク、ロンドンの中心市街地と郊外間の移動活発化、公共交通と自転車優先の道路空間の再配分
④特徴ある政策：自転車革命を起す（自転車専用道＝スーパーハイウェイ構想）、運賃とサービスの管理と役立つ情報の提供、渋滞税に係るロンドン中心部の課金制度の継続など

この段階で、既にＩＴＳ（高度道路交通システム／Intelligent Transport Systems）の実用化として、次の施策が導入されていた。

ｉ．スクート（scoot：Split Cycle and Offset Optimistion Techique）：信号制御として自動車の列の長さに合わせた信号制御、郊外の交通流を制御して中心部への自動車の流入を減らし、中心部の渋滞を緩和する（Queue Relocation）、バスを優先する交通流の制御（Bus Priority）
ii．カウントダウン（Countdown）：衛星によるバスの位置（運行状況）管理と情報提供として、当時、約8000台のバスの運行状況を衛星により把握、その情報を、バス停やバス車内、携帯電話等を使ったユーザーへ情報提供（iBusシステム）しながらバスの運行状況管理に使用、障がい者への音声やビジュアルでの情報提供や、事故等の非常時の救援活動などにも活用
iii．コミュニティサイクル（Cycle Hire App）：自転車レンタルシステムを補助する携帯電話用アプリ

ケーションとして、Cycle Hireの自転車貸出状況をスマートフォンの専用アプリケーションから確認できるシステムの導入（アプリは無料ダウンロード、提供は民間会社）等々

こうした公共交通政策を包含するスタイルで、オリンピック開催を機に環境政策を核とした公共交通機関の拡充を進め、自転車利用策は「自転車革命」と銘打って、ハイスピードで新しい都市交通計画を展開したのである。

本例は、都市環境や税制、財政投入スタンスはじめ法制度の違いが底流にあり、日英を同等レベルで単純に比較はできない。一方で、大都市が様々な知見や資金を先行投入して得たノウハウやシステムを横展開して、全国の地方都市へ波及させ、国全体の公共交通サービスの質をあげながら環境対策にも活かす道筋を学ぶことは重要であると思料する。

わが国においても、高度成長を促した「造る」を重視した前回1964年の東京オリンピックとは異なり、次世代型の東京オリンピックを標榜して、SDGsや環境に配慮した公共交通システム、自動運転はじめ未来志向の都市交通システムの検討、導入が進められている。ハコものへの財政投入に終わらず、新たな都市交通デザインが社会実装できるものと念じる。

2.2 「横串」を刺したモビリティマネジメント

シュトゥットガルト市（ドイツ連邦共和国ドイツ南西部バーデン＝ヴュルテンベルク州の州都。人口は約63万人、ベンツとポルシェ本社の都市）では、2000年に発生した大火災が交通に与えた影響が甚大であった。その教訓として交通に関係する組織の多様さと連携の難しさを学んだ経験から、2001年、交通および危機管理機能を集約した総合交通マネジメントセンター「IVLZ」（Integrated Traffic Management Center Stuttgart）を設立した。この施設は、総合的な交通管理と危機対

応のため、行政、警察、消防、交通事業者という複数組織を一つの建物、一つのフロアに集結させ、総合的で効果的な交通マネジメントを実現した。[▼2]その発想と視点から歴史的先駆例と言える。

翻ってわが国では、道路種別により道路管理は、国、都道府県、市町村に分かれ、また横断歩道や信号機の管理は警察の所管である。また、公共交通事業者が自治体や警察と席を同じくして施策を講ずることは一般的になじみが薄い。このIVLZの設立による機能連携により、警察と公共交通事業者のコントロールセンターは情報回線等でリアルタイムに接続され、さらに消防・救急が施設移転を機に同じ敷地内に拠点を構えたことで連携が強化された。

こうしてシュトゥットガルトは、ボトルネックを一気に解消し、総合的な交通マネジメントへの画期的な一歩を踏みだした。それにより、LRTとバスなど複数の公共交通機関のシームレス化、スポーツ等イベント時の効果的な渋滞対策、交通事故や工事情報、案内所機能の充実や案内表示の統一など、交通機関と道路利用の相互連携による交通権の堅確性を、維持、成長させる礎となった。

わが国は本格的な高齢社会を迎え、高齢者の病院通いはじめ足の確保が切実な地域の社会課題である。自動運転が公道での試行運用段階に入り、さらにはSDGsやSociety5.0[*2]の考え方に基づく新たな社会の実現を目指している。そこでは、新たなモビリティ・マネジメントシステムの構築により、真の幸福(human well-being)の確保を目指す仕組みづくりが希求されている。

2.3 SDGs未来都市を目指して

倉敷市は、2021年1月1日現在、人口約48万2千人の人口規模では、岡山県第2の都市である。

同市では、2021年度から10年間にわたる第七次総合計画を策定した。その中に「平成30年7月西日本豪雨災害」を教訓とした防災力の向上に

危機対応用会議室（2階）

緊急事態が発生した際には、関係者がすぐに会議を開けるよう、会議室も準備

2階には前方の大画面と4つのブースを設置

【前方　大画面】

統合情報の表示
例えば、バスを通過させた後、その道路の通行規制をスタートさせるなどの連携した対応が可能

【警察】

〈交通事故〉
警察本部と連絡、車両配備状況やヘリコプター画像などのチェック

【市　土木部】

〈駐車場・車線規制〉
駐車場の利用状況のチェック、車線規制の指示も直接実施

【市　交通局】

〈渋滞・道路工事〉
統合システムの管理、オペレーション。イベント情報は主催者が入力

【公共交通事業者】

〈車両の運行管理〉
車両搭載されたGPSシステムから運行状況の遅れなどチェック

1階には消防と救急の管理センターを設置

【消防・救急】

移転を契機に消防と救急が同じ敷地内に拠点を持ったことで連携が強化

出典：トヨタ自動車モビリティ研究会
「CIVITAS 参加都市4都市調査（2008年）」著者作成

▶ 2——IVLZ（Integrated Traffic Management Center Stuttgart）

向けた施策を織り込み、加えて新たな「地方版総合戦略（倉敷みらい創生戦略5年間）」を包摂、全編をＳＤＧｓで統合した政策デザインとした。同案を審議した会（筆者が会長）は、２０２０年12月22日、伊東香織市長に対して「倉敷市第七次総合計画」を答申した。また、同市は、２０２０年7月、国から「ＳＤＧｓ未来都市」と「自治体ＳＤＧｓモデル事業」に選定されている。これは市長として4期目となる伊東香織市長の強力なリーダーシップと職員の頑張りによるところが大であると拝察する。

　こうして同市では、ＳＤＧｓを軸として、少子高齢・人口減少社会への対応、そして自然災害や新型コロナ災禍に負けないまちづくりを目指し、交通施策としては、倉敷駅の利便性向上をはじめとした地域モビリティと都市計画が一体となった施策の展開に向けた、長期・中期の計画がスタートした。

　全国自治体において、自然災害を教訓とし、また、今般の新型コロナ災禍対応への手がかりを含め、そして総合計画に地方版総合戦略を包摂して、全編をＳＤＧｓで政策デザインした都市は、政令市を除く人口20万人以上の60都市で構成される中核市では、初めてであると思料する（同計画の最終年はＳＤＧｓのゴールである２０３０年に符合した計画となっている）。

　また、２０２０年10月にはＳＤＧｓを念頭に置いた防災まちづくりをテーマとした「中核市サミット」を倉敷市で開催した。さらに地方創生が目指す地域自治体の連携による「連携中枢都市圏ビジョン」構想でも倉敷市は中枢拠点都市として、高梁川流域7市3町をＳＤＧｓでリードしている。高梁川流域7市3町は、西日本豪雨災害ではすべての自治体が被害を被っており、公共交通では、ＪＲを核とした井原鉄道や水島臨海鉄道など鉄道駅と乗り合いバスやコミュニティタクシーとの結節・連携が課題としてあげられている。▼3/4

　今後、倉敷市は、こうしたＳＤＧｓの考え方や施策をいかにして市民に認知、理解していただき、さらに賛同と共感を生み、市民自らが「自分ご

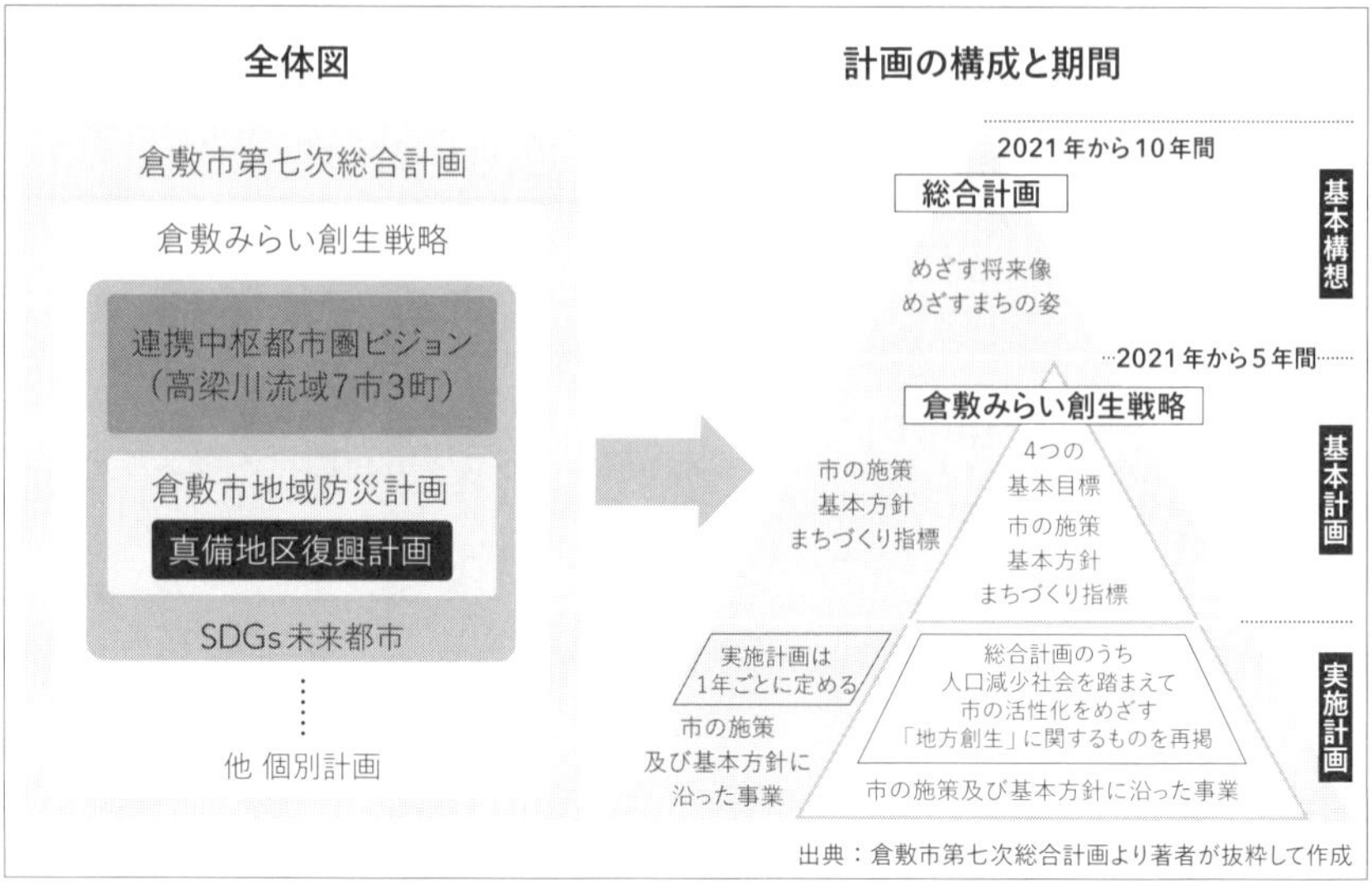

▶ 3——倉敷市総合計画の位置づけと構成

5つの分野別体系からSDGs施策への展開と具体目標を設定（KPI＆予算化）

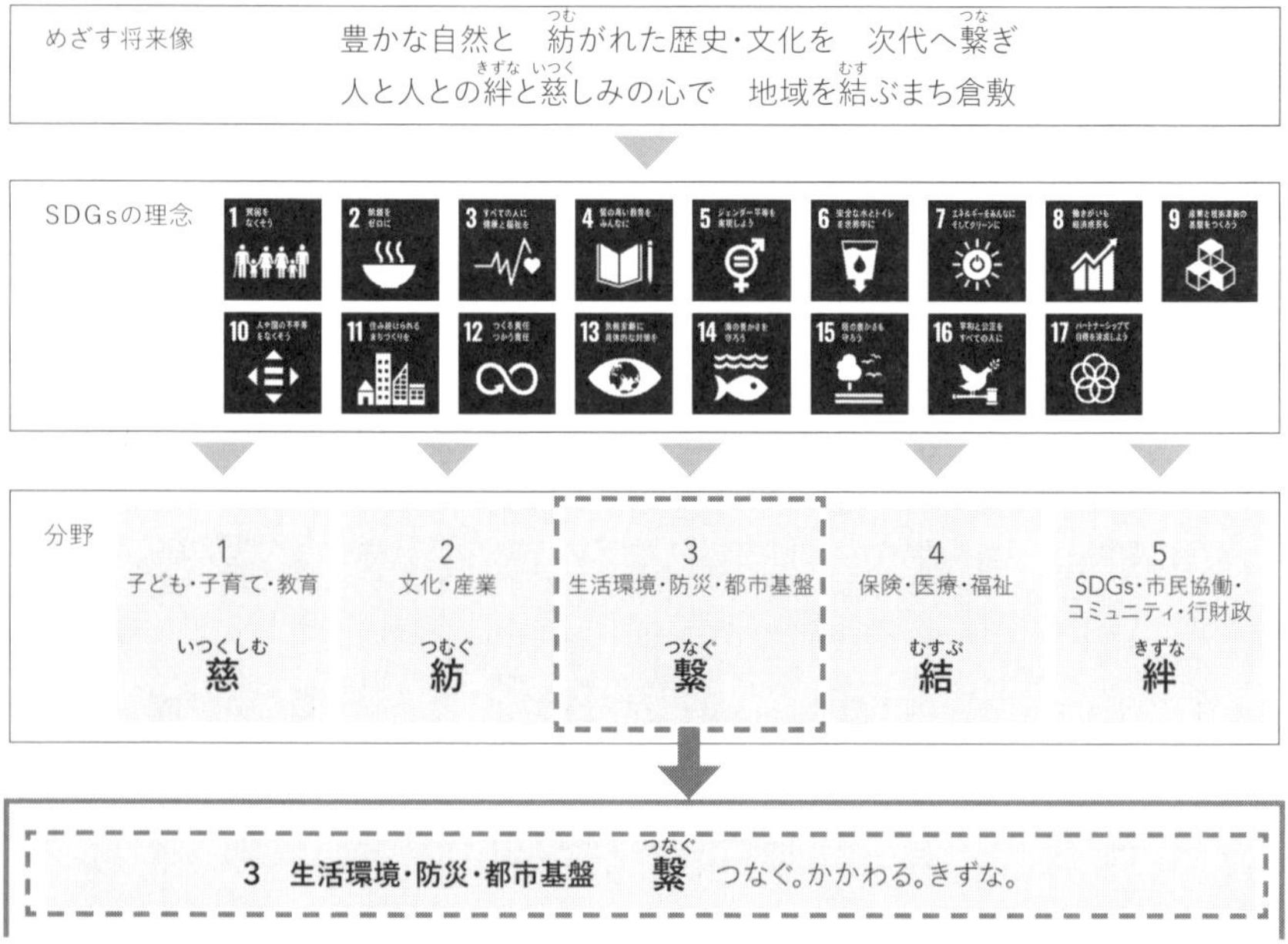

めざすまちの姿

3-1 自然環境が守られ、環境と経済・社会とのバランスが保たれている
3-2 水と空気と大地がきれいで、環境負荷の少ないまちがつくられている
3-3 リデュース（ごみの発生抑制）、リユース（再使用）、リサイクル（ごみの再生利用）が徹底され、環境に配慮した循環型社会が形成されている
3-4 脱炭素社会の実現に向け、だれもが地球温暖化対策を推進している
3-5 行政と市民、企業などが連携し、防災・減災対策や感染症対策などを積極的に進めるとともに、だれもが命を守る意識をもっている
3-6 常に安全でおいしい水が届き、安心して暮らすことができている
3-7 だれもが安全で快適に移動できる道路環境となっている
3-8 市中心部の拠点性が高まるとともに、各地域・地区の中心部の利便性が向上するまちづくりが行われている
3-9 便利に公共交通が利用でき、その周辺に住まいや生活に必要な施設が集まっている
3-10 地域の特色が生かされ、自然と調和した、だれもが住みやすい生活環境となっている
3-11 先人から受け継いだ歴史的・魅力的な景観が、市内各地で守られている
3-12 犯罪が少なく、安心して暮らしている

市の施策　防災・減災意識を高め、災害に強いまちをつくる

基本方針

★平成30年7月豪雨災害からの1日も早い復興に取り組むとともに、災害での経験を踏まえ、行政と市民、企業などが連携して、将来の災害に備えるための防災・減災対策に努め、市全体の防災力の向上をめざします。

★国や県と連携し、河川や水路及び排水機場の改修や急傾斜地の対策を行うとともに、総合的な浸水対策を推進し、避難場所となる公共施設の防災機能の充実、無電柱化の推進、公共施設や住宅等建築物及び大規模盛土造成地の耐震化の推進など、災害に強いまちづくりを進めます。

★消防体制や、備蓄・配送などの防災拠点の充実を図ることで、災害発生時の的確で迅速な対応をめざし、市民が安心して住み続けられるまちづくりを進めます。

★「自助」「共助」「公助」の防災理念のもと、防災訓練や防災教育などを通じて、市民の更なる防災・減災意識や知識の向上を図ります。
市民一人ひとりが災害に備え、まずは自分の命を守る「自助」の意識を高めるとともに、近隣や地域において市民が助け合い、かつ、支え合う「共助」の取組に参加します。

★市民に防災情報を迅速かつ的確に知らせるとともに、災害時の情報を集約して的確な判断ができるように災害対応機能の充実強化を図り、防災力の向上をめざします。

★災害時における鉄道輸送の経路を維持することで、安全・安心に人や物が輸送できるまちをめざします。

★新たな感染症や、大規模災害などの緊急時に市民の健康被害が最小限に抑えられるよう、健康危機管理体制の強化を図ります。

まちづくり指標（重要業績評価指標）	現状値（R元）	5年後（R7）目標値	10年後（R12）目標値
★自主防災組織カバー率	73.3%	90%	100%
★地区防災計画の取組件数	14件	150件	300件
★災害発生時のために、日頃から家族で備えをしている人の割合	58.3%	90%	100%
★防災訓練や防災教育の実施件数	109件	300件	500件

★は、「倉敷みらい創生戦略」（337頁～）に関連する項目です。

▶ 4――倉敷市第七次総合計画の体系と展開

出典：倉敷市第七次総合計画より著者が抜粋して作成

と」として参加するまでに施策を展開することができるかを課題としている。その普及・啓発による結果は、今回掲げた目標の到達度で測定、検証されることとなり、さらに「自助」「共助」「公助」と互いの連関性の強化が目標の達成に向けて、今後は重要となる。

その視座に立つと、常に政策の即時性、規模と範囲、期間、効果を意識した施策展開と財政執行、さらに進捗度合いの市民に対する定期的な開示説明（行政施策の見える化）と政策調整が大切となろう。

3. 地方創生と地域公共交通の再生

3.1 「公共財」としての地域公共交通

わが国の地域公共交通の公共財としての課題と存続に向けた手法を論じて本章を結ぶ。

公共交通は「公共財」であり、その公共性は、交通政策基本法の成立により、交通の果たすべき役割は「国民の自立した生活の確保」であると謳われた。その一方で、日本国憲法には欧州の多くの国に見られる「交通権」の条文がないため「誰でも平等に利用できる移動手段を用いることにより、移動行為（各人の移動動機と目的）から得られる「生存権」と「幸福権」が保障される」ことが理想であると解されてきた。それが現実には「地域の足」の確保が困難な状況が進んでいる。

こうした環境下で、個人が自由に移動する権利について論ずるには、その個人は誰しもが平等なのか、それとも不平等性（格差）を伴うものなのか、という観点を欠いて論ずることはできまい。つまり、モビリティの自由が希求された背景には、国境往来（古来の日本では関所）などの規制はあるものの、個人が自由に移動する権利に関する平等観とは何かが常に議論されてきたのである。

とりわけ、公共交通については、その手段を提供する側の責任が、わが国においては、どこに存在すべきかについても、たびたび論じられてきた。それが欧州諸国のいくつかの国に見られる交通税の徴収を基盤とした国家なのか、法制度により地方分権が進む国では地方自治体なのか、自由主義社会においては民間事業者なのか、それともコミュニティを構成する市民を含むステークホルダー全員なのか、それらを熟議することが「地域モビリティの再構築」に向けた必須の命題となっている。それは地方創生の論議では、しばしばコンパクトシティの議論の中で、「自助」「共助」「公助」の視点と責任の所在が関連付けられ論じられてきた。

　こうした移動する権利の帰属と提供する側の責任について、もう少し敷衍して考えれば、その源流は自由主義と社会主義の対比に見つけられ、社会主義が自由主義の「個人の所有権」について問うてきた観点から整理ができよう。つまり、私的所有と社会所有の違いから、公共性について、その正当性と差異性を問えば、自由主義において自由な移動が保障されるべき個人は、それが公共財の利用という観点から、交通権が平等で等質に担保されているか、不平等で異質な状態なのかが課題となる。

　現実社会の移動環境は、地理や地勢の違い、都市と中山間地域の人口数や密度の格差など、諸々の要因を受けて、不平等で異質な状態を余儀なくされる。自由主義社会では、公共財の提供者（自治体と交通事業者）は、交通弱者と呼ばれる対象に対して、果たしてどのレベルまで格差を解決（解消）すべきであり、一方で市民（利用者）は、どこまで格差を許容（甘受）できるのかとした議論が求められることになる。そして、公共財の提供者を構成する自治体と交通事業者は、その担当領域やマネタイズの分担を、市民の理解を踏まえて、いかに合意形成することができるか問われている。

3.2　弥縫策が生む格差の拡大

また、現代社会の危機は、家族や地域コミュニティにおける連帯の喪失、そのコミュニティの絆を維持するために献身的に活動しようとするリーダーの不在、そこから起因するシビックプライドの喪失として表出している。さらに、地方創生を論ずる際に、所得格差や都市間格差、情報格差、そしてモビリティ格差は、市民間の経済的な格差のみならず、むしろ市民間の連帯意識、コミュニティパワー（絆）にも決定的な影響を及ぼしている。そして、この格差を埋めるために、従来、しばしば用いられてきた功利主義的とも言える発想や諸政策では、市民間の格差を「利便と辛抱の量的還元によって最大多数の最大幸福を追求」してきた。

ところが、その理論は「最大多数の最大幸福」という、市民を一つに括った漠然とした量的な幸福指標を中核に据えたため、市民間の格差の質的で心身的な、本来、希求されるべき「生存権」や「幸福権」の本源を覆い隠し、格差で取り残された側、すなわち交通弱者と呼ばれる市民層の個人的な移動の権利とニーズを軽視する流れを醸成する結果となった。

その対策として、少子高齢社会の進行における地域公共交通活性化再生法[*3]や、道路運送法[*4]など、衰退する地域公共交通を維持しようと本質的な課題を解決するための法整備や自家用有償旅客運送に代表される規制緩和を軸とする議論が進められてきた。つまり、国は地球温暖化やＳＤＧｓを念頭に置いた環境政策に考慮しつつも、東京一極集中の緩和を軸とした一国全体のバランスがとれた交通政策の推進に頭を悩ませてきたと言える。

また、地域公共交通事業者は、利用客の減少に歯止めがかからぬ中で、いかにＢＣＰ（Business Continuity Plan）を描き切れるかが死活問題として横たわる。つまり従来型の弥縫策的な政策には限界が訪れているのである。今こそＳＤＧｓが目指す真の幸福（human well-being）を実感できる社会とは何かを吟味した上で、交通権（移動の自由）を維持・確保する社会の実現について議論すべき時である。

こうした背景と課題を熟慮しつつ、今後は、自動運転に代表される、環境にも配慮した新たなモビリティイノベーションの創出や、加えて、ＡＩ（Artificial Intelligence）やＩＯＴ（Internet of Things）などの先進技術や思考、さらにＤＸ（デジタルトランスフォーメーション）[*5]と呼ばれる新時代への備えとして、地域交通の未来を支えるための取組みが進もう。そこでは、何が適用可能で、誰がどのように実践できるのか、真剣に思考する意識改革が重要となる。すなわち、広がり続ける格差社会の所産ともいえる交通弱者の問題を、先進・最先端の技術や人知を駆使して解決できれば、人員不足や担い手不足という人的資源の課題を含め、社会全層が抱える「交通権」にまつわるモビリティの諸課題を解決することにつながる。つまり、地域公共交通再生の視点から、「スマートシティ」[*6]や「スーパーシティ」[*7]の推進を機に、社会実装に向けた検討が進む「ＭａａＳ（Mobility as a Service）」[*8]の議論や実践導入は有益であろう。

その一方で、政府が唱え、大手企業やコンサルタントが自社システムや事業デザインを開発・提案、その導入のために地域が地元で汗をかく川上から川下へ流す事業手法では、個人の本源的な自由意志（地域住民はじめ訪れる人を含む利用者のニーズ）に基づかない、地域モビリティの環境や都市構造に矛盾をきたす事態を招きかねない（政策のための政策）。すなわち国策と呼ばれる社会実験や規制緩和には、自由主義社会の肝とも言える、自活・自走を前提とする公共交通事業者の自由な発想を活かした事業方針や都市が持つ経済波及効果に相反する結果を招来させるリスクがある。民を起点に思考すれば、公共交通事業者はそのリスクを自治体と共に市民（利用者）目線でマネジメントする必要がある。つまり、初動のイニシャルコストは財政負担で賄われたとしても、技術革新先行・優先型の開発やそれにまつわる法整備、規制緩和が、結果として市民（利用者）にマイナスのインパクトとなり、市民に新たな税負担を課し、あるいは交通事業者の経営負担や収益機会の棄損とならぬよう留意せねばならない。

大切な点は、新たなイノベーションの創出は、公共交通事業者の立場からすれば、その新たな流れが「地域の公共財」を守るためのベクトルと軌道を一にしているか否かを常に自問自答することである。今般の新型コロナ災禍の影響を考慮すると、地域公共交通網が崩壊しないように〝応急処置〟がなされるだけでなく、真の課題を捉え地域公共交通が持続可能なものになる〝根本治療〟につながる事業モデルにしなければならない。

つまり、地域モビリティの再構築を図るためには、公共交通事業者は、補助金依存体質から脱却し、地域の公共財を維持するために、経営維持の観点から、様々な創意工夫に注力しなければならない。そのプランを、行政施策と連携させながら、利用者である個人の自由意志に基づきスパイラルアップする好循環を招くための公助施策、自由競争、規制緩和となっているかを常に問うことが重要なのである。


自治体の立場で換言すると、地方創生の議論では、重要業績評価指標（KPI：Key Performance Indicators）の検証において、しばしば「われわれ（自治体）は、ＰＤＣＡを回して云々しています」という言葉を耳にする。政策推進や財政支援が、市民や民間事業者、そして自治体にとって使い勝手の悪い結果（逆スパイラル）に陥っていないか常に検証を行いながら、正確なＰＤＣＡサイクルを回していただきたい。

3.3 市民合意による地方創生

ところで、これまでのわが国におけるモビリティに関わる議論は、ともすると「個別交通か公共交通か」「国の施策か地方自治体か民間事業者か」との議論が多く、利用者本位の志向が乏しかった。本来、利用者から見れば「出発地と目的地」という2点をつなぐ手段は、単一ではなく複数の選択肢が望ましい。都市と公共交通を考える上で、高齢社会の進展を受けて、市民はできるだけ家の近くから利用したい、時間の制約に縛られずに移動したい、とのニーズが高まる。その視点から議論をはじめれば、個別交通か公共交通かを問うのではなく、利用者から見て経済的かつ快適性の上から選択可能な移動の仕組みをいかに実現するかを模索することに帰着しよう。

　つまり不採算路線の廃止や採算性の悪化のみを理由に、それを補助金で単純補填するといった議論の流れでは、本質的な移動ニーズの掘り起こしや拡大を望めぬことは社会の眼に明らかである。言い古されてきたが、決して個別交通であるクルマを否定せず、しかも「歩行者・自転車と公共交通」「個別交通と公共交通」、「公共交通と公共交通」とのシームレスな連携こそが、これまでの課題を打破する有効な方策なのである。

　本来、主役は市民であり、皆が知恵を出し尽くすまで議論を重ねたい。当然ながら、議論の総括的な運営や取りまとめは専門的な知識を有する行政と交通事業者が担当したい。その際のポイントは、行政と交通事業者と市民が歩調を合わせながら話を進めることに尽きる。それは、最初は些細な意見の相違が、時として「ボタンの掛け違い」として大きな対立軸を生み出し、まちづくりの効果的な継続性を阻害する要因となりかねないためである。市民参加における万国共通の課題は、市民は身の回りの要望や苦情については意見を述べられても、法的な専門知識が乏しいため、計画策定の立場では発言ができない。つまり、市民は眼前の道路整備や往来するバスの本数や運賃については意見が言えても、道路計画やバス運行計画になると議論に加われない。

　一方、わが国では、市民の意見を反映するための機会や評価・判断基準の明示が十分とは言えまい。事前の市民調査アンケートと事後のパブリックコメント中心の仕組みに加え、行政と交通事業者が、それぞれの課題と計画を易しく市民に説明しながら市民参加を求める仕組みが必要である。都市内分権制度[*9]や予算提案事業制度[*10]を導入する自治体がある中で、議論に市民が自由に参加するための基礎データや資料を用意、意見や立場が異なる市民同士がニーズや課題について相互理解を深める機会を提供することである。そして地域特性を反映した課題の認識と解決の方向性、メリットとデメリットの対比、地域への効果、コスト負担、環境や景観などへの影響など、多面的に議論がかみ合うよう工夫したい。こうしたステップを踏んで初めて地域固有の特性や事情を活かした施策の策定が可能となる。

一見厄介なプロセスながら「急がば回れ」が、真の市民参加による合意形成であると言え、そうすることで市民は納得して次代にバトンを渡そうと自らが動き出す（行動変容する）と思料する。そのためには、「地域会議」や「コミュニティ協議会」など、企画力と実行力を備えた組織体の整備・充実が不可欠であり、市民のニーズを吸い上げ、自治体と交通事業者は、共に広聴した結果に基づき計画を立案・検討するステップを踏みたい。

そして、本書のテーマである地域モビリティを再構築するためには、いま一度、行政と市民双方が果たすべき役割や責任を明らかにし、具体的な手順や手法を確定させた上で、自助、共助、公助の分担についても確認・合意したい。つまり、地域にとって大局的な見地で何が必要かという共通軸を維持しながら論議を進め、さらに地域社会が互いに持つ力を合わせながら地域性を反映した施策を考え、「自分ごと」として推進することが、最終的に地域に関わる人々全体に幸せをもたらす。こうしたステップを踏み、地域固有の特性を活かしたローカル・ルールの制定を目指したい。２００６年10月に施行された道路運送法の改正を機に仕組みが整備され、試行錯誤を繰り返しながら、全国的にコミュニティバス導入の実績が広がる流れを大いなる地域社会の財産として、さらに地域全体のモビリティシステムの再構築について議論を重ねたい。

最後に「学」（大学はじめ高等教育研究機関）が果たす役

割である。それは専門的知見や地域事情に詳しい「学」が、中立・公平な立場から専門性を活かしたアドバイスを行うことで、地域資源としてシンクタンク機能を発揮することである。こうした全員参加により交通権の大切さを理解した上で地域の足を守ろうとする地域公共交通政策こそが、わが国の幸せな暮らしを維持することにつながり、地域モビリティの再構築の答えになると確信する。

今般の地域公共交通の新型コロナ災禍による損害は甚大であり、平時においても少子高齢・人口減少社会が急速に進む地域にあっては自治体の税収・財政不足も顕在化しており、現状のままで自然災害が多発し、さらには新型コロナ災禍が継続すれば、わが国における地域公共交通網は壊滅的な事態に陥ることは明らかである。地域の足を守るためには、東京一極集中を招いた大都市圏を優先する交通政策では、地域社会は衰退消滅する。地域社会が消滅すれば、人や資源の東京圏への供給は絶たれ、遅れて東京圏も衰退消滅することは広く知られている。

官民が協力・協働しながら、早急に具体的な再生施策を検討、実施する必要があることを改めて提起申し上げて結びとしたい。

＊1――未来のある時点に目標を設定しておき、そこから振り返って現在すべきことを考える方法。SDGsの議論では、地球温暖化対策のように、現状のままでは破局的な将来が予測されるときにその対策や政策を思考する際になどに用いられる。

＊2――「サイバー空間（仮想空間）とフィジカル空間（現実空間）を高度に融合させたシステムにより、経済発展と社会的課題の解決を両立する、人間中心の社会（Society）。狩猟社会（Society 1.0）、農耕社会（Society 2.0）、工業社会（Society 3.0）、情報社会（Society 4.0）に続く、新たな社会を指すもので、第5期科学技術基本計画において我が国が目指すべき未来社会の姿として初めて提唱された。（内閣府）」

＊3――地域公共交通活性化再生法 https://www.mlit.go.jp/sogoseisaku/transport/sosei_transport_tk_000055.html

＊4――道路運送法（参考資料） https://wwwtb.mlit.go.jp/hokushin/hrt54/com_policy/pdf/H29startup-ryokaku1.pdf

＊5――DX（デジタルトランスフォーメーション）
国土交通省 https://www.mlit.go.jp/tec/content/200729_03-2.pdf
経済産業省 https://www.meti.go.jp/policy/it_policy/DX/DX.html

*6——スマートシティ（国土交通省）
https://www.mlーT.go.jp/scpf/index.html

*7——スーパーシティ（内閣府）
https://www.kantei.go.jp/jp/singi/tiiki/kokusentoc/supercーTy/openlabo/supercーTycontents.html

*8——MaaS（国土交通省）
https://www.mlーT.go.jp/sogOSeisaku/japanMaaS/promotion/index.html

*9——「地域住民と行政がまちづくりのパートナーとして、適切な役割分担によって課題を解決していくことができるよう、具体的な仕組みのあり方を検討する必要がある。公共領域における適切な役割分担の仕組みの一つ」（厚生労働省資料から抜粋）

*10——愛知県豊田市「地域予算提案事業は、その地域会議と地域自治区事務所を土台に、地域住民の声を的確に市の事業に反映させ、効果的に地域課題を解決するための仕組みとして、事業の必要経費を事業計画書による提案を通じ、市の予算案に反映させ、提案の翌年度に事業計画書に基づき、課題解決のための事業を実施するものである」（総務省HPより）
動向調査.indd (soumu.go.jp)

第2部

地域公共交通を支える現場の最前線から

第1章

日本の地域公共交通をサステナブルに維持する方策と課題

一般財団法人地域公共交通総合研究所
小嶋光信

日本では公共交通は民間でする事業だと多くの人が思っているが、実際には先進諸国の中で地域公共交通を民間に任せきった国は日本だけだと知っている人は少ない。そのうえ、世界の先進国の流れとは逆行する公共交通の規制緩和が2000年、2002年に行われ、地方においては鉄道会社40路線の廃線や33社の路線バス会社の経営破綻が生じ、規制緩和以降、2006年度からの10年間で、約16,107㎞の一般路線バスの路線が完全に廃止され、全国の路線網の約3・9%が失われた。

これだけの経営破綻や路線廃止があったにもかかわらず、当時社会問題にならなかった理由は、経営破綻で倒れた企業は各地域でも歴史のある名門企業で、それなりに経営の多角化を図っていたこともあり、いわゆるホワイトナイトによって再建されたためだと思われる。

はじめに

先進国での交通の競争政策や規制緩和がどのような影響を地方に与えるかを研究・調査したところ、その結果に驚いた。

① 1980年代のイギリスのサッチャー政権時代の「交通の競争政策」といわれる規制緩和は大失敗に終わり[*1]、日本もその二の舞になるのではないかという懸念があった。

② 少子高齢化の地方において公共交通の維持を民間に任せているのは世界の先進諸国中で日本だけであり、このままでは大都市以外は地域公共交通のネットワークが寸断され、地方消滅の引き金になってしまう懸念があった。

さて、わが国は「需給調整規制の廃止は、市場原理と自己責任原則の下に競争を促進し、事業活動の効率化、活性化を通じてサービスの向上・多様化、運賃の低廉化等を実現していくことを目的とするものであり…」と力説していた。しかし現実は、地方では少子高齢化による人口減少等で需要が減退し続けており、地方への競争原理の導入は過当競争や経営破綻、路線の減少等の問題を生むだけではなく、競争の激化は安全面の阻害や交通労働者の賃金低下等による労働の質の低下や運転手不足等を引き起こす懸念が当初からあった。現に経営破綻や路線廃止のみならず、ツアーバスの悲惨な死亡事故が続き、運転手不足による路線廃止等が社会問題化した。

これらの問題意識から、規制緩和以来20年の間、規制緩和の弊害に身体を張って向き合い、津エアポートラインでのヨーロッパ型の公設民営の実証、和歌山電鐵での公共交通再生への公設民営の活用、中国バスや井笠鉄道の再生での補助金制度等の問題点の指摘等から地域公共交通を実際に再生し、公設民営等の実証をしながら、規制緩和の弊害を補完する地域公共交通活性化及び再生に関する法律（以降、地域公共交通活性化再生法という）や交通政策基本法の成立に尽力してきた。2013年11月12日に開催された衆議院国土交通委員会での交通政策基本法の審議に際しては、公共交通事業者の立場から参考人として意見陳述し、同年12月に同法の成立をみた。

また2018年2月には、両備バスと岡山電気軌道の黒字路線を狙い撃ちにした、いわゆる「良いとこどり」の申請に対して「31路線の廃止届」を提出し、国として地域公共交通に対する「競争か路線維持か」の問題提起をしたことによって、2020年度には独禁法の除外や地域の声を反映する法制化が図られるようになってきた。

和歌山電鐵の再生では、世界の猫ブームをつくった猫の「たま駅長」と一緒に地域公共交通の問題を明るく且つ世界的に提起してきた。「たま駅長」の登場や楽しい電車の開発で地域公共交通への認識が深まったことを嬉しく思っている。

地域公共交通の厳しい現実と実態の上に、2020年には更に新型コロナ禍による大減収が襲い、大きな負債を背負った地域公共交通の企業体質の変換が迫られている。机上の空論ではなく、実際に地域公共交通を再生したことから真に必要な法制度の整備にもかかわって地域公共交通の存続に努力してきた。これから地域公共交通を如何にサステナブルに維持・発展させていくかを明確にしたうえで、解決法を論じたい。

1. 日本の地域公共交通の問題点は何か?

1.1 先進国で公共交通を民間に任せきったのは日本だけだった

ヨーロッパでは、フランス等を中心に交通権を認め、主に公設民営で公共交通を存続させており、先進諸国の中で公共交通を民間に任せきっている国は日本だけだった。前述した１９８０年代のイギリス、サッチャー政権での大失敗はあったが、ヨーロッパでは道路を造り、マイカーを増やすアメリカ型の政策をとれば、顧客の半分以上はマイカーに移行し、公共交通は経営できなくなるだろうと予知していて、交通弱者の移動を確保するために公設公営↓公設民営による公共交通維持の政策を採っていた。

マイカー時代は、いわゆる交通弱者といわれる免許を取得できない子供達や、免許があっても運転できない高齢者、自家用車等の移動手段を持てない人達を生み出し、マイカー政策だけでは交通の自由な往来ができなくなるという懸念があることをヨーロッパでは認知していた。アメリカ型のマイカー社会は交通弱者の交通問題を招来するとして、そこからフランス等を中心に等しく国民に移動を保障する権利、すなわち「交通権」あるいは「移動権」という概念が生み出された。その交通権を保障する手段として、一般的に「公設民営」という方法がとられ、上下分離により行政と民間の役割分担が行なわれている。

日本で使われている第三セクターでは、経営責任が明確ではなく、意思決定が遅く、事業経営には不向きなスキームである。私の定義する「公設民営の基本」は官と民の役割分担を明確にする、運営の補助金を出さない、官や議会は経営に口を挟まないことが基本である。日本では公設民営になじみが少なく、単なる上下分離方式と同じと理解されている傾向が強い。「公設民営」は、輸送設備等のハード面は公の責任、ソフト面である運行を主体とした経営は民間が全責任を持つというように責任分担が明らかにされ効率的経営が行われる。

日本の補助金制度は、赤字事業を支えるカンフル剤としては有効だが、交通事業を黒字化することはできない。経営努力をしても赤字が減ったら補助金も減るので全く努力の甲斐がなく、経営努力の意欲が湧かないシステムといえる。その上補助金をもらっている事業者は如何に補助金をもらうかが経営目的となってしまうため経営改善ができにくいという懸念もある。ここでいう公設民営は、設備は公が負担するため運行への補助金での補填はないが、その代わりに経営努力をすれば利益が増え、経営意欲が湧き、効率が上がることが期待できる。

1.2　地域公共交通のビジネスモデルの方程式

地域公共交通が如何に悪くなったかを理解する上で、私の分析からつくった方程式がある。例えば、マイカー普及前には、売上100－経費90＝経常利益10であったが、マイカー時代の到来後、乗客の減少等で売上が落ちて半分（売上50）となったからといって、必要経費はほとんど変わらず（経費90）、赤字（経常利益▲40）となったため、必然的に経営は悪化していくことになる〈売上50－経費90＝経常利益▲40〉。つまり、公共交通は装置産

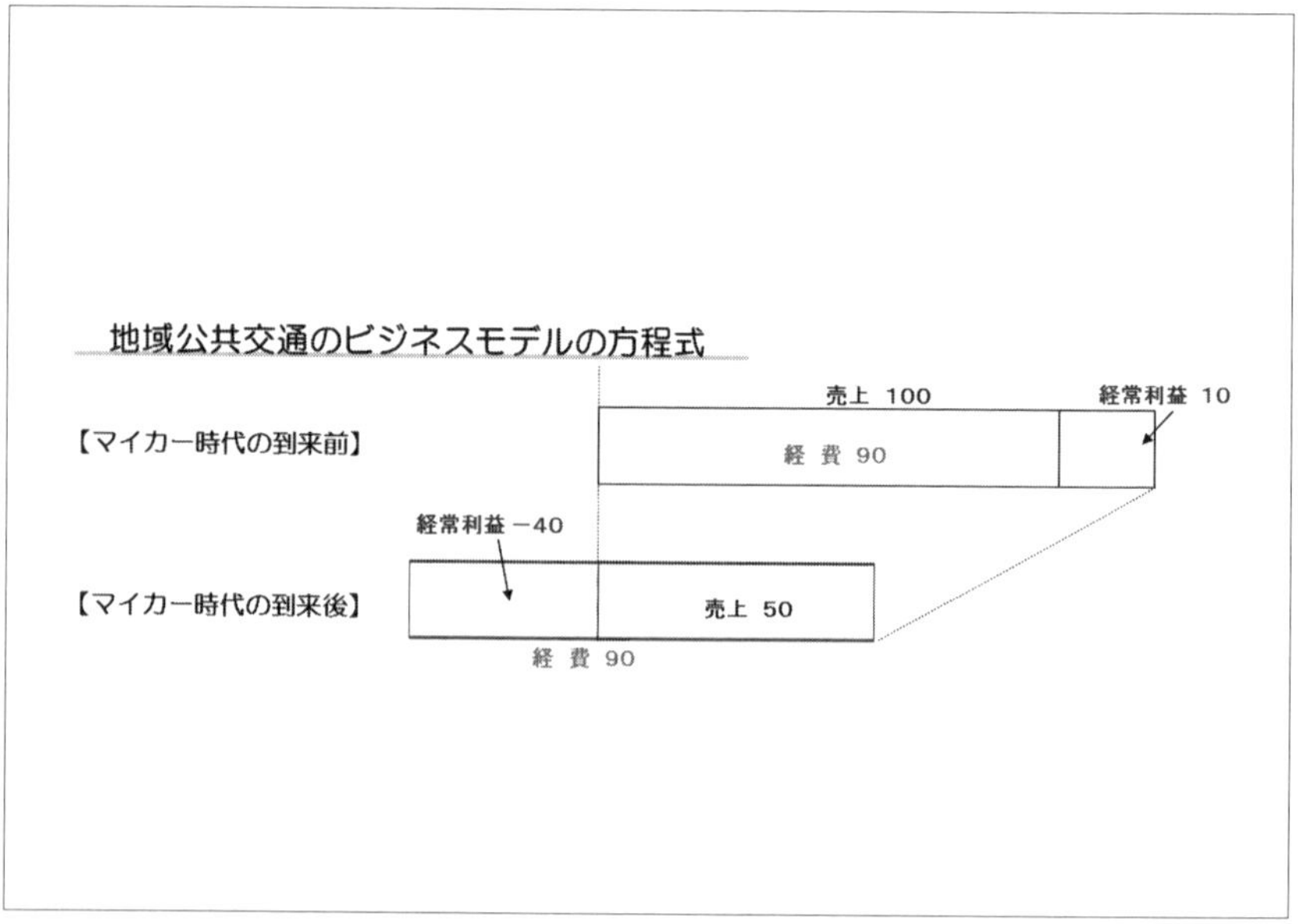

業なのだ。この方程式の数字はほぼ実態に近い傾向を表している。

すなわち、マイカー時代は地方の都市の一部を除いて、事業そのものが利益を生まない赤字体質になっていること、もはや民設民営では支えきれなくなっていることを理解することだ。

1.3 地域公共交通の衰退の原因は何か？

日本の公共交通が衰退した原因は、一般的に次の5点が考えられる。

①マイカー時代の到来で50～60％の顧客を喪失したこと

②都市のスプロール化によって交通渋滞が慢性化し、路線バスが定時性を喪失。それが悪循環となり、地方ほど一層マイカーを増加させる結果となったこと

③補助金行政の副作用により、

(a)経営不在を助長する結果となったこと
コストを削減すれば補助金が減るという誤った経営感覚が生まれ、経営改善努力が進まなかった。

(b)顧客不在の自滅的な労使不仲を助長する結果となったこと
過去においてストをして顧客が減少し、業績が悪化すれば逆に補助金は増加。業績が悪化したら運賃を値上げし、値上げで顧客が減少して業績が悪化すれば、また補助金が拡大するという誤った経営判断と労働運動を生み、「負のサイクル」となった。

④規制緩和が衰退に拍車をかけたこと
規制緩和は需要が多く、供給が少ない産業に対して行えば利用者の利益になるが、需要が少なくて供給過多状態にある地方の地域公共交通で規制緩和を行うと、逆に、過当競争によって致命傷となるといえる。

⑤公共への誤った費用対効果の概念導入
公共という事業は、儲からなくても国民へ保障しなくてはならない事業だが、その公共事業に

費用対効果の概念が持ち込まれ、儲からない路線やバス事業はやめれば良いという理論で、路線廃止や事業の縮小、もしくは廃止が地方で加速し、ついに地方では高齢者や子供の移動手段がない地域が現出してしまった。

改めて国は、公共性ということをしっかりと問い直さなくてはならない。

コロナ禍によっていわゆる公共交通の3密（密接、密閉、密集）への懸念から、風評被害も加わりマイカーや自転車等に移動手段が一部移ったこと、また、リモートの発達等で社会の移動への必要性が変わってきたので、アフターコロナにおいては公共交通の衰退の原因に新たに加わってくるのではないかと危惧している。

2. 地域公共交通事業と経営

2.1 経営努力もしないで規制緩和が問題だと述べているか

経営努力もしないで規制緩和が問題だと述べているわけではない。２０００年、２００２年の規制緩和以来、両備グループでは、考えつくあらゆる対策を実行していった。

①公共交通利用を促進するパネルディスカッションの開催～ある婦人から「マイカーがあれば公共交通なんか要らない」という驚愕の発言

②「岡山県公共交通利用県民運動を進める会」を結成

③「オムニバスタウン」の導入（岡山市、福山市で導入）

④魅力ある定期や割引の導入

⑤フランス生まれの広告付きバスシェルターの誘致（日本で初めて岡山市に設置）

⑥「時刻表見えルン♪」（簡易設置型バス時刻表照明装置：

LEDランプ使用）の開発

⑦パーク・アンド・バスライドの導入

⑧バス停に駐輪場を設置

だが、若干の効果はあったが、お客様の減少は止まらず、事態を変えるほどの有効的手立てにはならなかった。利用促進にティッシュやうちわを配っているケースがあるが、ほとんど効果はない。バス停の標柱や方向幕の見難さ等も綺麗にしたが、乗客を増やす効果はあまり見られなかった。

そこで、地域活性化のツールの一つが公共交通であるということから効果が目に見えるように「21世紀のまちづくり」を提案することにした。

両備グループでは、2000年から「21世紀のまちづくり」として、「公共交通利用で、歩いて楽しいまちづくり」運動を提唱し、次の事項に取り組んだ。

①2002年、水戸岡デザインによる夢がもてる未来型LRT「MOMO」（100%超低床式路面電車）の導入

②岡山市中心部の活性化を目指し、2004年に108mの超高層マンション2棟（両備グレースタワー）を建設して都心居住と都心での公共交通利用を提案した。

今の「コンパクト・プラス・ネットワーク」の先駆けとなるとの思いを込めたが、これらの経営努力にもかかわらず、バス離れ・公共交通離れを根本的に解決することはできなかった。

2.2 公共交通の再生を通しての公設民営の実証と法整備

自社の経営努力だけでは乗客の減少は止められないことがわかったので、続いて、実際に問題が起こり、困っている地方の公共交通の再生に協力することで規制緩和の弊害に対処する法制度の整備を引き出す努力を開始した。

①三重県津市の津エアポートラインで「公設民営」の効果を実証

②和歌山県の和歌山電鐵再生により鉄道での「公

有民営」制度が成立

和歌山電鐵の再生では、年間80件ものイベント開催をはじめ、いちご電車・おもちゃ電車・たま電車という魅力ある電車の相次ぐ投入に加え、世界的に注目された三毛猫の「たま駅長」の存在が大きい。この和歌山電鐵の事例が一つの参考になり、地方鉄道に「公有民営」の法制化が実現し、約92の地方鉄道のうち70くらいが生き残れる可能性が生まれたといえる。

③中国バスの再生により地域公共交通活性化再生法の制定[*2]や、補助金制度へ経営改善のインセンティブ等の制度が法制化された。

④井笠鉄道の発表からたった19日での事業廃止という、事件ともいえる経営破綻を両備グループで再生したことが交通政策基本法成立への後押しとなった。

⑤また、井笠鉄道の破綻で、このようなケースに対応できるような法律や財源が整備されていないこと、行政的手立てが乏しく、路線を救済する対応が難しいということも判明した。

つまり、地域公共交通の現行の維持方法は延命治療の効果しかないため、これらの法制化で、地域公共交通の見直し機運と、種々の支援体制ができたが、これで十分かというと、「やっと端緒」なのだ。協調補助は、黒字事業者にはありがたいが、地方の大赤字の路線を抱える事業者には延命的にしか機能せず、バリアフリー、ＣＮＧ等の環境対応や、ＩＣカードやバスロケ等の情報化は、東京・大阪・名古屋等の大都市しか進められない事態に直面している。韓国のバス事情を視察して、日本の制度は、官と民の役割が不明確で、赤字補填が中心の補助金というカンフル注射に頼っているという弊害が見えてきた。

2.3 人道主義を基本とした地域公共交通の再建スキーム

韓国では、ソウル市等で高速道路を元の河川の状態に戻し、マイカーから公共交通への切り替えが実行された。道路を市内バスと郊外バスの専用レーンを中心に切り替え、マイカーは駐車違反等で道路を塞ぐと罰金となり、また南山トンネル１号線および3号線で市内に3人乗り未満のマイカーで入るとペナルティとして通行料を徴収されるロードプライシングを１９９６年11月から実施した。

バリアフリーや情報化、環境対策等は公共の社会的装置として行政が１００％負担と役割が明確で、残念ながら日本は大幅に対応が遅れている。

一方、わが国では、地域公共交通再生の切り札は公設(有)民営・民託であると確信するが、これは社会主義的だという批判がある。それは、地方の実情と公共交通の使命を理解できない大都市的発想で、高齢化が進む地方において公共交通は住民の最低限の社会的移動手段といえる。誰もが自由に移動する「国民に等しく移動を保障する権利＝交通権」の考えは、本来「人道主義」という

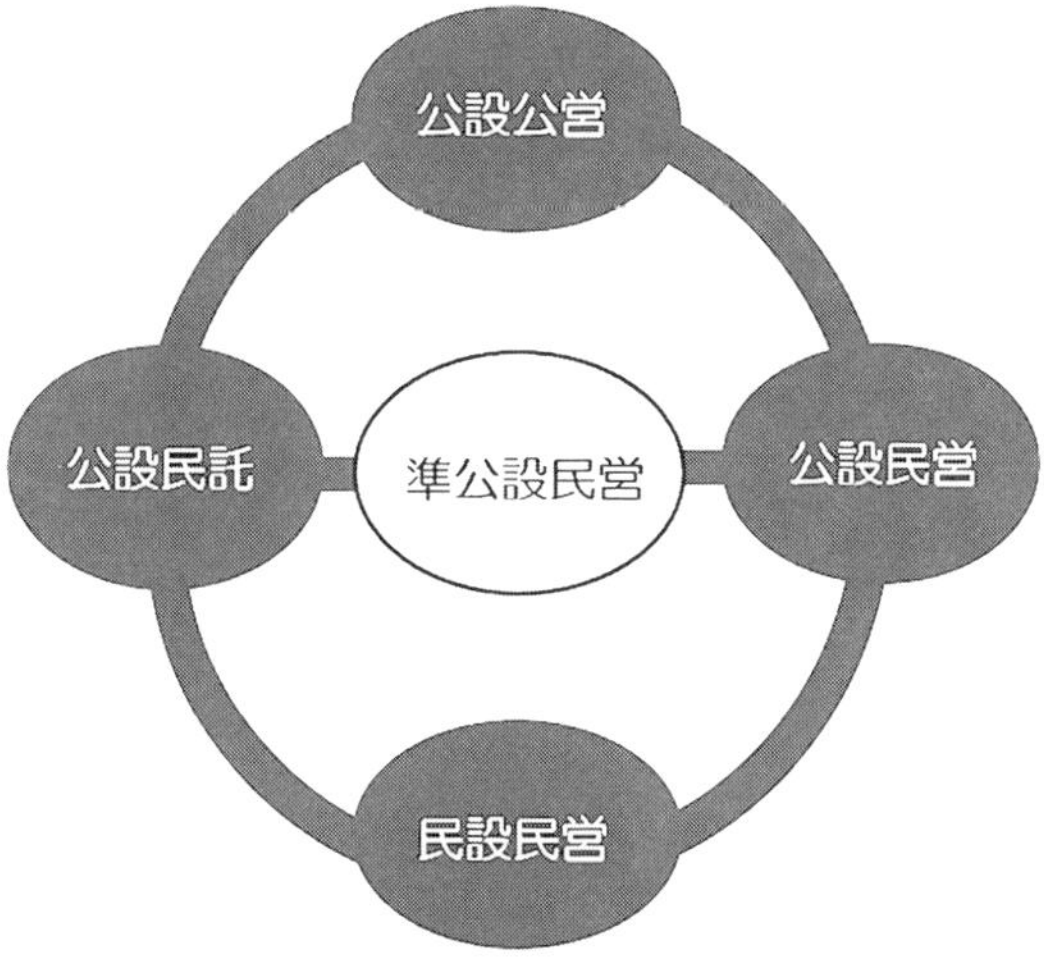

地域公共交通の経営パターン

表現が正しいだろう。移動権、交通権は新たな権利ではなく、憲法で保障されている「文化的な最低限の生活を営む権利」の一部といえる。

すなわち、数々の地域公共交通再生の実績から今後の再建のスキームが明らかになり、図のように公設公営と対局の民設民営に対して、再建スキームとして公設民営や公設民託が考えられる。

井笠鉄道の再建スキームとしては、公設民営と公設民託の機能を併せ持った「準公設民営」方式が最適であることが立証できた。赤字に対する補助を前提にしている補助金制度では、黒字化する公設民託や準公設民営に対応できず、経営努力が生まれにくいことから補助金制度を有益に変更する必要がある。

2.4　競争か、路線維持か

日本の交通の競争政策ともいうべき規制緩和の弊害を緩和するために、公共交通の再生を通じて問題点を立証し、交通関係の運送法の外堀を埋める地域公共交通活性化再生法や交通政策基本法の成立に尽力していたところ、2017年に突如、岡山市において競合会社が両備グループ創業以来の西大寺線に路線申請をしてきた。問題提起として2018年2月8日、両備グループのバス部門2社の31赤字路線の廃止届を出して記者会見を開いた途端、同日夜に大慌てで競合会社の路線を認可するという異例の事態となった。

しかしこの廃止届の提出を契機に国としても、当時の石井国交大臣や安倍総理大臣の国会答弁で「少子高齢化で人口減少が進む地方では競争と路線維持は両立しない」との理解をいただき、国交省で検討する委員会が設立され、岡山市に今までなかった協議会も「岡山市公共交通網形成協議会」として設置され、全国的な地域公共交通の問題として採り上げられるようになった。

両備グループが発した問題提起は、全国各地でも多くの共感を呼び、利用者の利益の指針となる地域市民の要望は「路線維持」がトップクラスに上がってきている。地域公共交通は基礎的なインフラであるということをしっかり見つめ直して、国として対応していかなければ「地方交通の消滅」が起きてしまう。地方交通の消滅は、「地方消滅の第一歩」となることを認識すべきだ。

また、今回の廃止届が果たしてバス業界全体の問題か、岡山の一部だけでの問題かを把握するために国土交通省は日本バス協会に「地方部の黒字路線への新規参入の問題」の調査を依頼し、２０１８年６月11日にその調査・分析結果が発表された。その結果は驚くべきものであった。

その骨子は、

①地方部におけるバス事業は過疎化の進展等により輸送量が減少し、赤字路線を支える黒字路線への新規参入は赤字路線の維持ができなくなる。

②日本バス協会地方交通委員会の委員32社が運営するバス路線の黒字路線の黒字額は93億円であるが、その大半の80億円が赤字路線の補填に充てられている。この額は国の補助金の3倍強であり、事業者により程度の差はあるものの、黒字路線は赤字路線の維持に重要な役割を担っている。

③新規事業者が輸送需要の多い黒字路線のみに参入し運営することは、「良いとこどり」（クリームスキミング）の問題がある。特に、需要の多い路線のみの運営では安い運賃を設定できるが、既存事業者は地域全体の運営コストに見合った運賃を設定しているため、運賃競争上も著しく不利であり、不公平な競争となる。

④黒字路線に他事業者が参入する問題への対応については、

(a)関係者の協議による合意の推進
(b)協議に基づいた地方公共団体の意見の尊重

等の個々の路線のみならず、地域の路線網に与える影響も考慮し、事案の判断をしていただきたいとの対応を求めている。

この調査結果から、長年、地域を支えているバス事業者は、補助金をもらえない赤字路線を止めてしまうのではなく、僅かな黒字路線の利益や他の事業での利益を内部補填して維持している実態が明らかになり、如何に地域を守るために志を持って事業を運営しているかが明白になった。

3. これからの地域公共交通を守るには

3.1 競争政策の弊害を糺し、表面的な制度改革に終わらず法改正をすること

道路運送法を早急に改正し、交通政策基本法と地域公共交通の活性化及び再生に関する法律の一部を改正する法律（地域公共交通活性化再生法の改正）との整合性を図る必要がある。これは、２０１８年５月10日の衆議院総務委員会での野田総務大臣の答弁「規制緩和制定の２００２年と今では時代が違う。今の日本は人口減少や特に高齢化が著しい過疎地域になっています。そこで地域公共交通を維持することは、とりわけ重要な課題と私たちは認識しています」にも合致している。

１９８０年代のイギリスで大失敗した地域公共交通の競争政策を教訓として、その改革を見倣って一刻も早く改正しなければ、日本の将来の交通政策が危うくなるといえる。タクシーやツアーバス、観光バス等の死亡事故を伴う大問題が起こる度にパッチワークで直そうとしても、この法律の全体が「競争自由」という組立のままでは整合性が取れない。少なくとも日本のような少子高齢化の国には危うい法律といえる。

旧来の道路運送法は、供給サイドである交通事業者主体のものだったが、一転、現在の法律は需要サイドの利用者だけに有利で、交通事業者へ配慮が足りない法律となり、極端に変わりすぎている。今回、私が提案する道路運送法改正の主旨は、交通事業者の「健全性」が利用者の利益の源泉になることを前提とし、需給のバランスを十分加味

し、需要旺盛な地域は「競争維持」、需要減少地域は「事業の健全な発展＝適正な運営及び公正な競争を確保するとともに道路運送の秩序を確立すること」を図るようにすべきというものだ。

例えば、道路運送法第一条を「この法律は、貨物自動車運送事業法と相まって、道路運送業の適正な運営及び公正な競争を確保し、道路運送に関する秩序を確立するとともに、利用者の需給に的確に対応し、輸送の安全の確保を第一としながら、道路運送の総合的な発展を図り、もって公共の福祉を増進することを目的とする」とすれば需要・供給サイドの両方に配慮し、大都市には競争を、需要が減少する地域には秩序の維持を図りつつ、利用者の利益を守れるようになるのではないか。

①中心部の過当競争を是正すること

郊外路線の㎞当たり運賃の基準を中心部に適用することによる、「100円」等の極端な低運賃では、市内交通網の維持は困難だ。既存交通事業者の黒字路線への参入は、内部補填していた周辺の赤字路線の補助金発生につながり、結局、既存路線への新規参入は自由競争といいながら競合会社の収入奪取を迂回して税金で賄っているのと同じとなる。

②郊外部とあわせた公共交通網の総合的な発達

郊外部における利用者の利益は、競争による低運賃化ではなく、路線網の維持に重点がある。地方自治体には「地方では競争と路線網維持は両立しない」という認識が必要だ。単独申請での判断だけではなく路線網全体の維持に与える影響を考慮し、全体としての最適化を図るべきだ。岡山市のような交通の結節点での路線網協議は、周辺自治体への影響が大きく、広域な自治体を含めた地域協議会が必要といえる。

3.2 ヨーロッパの先進国並みの交通目的税等の創設で財源確保をすること

少子高齢化社会での地域公共交通を維持する財源の危うさを解消しなければ、地方の公共交通はあと十数年で半減する危険性がある。地方自治体は「少子高齢化で人口減」→「利用客の減少」→「補助金の増大」→「交付税の減少」の負のサイクルに苦しんでいる。

簡単にいえば少子高齢化の地方において公共交通は赤字事業であることを国は早く認識し、ヨーロッパ並みの財源確保をしなければ地方では地域公共交通は維持できないことを理解すべきだ。交通目的税の制度化の国への要請が必要で、世界の先進国をいち早く見習うべきといえる。財源は、営業権をマイカーに譲った社会的保障として考え、環境保全のために公共交通へ移転するようなタックスコントロールを考えるのが先進国では一般的であろう。

補助金制度に加え「公設民営」、「公設民託」や「交通連合」への取り組みが必要だ。

3.3 環境や国民の健康を良くするという観点からの「乗って残そう公共交通」の国民運動化

どんなに制度をつくり、財源を確保しても、地域住民が乗ってくれない公共交通を維持し続けることは難しいといえる。公共交通利用を進める国家的運動の提唱として「乗って残そう公共交通国民運動」を地域と国を挙げて取り組む必要がある。

積極的に公共交通を利用することは環境や健康にもメリットがあり、都市の交通混雑の緩和は都市の安全と活性化を図るうえで必要だ。

コロナ禍による風評被害で、公共交通の需要の減退が懸念されることから、更に需要回復としてこの国民運動の必要性が増してきているといえる。

すなわち、地域公共交通を財源不足やパッチワークによって生殺しにするのではなく、地域が活性化に資する、延命治療型の地域公共交通政策から夢のある政策への転換、大都市ではなく地方に住むという価値観を増大させるためには「エコ公共交通大国への転換」という私が提唱する構想[*3]

の実現が大事であろう。

世界で最も進歩した公共交通中心の社会をつくることが、地球環境に寄与し、これからの高齢化社会に希望を与える喫緊の政策だといえる。これが実現すれば「コンパクトとネットワーク」を支える地域公共交通網が夢のある形で実現し、地域の魅力アップが実現するだろう。消滅に怯える地方都市にとっては急務ともいえる。

また、この「エコ公共交通大国構想」やＥＶ等の環境適合車両の輸出だけではなく、ＩＴ化された交通システム自体が日本の輸出産業となり、マイカーで都市の動きが取れなくなっている低開発国等の世界の国々にも寄与できるであろう。

まとめ

このように、地域公共交通のサステナブルな維持・発展には、手直し的な議論ではなく、地方の交通インフラ維持へ向けて根本的に考え直し、抜本的な改革を実施することが必要だ。それには、
①競争政策の転換と制度や運送法等の改正
②交通目的税の創設など地域公共交通を支える財源の確保
③「乗って残そう公共交通」という国家的運動の展開で、国民が乗って公共交通を支える仕組みの構築
が必要である。

これら3施策で地域公共交通をサステナブルに支える基盤を創り、その基盤のうえに「エコ公共交通大国構想」等のような先進的で環境や健康に配慮した利用者目線に立った一体的・効率的な地

域公共交通網への移行推進をどのように図っていくかが重要となる。

郊外部のように利用者が非常に少ない地域では、民間では維持困難であり、行政や地域がともにそれを支える仕組みとして、「公設民託」への移行が必要となるだろう。

地域全体としては、少子高齢化で人口が減少していく中での交通網維持のために、「交通連合」に進むことが有効だろう。「交通連合」とは、運行は各交通事業者が独立性を保ちながら担いつつ、交通計画は地域全体で統合的に全体最適の視点で設計される交通運営の仕組みだ。ヨーロッパの各都市や、アジアではすでにソウル市等で実現されている。「交通連合」の実現により利用者にとっては交通事業者の垣根を越えて使いやすい交通網が実現し、事業者にとっては自社の経営権は守りつつ、過当競争をすることなく効率的な運行が可能となる。この仕組みはサステナブルに地域公共交通を維持するための施策として有効であろう。


コロナ禍により、「不可欠に業務を行う事業者」として運行を続けた地域公共交通は、休業せずに頑張ったが、予想以上の運輸収入の落ち込みによる赤字の増大で苦しんでいる。不可欠ということで休業できないため、雇用調整助成金の対象にはならず、また「赤字補填」は認めないということで地方創生臨時交付金等の十分な国の対策を受けることができなかった。それでなくても9割近くが赤字事業者の地域公共交通業界は、コロナ禍で黒字企業も赤字化したため、ほとんど100％の企業が赤字に陥ったと見られる。

両備グループでも、交通部門が今回被った赤字は、仮に経常利益率3％の黒字に戻ったとしても赤字解消には20～30年かかると思われる。また赤字企業は補助金では黒字にはならないので、永久に赤字の借金を背負っての企業活動となるだろう。

これらのことから、地域公共交通も現在の経営スキームや補助金制度では今後、乗り切っていくことは極めて難しいだろう。公有民営化は鉄軌道や旅客船等の海上アクセスには有効だが、バスには不向きと思われていた。が、バス事業にも公設民営が現実味を帯びてきたといえる。

アフターコロナでは、地域公共交通を今までの補助金制度では支えることが極めて難しく、新たな法制化と交通目的税等の創設や3密の風評被害からの信頼回復、そして、利用促進として「乗って残そう国民運動」の展開とともに、日本でも先進国型の公共交通利用を促進する種々の有効な施策が必要になってくるといえるだろう。

＊1——1980年代のイギリスでの競争政策の失敗
① 一定の登録要件で自由に新規参入が可能となり、「バス戦争」が勃発。路上での乗客争奪、補助金は減ったが赤字路線は大幅な運賃上昇等で過当競争の結果、バス利用客の減少には歯止めが効かなかった。
② 新規参入の多くは都市部の混雑区間にピーク時のみ運行するニッチ事業者、いわゆるクリームスキミングであり、事業者間の競争は主に大手対ニッチという構図。
③ 一方、ロンドンでは規制緩和を行わず、フランチャイズを1路線1社制で行った結果、バスの輸送人員は増加傾向。
④ コンテスタビリティ確保のために自治体がオペレーターとの間でクオリティパートナーシップ（QP）を締結。

＊2——「地域公共交通活性化及び再生に関する法律」制定までの経緯…拙著「日本一のローカル線をつくる」136頁〜137頁を参照

＊3——2010年5月「エコ公共交通大国おかやま構想」を岡山市長へ提言

参考文献

1. 学芸出版社「日本一のローカル線をつくる　たま駅長に学ぶ公共交通再生」小嶋光信著／2012年
2. 交通新聞社新書「地方交通を救え！　再生請負人・小嶋光信の処方箋」小嶋光信、森彰英 共著／2014年

第2章 地域公共交通のCX・DXと再編が地域を救う

経営共創基盤
会長
冨山和彦

現代社会では、地域密着型のローカル型の産業群においては、地域公共交通のみならず、地域医療や介護、そして地域金融も含め、単純な規模の経済性の視点を追う議論では、これらの事業の現実の経済特性を把えられないだけでなく、本来の政策意図を発揮できない場合が多い。加えてコロナ禍によってこうした産業群は社会経済活動を下支えする、まさにエッセンシャルインダストリー、そこで働く人々はエッセンシャルワーカーとしてその公共財的な重要性が再認識されている。そこでナショナルミニマムを維持するための公費の必要性を含め、官民が互いの立場、役割を再認識して、新たな「ルールデザイン」を描き「生産性を上げる」道筋をつくることこそが、地域公共交通を維持・発展させるための政策的条件となる。

地域公共交通事業の再編を含め、新たなビジネスモデル創造に向けた持論を提起する。

1. パラダイムシフトの必要性

1.1 地域公共交通の置かれた現状

まず、地域密着型のローカル型の産業群においては、地域公共交通のみならず、地域医療や介護、そして地域金融も含め、規制産業として、従来、わかりやすい新自由主義的な法律論や規制緩和論が求められてきた。しかし、Society 5.0が、現実社会で実践される時代においては、自由放任だけでは市場の失敗が起きやすい。それには、いろいろな理由がある。とりわけ独占禁止法は、伝統的な法律的な解釈での市場の規制や保護法益を前提に立法・運用されているため、現代社会では、本来の政策意図を発揮できない場合が多くなっている。同法の成り立ちが、同一製品、同一サービスにおいてシェアの拡大で規模の経済性によってコストリーダーシップを実現し、競争他社を排除して独占を確立して、そこから独占価格でレントを享受するという工業化社会フェーズの産業モデルを前提としているからである。要は規模の経済性が本質的な意味を持たず、むしろ密度の経済性が重要となる地域公共交通事業とはもともと相性が悪いのである。

他方、競争法の現代的な課題は圧倒的にイノベーションの促進へと世界的にシフトしている。これは20世紀の終わりごろから、産業構造の変化と競争の構図が、デジタル革命とグローバル革命で、規模の経済性よりも破壊的イノベーションにドライブされる時代にシフトし、産業モデルも設備集約型の工業化モデルから、知識集約型に中心が移ってしまったからである。後で詳述するが、地域公共交通にも破壊的イノベーション、デジタルトランスフォーメーション（DX）の波は押し寄せつつあり、地域住民＝消費者の便益の最大化という競争法の本義の実現のためには、伝統的なサービスモデルでの地域内シェアを議論してもほとんど無意味になりつつある。

また、我が国の地域密着型産業は急激な人口減少、過疎化という、これまたかつての独禁法が想定していない状況が生じている。完全自由競争を促すと地域から誰も事業者がいなくなり、ナショナルミニマムを実現することが不可能になる産業領域が急増しているのだ。

このような意味で、今回の独占禁止法の適用除外の議論は、ある意味、当然の政策転換であり、むしろ遅きに失した感さえある。その一方で、イノベーションの促進は今後、ますます重要だし、事業者は地域独占、地域寡占にあぐらをかいて経営改善努力を怠り、サービスの質低下やコストの無駄が生じるような事態は避けなくてはならない。

もう一点、地域ごとの競争構造の個別性も重要となる。例えば一つの例を挙げると、私は岩手県でバス会社を営んでいる。岡山県の人は岩手県のバス会社のバスに乗ることはない（まず日常的に地理的要因から乗車することはない）。つまり自分が住んでいない、他のまちでの日常利用は現実にはあり得ないため、岡山県のバス会社が、いくら岩手県より運賃が安くとも、岩手県民にその利用便益はもたらされない。そういった意味合いから、実は前提となっている経済特性は、地域により異なるという事実を前提として議論する必要がある。したがって我が国は一国一法により各地域を同じ法で統治するため、地域間格差が拡大する時代には自ずと市場が失敗する蓋然性が高まる。そのため、地域公共交通の再生を議論するうえで、具体的な解は地域ごとに異なる、との理解からスタートすべき、言い換えれば地方自治体の役割が重要なのである。

いずれにしても今の我が国で共通する最も重要な視点を突き詰めると、ライフラインとしての公共性を持つ公共交通機関の特性を、厳然とした事実として如何に受け止めるかであろう。換言すれば、公共交通は、公共性の観点からすれば、ナショナルミニマムといえる国民の福利の最低限を保障するという意味での供給義務を担っている。日本は自由な民主主義国家であり、例えば過疎地の人を強制移住させることはできない。そこに住んでいる人がいるとすれば、そういった方々が高齢になって免許返上しても病院へ行くための足を確保しなければならない。あるいは我々が実際に茨城や福島で経験した、原発事故における避難時のライフライン確保としての「移動権」保障の議論もある。

そうした意味で、公共交通機関は公共性から生起する事態に責任を持つべき役割を最終的に担うわけである。そこでは私企業として利益を確保しなければならないとする事由を優先し、経済的に成り立たないとの理由で、交通弱者へのサービスに対して萎縮してしまうと、いざという時に具体的に対応する事業者がいなくなる危険性がある。地域社会では、少子高齢社会、人口減少社会の議論のみならず、自然災害の多発や新型コロナ禍の発生などを含め、多様な意味合いで「公共性」が問われる時代となったのだ。こうした様々なシーンにおいて、伝統的な自由競争や淘汰の原理だけでは、ますます問題が解決しない時代に入っているのだ。

他方、民間事業者が担う前提でかかる公共性に持続性を持たせるためには、事業からしかるべき利益を上げ、それを設備投資、イノベーション投資に回すことも必要となる。未来投資の原資は事業利益か借金しかなく、借金に過度に依存した経営は持続性がないことも明らかである。これは、私たちが我が国で最も早く人口減少と過疎化が進行し、かつ東日本大震災と原発事故に見舞われた東北地方で地方バス事業を営んできた実感でもある。かかる困難な環境下で、私たちが地域交通機関として公共財的な使命を果たしてこられた最大の原動力は事業収益基盤の堅固さにある。ちなみに政府部門は言うまでもなく既に巨大な借金漬けになっており、この問題を代替することはできない。

コロナ禍で「エッセンシャルワーカー」という言葉が議論される時代となった。このエッセンシャルワーカーの一つが公共交通事業者である。つまり、公共交通事業者は、ある種の公共性、あるいは「公」がカバーすべき外部性について、従来の市場内で解決できない問題について、それを解決するために活動も行わなければならない社会的使命を担っている。したがって公共交通事業は、ある種の公共財としての性格を有しながら、そのサービスは民間ベースで担うという事業領域をもった業種である事実を、如何に理解するかが議論のスタートとなる。

1.2 求められる発想の転換

さて、現代社会においては公的性格を有する産業のほうが増え、純粋な市場財の方がむしろ少なくなってきている。卑近な例がＧＡＦＡ（いずれも米国を代表するＩＴ企業であるグーグル（Google）、アップル（Apple）、フェイスブック（Facebook）、アマゾン（Amazon）の4社の頭文字をとった用語）である。ＧＡＦＡは、いまや公共財化しており、ＧＡＦＡがなくなるとオンライン&ネットワークを活用した様々な事業活動は実質的に停止する。すなわち、20世紀には、いろいろな意味で皆が常識と考えていた「純粋市場財」ともいうべき、自由貿易財が、21世紀に入り経済社会の占める割合として低下傾向を余儀なくされているのである。そこで、そもそもの競争政策の在り様を含めて、いま大きなパラダイムシフトが起きてきている。そこでは、当然に公共交通機関も、このパラダイムシフトの只中にあり、将来を見据えると、私は政策的に公共交通事業領域を如何に維持・発展させていくかについてゼロベースで考え直したほうが良いと考えている。

将来に向けた議論では、この発想を起点として民間の役割と公共の役割、互いの役割分担の在り方について再整理する必要がある。つまり、政府の立場から考える民間の果たすべき役割について、全体をリデザインすべきということ。具体的には、政府部門が持つ優位性は、機能的かつ組織能力的な、半ば強制的なレギュレーション機能を有する比較優位あるいは絶対優位であるが、一方で、民間部門においても、もちろん比較優位、絶対優位が存在するという事実は、これまでもハイブローな理論として数多く指摘されてきた。

わかりやすいところで言えば、民間部門は収入保障、存続保障がない、すなわち「ボーっとしていると潰れる、家族もろとも飯が食えなくなる」緊張感に日常的に晒されているところに政府部門に対する具体的かつ圧倒的な優位性がある。両者を比較した際に、どちらも万能ではないため、私は今般の社会の変化や経済特性を前提として、それぞれの役割分担を再設計すべき時期にきていると確信する。すなわち、既に地域公共交通の問題に留まらず、GAFAのようなプラットフォームを含めて政府部門と民間部門の役割分担を再設計するべき時がきており、これはテクノロジーの変化にも当然影響されるため、その脈絡で公共交通事業者としても自分達が今の立場や経営手法を大きく見つめ直す時期にさしかかっていると言える。

こうした点を踏まえ、冒頭で指摘した根本的な問題として横たわる伝統的な競争政策、すなわち、伝統的な独占禁止法に依る世界観として叫ばれる「独占がけしからん」とした議論は、ほとんど意味を失っていることを理解すべきであり、かかる世界観に基づく競争政策が続く限り、国民福利は最大化せず、逆に減殺する道を辿るであろう。

結論から申せば、この世界観は捨てるべきであり、域内シェア規制に関する適用除外は全ての地域密着型サービス産業に拡大した上で、域内シェア規制そのものも恒久的に廃止すべきである。公取は既存事業者であれ、新規参入者であれ、真のイノベーションを梃子に新しいサービスモデル、新しいビジネスモデルを導入することが妨害されないように監視していればよい。裏返して言えば、顧客密度の高い都市部だけでサービスを行う単なるクリームスキミング的な安売り事業者を自由競争の名のもとに応援する必要はない。むしろ捕食的価格事業者として規制対象とすべきである。この手のビジネスでは大きな事業者よりも小さな事業者の方がクリームスキミングによる不当廉売が可能になる点で、規模と不当廉売がセットになった固定観念は捨てなければならないのだ。

2. 地域公共交通事業の新たな形

2.1 新しい時代の新しい競争

さて、これまでの議論を踏まえて、これからの公共交通事業の在り方について論を進める。既述の通り、そもそも地域公共交通事業は密度の経済性に依っている。そこでは密度の経済性が作用するためシェアや規模の拡大は必ずしも競争優位につながらない。それよりも乗車密度を上げていく施策により生産性が向上することが重要となる。したがって商圏内における事業者の乗車密度を引き上げ、その経済的メリットを運賃面、路線ネットワークの再構築に活かすことで地域住民、消費者に還元すること、同時に集約された事業者がその上でフェアな利益を上げてそれを持続性投資につなげることが競争政策上、公共政策上重要となる。国土交通省や地方自治体もこうした観点から事業者を監督、あるいは公共サービスの質向上に向けて官民で協業することとなる。すなわち既存のサービスモデルについては、地域寡占を促す新しい競争政策への転換である。

それではいつか必ず独占、寡占の弊害が生じるという議論が出るが、そうは問屋が卸さないのが現代の競争環境、破壊的イノベーションの時代の競争である。例えば、公共交通手段のひとつであるエアラインにとって、コロナ禍で現れた最大の競争相手はＺＯＯＭをはじめとするリモート会議のサービスとなっている。私はＪＡＬの再生を担当したが、グローバルネットワークキャリアのビジネスで一番儲かっていたのは、長距離で飛ぶビジネスクラスで、これは圧倒的なドル箱だった。これが、今般の新型コロナ禍で国際線が飛べなくなり、世界のビジネスパースンたちは海外出張の代替手段としてＷｅｂでリモート会議をはじめた。そのビジネスのやり方や経験値が得られると、新型コロナ禍が終息しても出張回数は以前に比べかなり減ると予想する。そこには、寡占、独占を認めたら競争がなくなる、との議論を超越して、テクノロジーによる破壊的イノベーションがもたらす新たな競争の世界が発生している。つまり、漫然と寡占、独占のレントをエンジョイしていると、全く「新しいタイプの競争」に市場を奪われてしまうのである。むしろ破壊的イノベーターはそういう市場を狙ってくる。

それは地域公共交通についても同様で、現状、地域バス交通が担う最も大切な役割は、公共財の観点からは「交通弱者」と呼ばれる免許返納された高齢者医療としての病院通いと学生の通学の足である。こうした層が、リモート医療や看護に対応して病院に行く回数が減り、また、学校現場でもリモート授業が定着すると実際の移動需要が減退する可能性が高い。こうしたイノベーションの創出が生まれる競争状況が確保されていれば、古いタイプの業種内の競争でのシェアの高低は、あまり意味を持たなくなる。これは金融機関も同じで、金融機関も若い人のほとんどが店頭に行かない。オンラインとフィンテックに置き換われば、クラッシックな商業銀行同士の競争を云々する議論は、ほとんど利用者にとってはナンセンスな議論、どうでもいい話となる可能性が高い。

加えて、コロナ禍でＤＸによる破壊的イノベーションの波はさらに大きく加速している事実も看過できない。これは公共交通事業者を含む全業種に及ぶことが想定される。そこでは伝統的な公共交通事業者同士の地域内におけるシェア争いの議論をしても全く意味がなくなる時期の到来はさらに早まるものと思われる。

そこで古いモデル同士での競争はどうすべきかと言えば、ネットワークを含む公共交通公共財の価値を、寡占促進と広域連携によるネットワークの外部性も利用させて公共財としての役割を担ってもらうことにますます重点を置いていく。そこで過去の規制緩和時に多く見られた、古いモデルのままクリームスキミングとブラック労働に依存した廉価販売型ビジネスモデル新規参入を認めると、「イイトコドリ」が発生して、全体の国民福利が低下するケースが発生することになる。これを防ぐには、先に述べた不当廉売規制に加え、イコールフッティングルールとして、新規参入者にも同じようなユニバーサルサービス的な責務を負わせるのも一案である。リモート会議の例を挙げるまでもなく、このような公共財責任を負わせても、デジタル型の破壊的イノベーター、真のイノベーションを起こそうとするプレーヤーにとっては参入障壁にならない。

要するにイノベーションの時代においてはルールのデザインの巧拙が、民間企業の優位性を活かしながら、公共財的機能を経済効率的に持続可能とするカギになる。単純な規制緩和と自由放任、自由競争礼賛の時代は終わっているのだ。今回のノーベル賞のオークション理論に代表される世界の最先端の経済理論では「ルールデザイン」はもっと進化し緻密化しているが、その背景にはこのような時代的な変化があるのだ。

2.2 総合的な地域公共交通政策とルールデザインのイノベーション

こうした脈絡で言うと、今までのルールデザインは雑だったと言えよう。公共交通機関の場合、例えばバス同士、バスと他のモビリティ、例えばバスと専用軌道、あるいはタクシーといった異業種間競争ついてもルールデザインは雑であったと言わざるを得ない。大雑把に言えば、とにかくみんな競争で頑張れ、という方向で規制緩和、自由競争を促してきた。しかし、それでは過疎地域から次々と公共交通機関が失われる、ひどい場合は専用軌道とバスが共倒れでどちらもいなくなるような地域も出ている。他方、最近では、いろいろなテクノロジーを駆使した多様なモビリティサービスが出現する可能性も見えてきた。ここで大事なことは、各交通手段は実はそれぞれに優位性が異なり、異質なものが単純な価格競争を行うことを避けねばならない点である。

例えば鉄道やモノレールなど専用軌道による公共交通の優位性は圧倒的に定時性と定巡行性（定時定速性）である。逆にデメリットは専用軌道がゆえに、一定比率が高く、路線のフレキシビリティがなく、固定的な点であり、費用的には専用軌道は軌道維持の固定費水準が高くて、路線設定も固定的であるとのデメリットを有する。逆にバス交通は、言わば公の道路をかなりフリーライドできるビジネスモデルであり、密に道路ネットワークが張り巡らされているため、それを自由に選択して利用できる。また相対的に固定費水準が専用軌道より低いため、当然に経済特性が異なり、機能特性も異なる。当然それぞれの優位性を活かして役割分担するほうが、地域全体の交通網はよりよく機能する。

我々は地域によっては両方を兼営しているので、これを実感している。具体的には朝夕の道路ラッシュ時にはバスを鉄道の駅へのフィード線として使うダイヤとルートを組み、自宅近くから乗れるというバスの利便性と鉄道の定時運行性を組み合わせている。きめ細やかに鉄道とバスの接続時間を調整することで、バス・鉄道それぞれの乗車密度を改善させている。また、地域事情によっては中間型のＢＲＴのような手法もある。

今までの規制緩和の流れは、同業者同士も自由に競争させ、違ったビジネスモデル、あるいは違った機能特性をもったモビリティも自由に競争させて、結果的に落ち着くところで効果的なコーディネーションがなされると考えてきた。ところがそうした結果にならない事実に遭遇した。とりわけ、人口が減少していく社会では、典型的にこうしたコーディネーションの失敗（Coordination Failure）という、一種の市場の失敗現象が顕在化する。したがって、ここでもルールデザインがすごく大事になってくる。これから出る新しい公共サービスも、全てにおいて、ナイーブに自由競争をさせる政策を選択すると、同じ結末、現象が起きるリスクが想定される。地域公共交通は、いわゆる需要と供給の曲線上で完全競争をさせて、再効率化を図るという政策が、ある種当てはまらないタイプのビジネスであり、ルールデザインを変えていくことが急務である。例えばコーディネーションの失敗を回避するには特性の異なる複数の交通機能を同一事業者に兼営させることがもっとも確実である。問題はその事業者が出自により妙なバイアスがかかった行動を取るリスクであり、それをいかにルール上、相互の優位性を活かすような合理的行動へと誘導するかがカギとなる。

その意味で、鉄道、バス、タクシーと細かく事業者ごとに免許を分け、部分最適的な公共交通政策を行ってきた手法も限界を迎えているわけで、ライドシェアやダイナミックルーティングのようなデジタル技術によるイノベーションが入ってくると、ますますこうした業種別の主体規制を軸にしたやり方の有効性は失われていくだろう。

実際、私たちのバス会社は、東北地方で貨客混載の規制緩和に関する先鞭をつけたが、この背景もデジタル革命でｅコマースの配送を全国津々浦々まで行わねばならなくなり配送コストを抑制したい宅配事業者と、バスの乗車密度の低さの問題を改善したい我々とのシナジーを、バスに宅配貨物を乗せることで業種区分を超えて実現しようとしたものである。このように伝統的な業種区分を超えた新たな規制体系が求められているという意味でも、ルールデザイン、それも複合的なルールデザインのイノベーションが重要となっている。

一方で、常に議論される「ナショナルミニマム」の問題も横たわる。そこでは、コーディネーションがちゃんとルールデザイン化できていたとしても、ナショナルミニマムを維持するためにはおそらく何らかの公費が必要となる。その領域では、政府や自治体が「公」として責務を負う必要があると考えるが、これがビジネスの運営にまで入ると、ここはまた比較優位が働かない。それは、政府や自治体が無能という意味ではなく、官と民ではやはりインセンティブ体系が異なるためである。政府部門は言わば税収という民間ではあり得ない強制的に集められる収入で成り立っている究極の独占企業であり、基本的に倒産しないシステムとして存立している。先述の民間企業とはこの点が根本的に異なる。したがって「生産性を上げる」ことに本質的な動機付けがない。この生産性向上意識が働かないというより、むしろ違うところに動機性が働いてしまう。典型的には来期の予算枠を確保するために年度内に予算を使い切ろうとするような話だ。したがって、政府や自治体が交通事業の運営まで担うと生産性が上がらず、高コスト体質になる。ナショナルミニマムを達成するために、利用者である地域住民から見れば料金で払うか税金で払うかの名目の違いだけ、いずれにせよ悪いサービスに対して高い利用料を払う状況に陥りトータルには国民負担が高くなってしまう結果を招く。

したがって、実際の公共交通事業の運営そのものに公共サイドが関わるのは、私は最小化した方がいいという立場である。餅屋は餅屋なのだ。つまり、公的資金を使うことはナショナルミニマムの維持として致し方ないにしろ、公的資金をどのように活用すれば最小のコストで最大の効果があがるかを創意工夫することが重要となってくる。換言すれば、如何に健全なインセンティブが働くような形で公共交通機関事業者が公的資金を使っていくのかという仕組みを確立するかが大切であると言え、これはある種の補助金に関わるルールデザインと言えよう。

3. 地域交通事業再生への道しるべ

3.1 密度と立地…漫然と規模を追う再編が無意味な理由

実際に事業を営んでいく上で、地域のローカル型の産業は共通する経営課題として、いわゆる「再編論」について、地に足の着いたしっかりした議論を深める必要があるとの認識を持っている。

地域公共交通事業を含め、地域密着型のローカル産業は、密度の経済性や立地の経済性が支配するビジネスが多い。加えて労働集約的な産業であるため、規模の経済性が効きにくい。自動車産業は猛烈な規模の経済性が効いている産業で、ある車種を1台しか作らなければ台当たり何億円もかかるが、何十万台作るため劇的に何十分の1のコストに下げられる。一方で、バス会社が10倍大きくなったからと言って、コストが10分の1にはならない。それは地域医療や地域金融も同じである。売上規模を追いかけて商圏密度が薄くなるとむしろ規模の不経済となる。商圏をカバーするコストが増えるのに見合う収入増が得られないからだ。それを嫌がって他社がドミナントな都市部に進出しても今度は過当競争で自社にとっての商圏密度は上がらない。したがって、「再編論」者が漫然と大きくなることで規模の経済性が働き、経済効率がよくなると考えているとしたら、それは誤りである。

私はバス事業だけではなく、旅館業や飲食業関係、地域密着の建設業など、様々な地域密着型業種の企業再生や経営改革を手掛けてきたが、規模の経済性はあまり効かないことをどこでも実感してきた。実際、地域公共交通事業で言えば、中山間地域の足の問題について、走行距離が長くなってコストがかさむ割に人口密度が低いため路線が黒字になりにくいという現実がある。そこでさらに漫然とエリアを広げ、見かけの売上げを増やそうとすると、益々、効率は下がり経営を圧迫することになる。

また、ローカル産業の多くは、対面型の労働集約的産業のため、多くの人達が担うオペレーションを、できるだけ効率的かつモチベーション高くやっていく必要性がある。それが低下すると安全性など、いろいろな問題が発生するため、オペレーショナルで地道なビジネスである点を忘れてはならない。地域ビジネスの基本原則は、密度と立地を大事にし、そうしたオペレーションについて地道な改善改良を続けることに尽きるのである。

そこではまず、改善すべき事実を把握し、かつ改善効果を測定するために、事業の「分ける化」、「見える化」を図る必要があるが、サービス業ではコストの多くが固定費で、かつ共通固定費が大きいため、生産性や付加価値生産性の向上を計ろうとすると、かなり高いハードルがある。例えばバス事業では、いずれの路線においても路線収支の把握は簡単ではない。料金箱を回収して売上げを計算するが、料金箱内ではお金はどんぶり勘定になってしまう。バス路線毎、バス停毎、利用区間毎の利用状況を掴むには、何人の顧客がどの停留所からどの停留所まで乗っているかを把握する必要があり、それに対して運行回数や走行距離、時間などを基準にした共通費配賦を行って初めて収支がわかる。一口に「ドル箱」路線とか「赤字」路線とか呼ぶことはできるが、正確な実態把握による収益分析は容易ではないのだ。また、当然ながらバスの運転手さん一人一人の生産性や事故率などの重要な指標に始まり、顧客の高齢化が進むなかでの車内転倒などの事故対策など、改善改良のために回すべきＰＤＣＡ項目は枚挙にいとまがない。

こうした課題を解決するためには、ドライブレコーダーの設置と正確な利用、ＩＣカード導入をはじめ、バスロケーションサービスやダイナミッククルーティングに至るまで、先進ＩＣＴ・ネットワークを活かした、利用者にとっての利便性の向上と、事業者にとってのデータ収集・分析が重要となる。まさにここでデジタル技術、DXの出番となる。こうした一歩、一歩の積み上げが、事業の「分ける化」、「見える化」につながり、それを継続してやり抜く覚悟と能力を経営者が持つことが肝要となる。DXはこうした経営改善を行う単なる道具に過ぎない。経営能力なしにDXをやってもお金の無駄遣いになり、経営状態はかえって悪くなる。PDCAを回す経営力があってDXが使いこなせるし、そうやって「稼ぐ力」を高めてこそ、他社よりも多くの中山間部路線の維持が可能になる。

そうすると問題は誰がやるのか、つまり人材の問題となる。一人のカリスマだけでは駄目で、現場、現場で展開できる、いわば「経営人材チーム」的な組織を組成する必要がある。まさに会社の組織能力の改造、コーポレートトランスフォーメーション（CX）が必要なる。ところが、そういった経営人材は、地域のサービス業では確保が難しいことが多い。一方で、日本は企業数が多く、中堅中小企業を合わせると約400万社あると言われる。すご腕の経営者が400万人いたら日本経済は想像を超越して発展していることになるため、それはあり得ない。

したがって、優秀な経営者、経営人材がいる企業であり、最低限のIT、デジタル技術を使っている企業、すなわち「分ける化」、「見える化」を実行できる力量を有し、かつある程度の資本力を持った企業に、雇用や事業を集約した方が生産性の改善・改良、あるいは結果として賃金を上げることが可能になる。まずはCX・DXによる経営能力の向上があって、次に希少資源であるその卓越した経営能力、組織能力の果実を産業全体に行きわたらせるための集約や再編が来るべきなのだ。その意味で、規模の経済性を追求するために、小さい企業を淘汰して統廃合を進めるという話ではない。むしろ小さくて弱い事業体、そこで頑張っている働き手の皆さんを、如何にして高い労働生産性と高い処遇水準の会社に集約していくかがメインテーマなのだ。

逆に単純に再編を自己目的化し、駄目な会社と駄目な会社が漫然と合従連衡すると、さらに駄目な会社になってしまう結果となる。ビジネスモデルや経営モデルの変容局面の会社組織にとっては、規模の拡大や統合ストレスがかえって変容スピードを下げるケースの方が圧倒的に多い。ましてや駄目な会社同士となると間違いなくミゼラブルな展開になる。再編によるコンソリデーションが直に答えになるのは、規模の経済性が強く効く産業で、しかも既存のビジネスモデル、経営モデルが有効な中で市場が成熟している場合のみ。地域公共交通機関を含めた現在のローカル産業群のほとんどにそれは当てはまらない。

それではどの水準の卓越性をクリアすればいいのか？ 地域で生業をたてる産業という観点からは、岩手県のバス会社は九州のバス会社と競争しているわけではなく、ましてや人件費水準では何十分の一であろうベトナムのバス会社とはまったく関係ない。この手のビジネスで大切なことは、商圏内でトップレベルになること、すなわち県大会での優勝を目指すことである。その会社が域内でドミナントな会社となれば、県全体の産業レベルでの生産性も上がり、労働生産性も上がれば、当然賃金も上がっていく。そしてローカルな経済圏の生産性の向上も確保でき、人口は減少しているが、逆に「伸びしろ」は大きい。多数かつ閉鎖的な中小企業が多いこうした産業領域においては、まだまだ経営レベルの低い会社がたくさんあり、まだまだやりようで良くなる会社、事業がたくさんあるからである。

3.2 生産性向上が再生のカギ

世界的な比較においても、日本のローカル型のサービス産業は生産性が低い。その理由は、会社の数が多過ぎて過当競争に陥っているなか、ある意味でお気楽な自由化を進めてしまい、益々、過当競争に陥った。そして単純な値下げ競争が横行し、生産性の分母である付加価値は減る一方で、経営能力的に分子を改善するＰＤＣＡを回すことも、デジタル技術の導入も進まない。その意味合いでは、むしろ生産性を下げる方向に自由化、規制緩和が機能してきたのかもしれない。

例えて言えば１００ｍを30秒で走っている状況の会社、あるいは事業、産業が、少なからずあるのだ。ローカル型産業は、基本的に商圏内競争しかしていない以上、これを別に世界水準の10秒で走る必要はない。30秒が20秒に上がってくれば、生産性は１・５倍となり、15秒まで持ってこられれば倍である。労働分配率が同じであれば賃金は1・5倍、さらには2倍にまで上げることができる。元来、こうした産業分野は非常に低賃金の産業であった。そこで年収２００万円の人を３００万円、４００万円にすることができれば、もの凄く地域の経済を底上げする力になることができる。加えて、一般的に、所得水準が低い層は、消費傾向も高いため、人口が2倍にならなくても、所得が2倍になれば、消費は2倍以上の引き上げ効果が見込めるのである。

すなわち、人口減少社会における経済成長とは、１人当りの生産性を上げることに尽きるのである。またこれが実現しないと人口減少に歯止めはかからない。若い人たちが子作りに逡巡する、また結婚しない、できない最大の理由は経済的理由と言うのが種々の調査で明らかになっている。我が国では、かつて比較的分厚い中間層を形成していたのは工業部門であった。それが、グローバル化の進展でどんどん海外へ進出して、結局、大手製造業が国内で抱える事業は徐々に減少した。これは一見、工業国モデルで成功しているように見えるドイツも含めて先進国共通の現象である。それに代わる中産階級的な働き方、働き口、仕事場が、なかなか生まれなかった結果、どんどん平均所得が低下してしまった。とりわけ若年層の所得水準が下がり、結婚できない、子どもを持てない状況を生み出す要因となった。

特に東京は極めて顕著である。昔、東京は日本最大の工業生産出荷額を誇っていた。それが2次産業から3次産業への産業構造の転換と相まって様相は大きく変わっていった。東京は金融業やIT産業、あるいはグローバル大企業の本社立地都市となって、ホワイトカラー型の人口集中が起き、地価や家賃は日本国内で図抜けた高水準となっていった。これだけ家賃が高くなると、例えば、30秒や20秒で走っても豊かな生活をするには追いつかず、もっと速く走れということになる。しかし、東京でも大半の若者は東京に立地する低賃金のローカル型サービス業で働いている実態がある。

こうした事情を勘案すると、現在の基幹産業は、むしろこういった、ローカル型な産業、農林水産業も含め、労働生産性を上げることで所得水準を押し上げ、東京以外のところで豊かな生活をするスタイルに転換を図る必要がある。こうした施策をとらない限り、我が国の人口減少も経済の収縮にも歯止めがかからない。

事業特性上、グローバルベースの先端的IT産業、自動車産業、電機産業、バイオ、半導体産業などは、グローバル競争にさらされながら、しのぎを削るため自由競争がいい。他方、地域交通事業に代表されるローカル型のサービス産業は、本稿で繰り返してきたように、激烈な競争を繰り返すと、賢明とは言い難い消耗戦となり生産性が下がってしまう結果を招く場合が多い。つまり生産性革命を実現していくためには、競争するフィールドと業種特性によって、競争政策や業法規制において全然違うルールデザインを描かなければ、生産性が思うように上がらないことを理解しなくてはならない。

となると、レギュレーションの質をどこまで柔軟かつ現実的に高いレベルにできるかが官の側の大きな課題となる。例えば補助金の出し方はルールデザイン次第である。要は政府部門の側もレギュレーターとしてどれだけレグレーションデザインとレギュレーションの運用が上手にできるかが問われる時代なのである。そうなると官の側もリアルビジネスをかなり理解しないといけない。官の司る労働監督は、監督官がビジネスのことを正確に理解していないと務まらないことからも、官側の組織能力もかなりイノベーション、トランスフォーメーションが問われる時代となってきた。官は官、民は民とした従来型の思考では不幸が起こるし、野球を知らない人（現場を知らない天下り）が野球の審判をやっては駄目な時代なのである。

3.3 新型コロナ禍への処方箋

さて、こうした事情に加えて、今般は、新型コロナ禍のなかでの地方公共交通のあり方がさらに厳しく問われている。まず、新型コロナ禍により、この瞬間に需要収縮が起きており、元々、経営が苦しくなっていった状況の下で、地方公共交通事業は、益々、事業者間で明暗が明らかになろう。つまり苦しい時代であればあるほど、力の差がより鮮明に出てしまう。弱い会社は赤字が拡大して、強い会社は少しの赤字で踏みとどまる。この差が開く状況は確かに大変で、公共責任が果たせないため廃業が増えるリスクもある。

現状の様々な形での金銭的な支援は緊急避難として正しいし、大事である。問題はその先である。そこでは本稿で縷々述べてきた元々抱えていた問題がより顕在化してくる可能性を指摘したい。将来、新型コロナ禍が終息したとしても、元々あった問題は、ちゃんとあり続ける。おそらくもっと深刻化して、結果、経営力に差が出る一方で、生産性が高められない会社がいっぱいあるということも変わらない。

ポストコロナに向けて、むしろ今の経営危機的な状況は、それを解消するべく、CX／DXと集約化を産業レベルで進めるチャンスともなり得る。これを機に経営が苦しくなった会社と経営者を過剰な債務や赤字組織から穏便に解放、退出させてやり、事業と従業員を経営力のある事業体へ集約化することを進めるべきなのだ。また当然のことながら、リモートで働くなど、新しい仕事の仕方が生まれ、ある種の東京中心一辺倒から逆の人の流れが生まれ、ライフスタイルそのものが変わり、自ずと新しいテクノロジーを駆使した自動運転を含む公共交通の新しい役割が生まれるだろう。その意味合いにおいてＤＸはさらに加速しよう。その観点からも、イノベーションを取り込める力を持つ企業体に早めに集約化を進めたほうがいい。

今こそチャンス到来である。さらに言えば、このＣＸ／ＤＸ＆集約化の流れを逸すると、今後、新型コロナ禍が長引いた場合、多くの地域交通事業者がより深刻な過剰債務に陥る恐れがあり、そのまま過剰債務状態で事業を継続すると、バス車両の更新はもとより新しい技術など導入できず、会社はゾンビ企業化してしまう。利用者にとっても雇用されている社員にとっても不幸である。こうした事態を避け、ローカル型企業の集約化をスムーズに促進するための支援措置を、国は私的整理などの過剰債務解消に関する制度整備や予算化を含めて前倒しして検討、導入すべきであると考える。

※本稿は、２０２０年11月12日、新型コロナウイルス感染予防の観点から、編集事務局が冨山和彦会長にＺＯＯＭを用いてインタビューを実施した。その内容を編者（聞き手）の三村聡が原稿としてまとめる作業を担当した。

第3章

地域公共交通が果たす都市の持続可能性

前富山市長
森　雅志

富山市は、人口減少と超高齢社会へ対応するため、２００８年3月策定の富山市都市マスタープランにおいて、将来を見据えたコンパクトシティ戦略を打ち出し、「持続可能なコンパクトシティの形成」を主眼に置き、今日まで、一歩、一歩、確実に歩みを進めてきた。その要諦は、

(1)公共交通の活性化
(2)公共交通沿線地区への居住推進
(3)中心市街地の活性化

である。

スタート当初は、全国的に見ても人口減少問題への危機感が今ほど強くなかったが、人口減少が進む今日の地方都市にあって、富山市は、地方創生が言われている中、この問題に早くから着手したかいもあり、居住推進エリアの人口構成比をはじめとした主要な指標は、市民に納得していただけるまでに向上している。その取り組みを地域公共交通の視点から振り返った（なお、本章資料はすべて富山市作成による）。

1. コンパクトシティ政策の軌跡と集大成

1.1 地方創生とコンパクトシティ

まず、富山市のまちづくりの歴史を紐解くと、明治22年に市政が施行されて以来１３０年近く経過する中で、三つの大きな都市計画事業があった。

一つは明治の後半、蛇行していた神通川の改良工事により、課題であった水害がなくなり都市全体としては良い政策であったものの、まちの中心部に１２０haの廃川地が生まれ、そのために中心市街地が大きく南北に分断されてしまった。

この課題を解消するため、昭和3年から昭和10年にかけて、富岩運河を掘り、富山港を作り変えて、その掘った土で１２０haの廃川地を埋める大事業が実施された。この大事業が、まちづくりの第1ステージであり、現在の富山市役所もその埋立地に建っている。

次に、第2ステージは昭和20年8月の大空襲からの復興である。戦禍により中心市街地の99・5%を焼失した。この戦災復興は、富山市にとっては大変な事業であったが、当時、富山市が全国で第1号認定を受け、早い時期から復興に取り組んだ。これにより、現在の富山市中心部は道路も広く、さらに歩道も広い、使い勝手の良い都市が生まれたのである。私たちは、こうした先人の苦労に対する感謝の念を忘れてはならない。

そして、私たちが18年程かけてやってきた「コンパクトなまちづくり」を、富山市のまちづくりの第3のステージだと位置付けている。明治41年に富山駅と北陸本線が誕生し、続けて高山本線、富山地方鉄道などの鉄道路線が派生・誕生した。この線路網の整備により、いくつもの開かずの踏切が生まれ、富山駅を境に南北分断の状況が生まれた。ようやく２０１９年にあいの風とやま鉄道（旧北陸本線）の高架工事が完了し、２０２０年3月21日、路面電車が富山駅構内を南北に貫くことにより南北分断の解消が実現できた。

　これが富山市長として目指してきたコンパクトシティ政策の一つの到達点である。これら三つのステージを経て、富山市は、将来に希望が持てる持続可能な都市構造へと大きくかつ着実に転換を成し遂げてきたと言えるであろう。

　さて、わが国は人口減少社会を迎えているが、私は20年ほど前から国立社会問題人口研究所が示した推定値を基に、人口は大都市圏に比べ地方都市の方が激しく減るとの危機感を抱き、早く手を打たないと加速度的に減っていく、人口減少は止められなくても、せめてマイルドに減っていく都市構造になるようにと思料し、その上で、将来市民のために高負担になるような都市構造を変えていかねばならないと考えた。

　つまり、人口や経済が右肩上がりだった時代と同様に拡散型のまちづくりを続けると、当然の結果として、ロードサイドに店舗などの生活利便施設が集積する都市が生まれ、それに合わせて道路延長は伸び、下水道の延長も伸び、全ての都市維持管理コストが増加する。人口減少社会を生きる将来世代に、この高い負担を転嫁させるわけにはいかないと考えた。

　様々な意見はある中で、幸い富山市は、ほぼ全てのモビリティが富山駅にて結節しているため、①まず富山駅を起点として交通の質を上げ、②沿線に住む人を緩やかに誘導、③その結果として拡散を止めようと発想した。もとより反対があることも予想できたが、大事なことは、今暮らす現状の市民の視点だけではなく、将来の市民の視点を持って、まちづくりや都市政策を考えることが肝要である点を市民に強く訴求した。この点を大切にしながら情熱を込めて政策推進に努めてきた。

　その流れを振り返ると、最初、平成15年に公共交通を軸としたコンパクトなまちづくりの構想を発表し、平成16年5月、富山ライトレール構想を発表した。その頃は、わたしが陣頭に立ち、1回2時間の説明会を年間120〜130回実施、職員説明会を含むと200回を超え、多い日には1日4回行なったこともあった。

もとより、それでも納得できない方は多くおられたが、時間をかけて説明を重ね、最後にはご納得いただけた。例えば、「自分にとって路面電車（LRT）は不要だが、確かに祖母には必要ですね。」とか、「いま親は元気だけど20年後には必要ですね。」というように、積極的な理解者ではないが、消極的に理解していただく方を増やしていけばとの思いで合意形成を進めてきた。

また、こうした事業は、将来にわたる大事な取り組みであり、100%の理解が得られなくてもスタートすることが大事である。すなわち、一定程度は、概ね合意とした消極的な理解者を作ればスタートしようと決意して具体的なアクションを起こしたのである。

当時は若かったので、精力的に説明会を重ねた結果、組織だった反対運動は結局一度も起きず、富山市民の皆さんの温かい緩やかな理解が少しずつ広がり、事業が本格的にスタートできたのである。この市民性はありがたかった。これまでの成果は図表を参照されたい。▼1／2

1.2 交通システムは「公共財」

その際に、個人的に目指そうとした目標はオレゴン州のポートランドのまちづくりであり、議会の代表、市民の代表、マスコミ、研究者の方々とご一緒するなど、機会を見つけては何度も訪れ、政策やコンセプトを大いに参考とした。また、同様に欧州では、ストラスブール、カールスルーエ、フライブルク、パリなど、多くの都市を視察した。こうした活動は、マスコミに富山の地元で放送していただいたことにより、視察から帰国後、空気が変わったと感じた。例えば、市民がヨーロッパの街並みを目の当たりにすることにより、「あのような街になるのなら進めたいね。」、「LRTとは何か理解できなかったが、従来の市電とは違うよね。」など、現地視察により未来に向けた理解

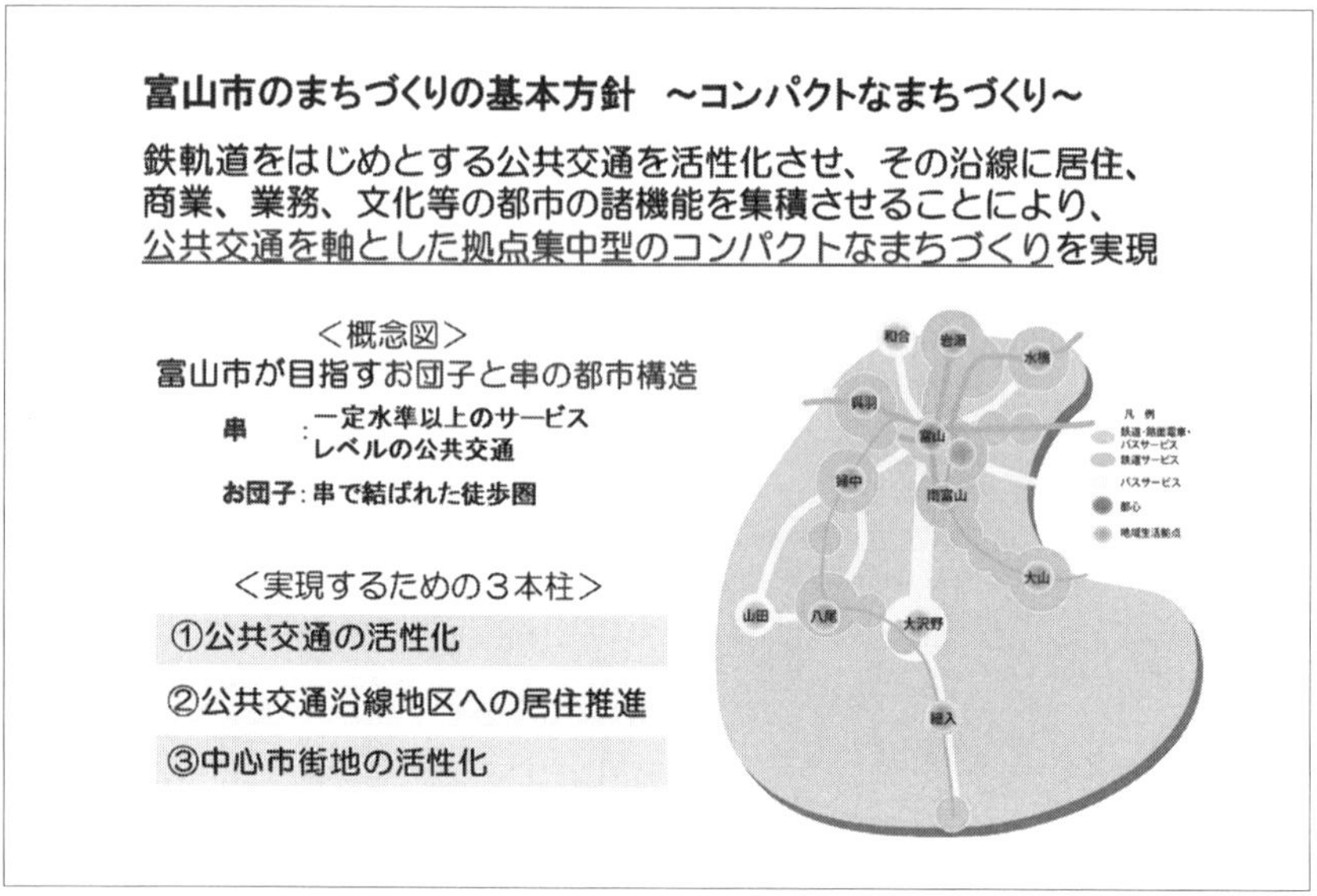

▶1――富山市のコンパクトシティの基本コンセプト

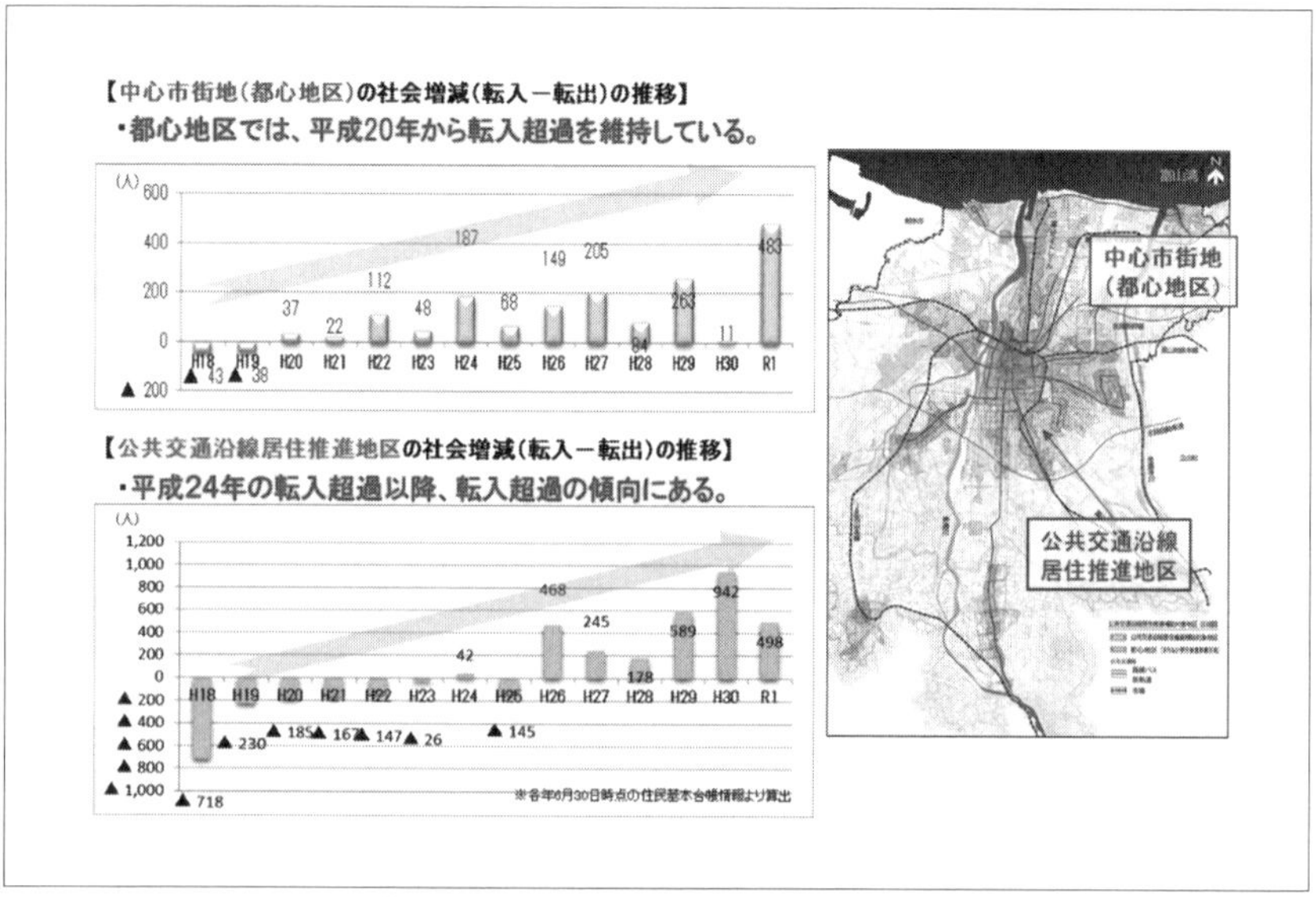

▶2――コンパクトなまちづくりの効果～転入人口の増加

が市民の間に広がった。

また、ストラスブールではＬＲＴの復活に際しては、市長が交代するほど、市民の間でも激しい議論があったが、市長が陣頭に立ち度重なる説明会の開催を行い、事業が具体的に緒に就き実現にこぎつけたとの理解が視察旅行で広まったことは大きな成果であった。

このことが後押しとなり、平成19年のＬＲＴの環状線の事業化に繋がっていった。さらに、環状線の在り方で欠けていた議論は、市が費用をどこまで負担するのかという視点である。このポイントは地域公共交通活性化再生法の改正の影響が大変大きかった。

つまり、安定的な運営を維持するためには「上下分離」によって運行事業者に固定資産税、減価償却、金利などの負担が発生しないようにする点を保証することに尽きる。市が投資して路線を整備し、運営は市が上下の下を、事業者が上下の上を担うという仕組みにより「軌道法」では全国ではじめての上下分離方式が実現した。すなわち、地域公共交通を守るための手法は「上下分離方式」しかないと断言したい。

公共交通は公共財であると確信している。そのため、市民を説得して公費を投入することに理解を得ることが重要であり、その結果、公共交通のみならず、地域のモビリティシステム全体が維持されるというのが、私の持論である。

公共財の維持が人口減少社会において地域社会の活力源になる。そのためには、欧州の交通税ではないが、市民自らがモビリティシステムを支えることが、地域社会の持続性を高めることに他ならないことを、繰り返し、繰り返し、対話して市民の理解を得てゆくしかない。そこでは、富山市の公共交通への投資は、富山駅周辺の整備はもちろん、ＪＲ西日本が保有する高山本線に小さな新駅を作った事例についても、市が費用負担した上で、全て上下分離で進めてきた。こういう手法を市民と対話を重ねながら続けていくことが、都市の将来に繋がっていくと確信している。

　その政策実装に際しては、平成19年の法改正の前に、国土交通省に何度も足を運び、上下分離でなければ地方交通は軒並み衰退の一途を辿ると申し上げてきた。すなわち、明治時代以降の近代国家において、交通事業は一事業単体で採算が合うべき事業であるとの考え方が支配的であった。とりわけモータリゼーションの到来以降、公共交通事業は、不採算になれば採算性を求めて間引き、それでも赤字なら廃止、そして採算性に合う路線を残しながら、今日まで維持・運営されてきた。

　しかし、私自身は、公共交通とは、その名の通り市民にとって「公共財」であるとの視座に立ち、過疎バスに公費を入れ、離島航路に公費を入れるように、まちなかの交通にも「公共財」として公費を入れることが必要だと強くあちらこちらで主張を続け、国土交通省の検討会や審議会にもお招きいただき持論を展開した。とりわけ、家田仁先生や加藤博和先生はじめ、学識経験者の先生方と

▶3——公共交通の活性化　～LRTネットワークの形成～

利用者の減少が続いていたJR富山港線（鉄道）を公設民営の考え方を導入し、日本初の本格的LRTシステムに蘇らせた取り組み
＜路線概要＞
○開業日 ：平成18年4月29日
○延業長 ：7.6km
（鉄道区間6.5km、軌道区間1.1km）
○電停数 ：13
○車両数 ：7編成（2両1編成）
○所要時間：約25分（富山駅北－岩瀬浜）
＜運行サービスの向上等＞
運行間隔の改善、新駅の設置、低床車両の導入、
バリアフリー化、ICカードの採用、アテンダントの配置 等
日本初の本格的LRTとして再生
▲旧JR富山港線
▲富山ライトレール
（愛称ポートラム）

▶4——富山ライトレールの整備　～JR富山港線のLRT化～

中心市街地活性化と都心地区の回遊性の強化を目的に、市内電車を一部延伸
・日本初の上下分離方式の導入
・魅力ある都市景観の構築に向けた道路空間との一体的な整備
＜路線概要＞
○開業日 ：平成21年12月23日
○延　長 ：約0.9km（環状線区間約3.4km※）
○停留場 ：延伸区間に3箇所新設
○車　両 ：新型低床車両を3編成導入
※ 現在は約3.7km
富山駅高架下で接続
（令和2年3月21日）
富山港線
環状線化事業
▲市内電車環状線（愛称：セントラム）

▶5——市内電車環状線化事業　～セントラムの整備～

も積極的に意見交換の機会を頂戴し、ありとあらゆる機会をとらえて「上下分離」の必要性とその実現を訴求し続けてきた。参考としてLRTに関する資料を掲げる▼3/4/5。

2. まちはどう変わったか、そして残る課題は

2.1 コンパクトシティの政策効果

富山市と県内周辺自治体との関係では、必ずしもコンパクトシティで目指した「お団子と串」にはなっていない。県内では、郊外型の大型商業施設として、例えば、小矢部市にアウトレットモールが、さらにはコストコが隣接する射水市に誘致された。もちろん、富山県が調整すべきテーマではなく、こうした県外資本の誘致は、基本的には自治体ごとの政策方針であると言える。

私たち富山市は、都市機能の拡散を止める政策方針を堅持し、大型ショッピングセンターは極力作らず、中心市街地の商店街を守る政策を重視したまちづくりを進めることとしてきたが、富山県は、県全体がコンパクトであるため、余計に隣接する自治体の取組の影響を相互に受けやすい。しかし、ここはぶれずに当初の政策ビジョンを継続した結果、今では、市の中心部への投資が非常に活発になってきた。

その裏付けとして、全国の地方都市の地価が下落する中で、6年連続、全用途の平均で地価が上昇を続けており、8年前との対比で、富山市は都市計画税と固定資産税の総額は、約112・9%上昇している。もちろん事業者からのプレッシャーはあるが、この成果を市民に対して示すことができ、郊外型の大型ショッピングセンター建設を慎もうとした都市計画の思想に対して、今では市民の皆さんの理解が得られていると確信している。

こうした主張を裏付けるべく、富山市では、中

山間地域での生活の足を確保するため、しっかりと市営コミュニティバスを運行するとともに、地域自主運行バス制度を活用した地域においては、全然乗らない家庭も年間400円を世帯負担金として負担していただくことで「マイバス意識」を高めている。

その一方で、バス車両は市が購入し無償で貸し出す仕組みを導入しているほか、運行経費の20分の9を市の負担としている。これも形を変えた上下分離であり、コミュニティバス運行に際して、最も多額の費用負担となるバス車両は市が負担するが、あとは利用者である市民の皆さんで負担して頑張って下さいという方式を採用している。つまり、全額公費負担では事業の持続性が危惧される事態に陥ると思料されるためである。

ただし、こうした制度も適用することが困難な過疎地域もあり、その場合には、市が負担して過疎バスを運行している。こうして、バス事業者が撤退した後でも、過疎バスの運営を継続しつつ、地域住民の皆様には、いくらかの負担をお願いしつつ、富山市内の交通網は、地域全体で一定程度の水準を保ち、バスでの通院、買い物ができる仕組みを作り上げ、何とか団子と串の状態を維持している。したがって、交通政策全体に対して毎年市が負担している金額はかなり大きい。

1600億円程度の一般会計予算のうち、交通の整備ではなく、交通のソフト面、運行維持に必要な経費助成などで約8億6千万円を計上している。これは、富山市規模の自治体で比較すると、かなり大きい割合である。▼[6/7/8]

2.2 「自助」、「共助」、「公助」と地域公共交通

さて、「自助」、「共助」、「公助」の視点から地域公共交通について論じたい。

幸いにして、富山市は、地域住民が互いに助け合おうという地縁性が残っており、防災対策の観点からも大変良いコミュニティパワーがあると思っている。例えば、地域の生活を守るための交

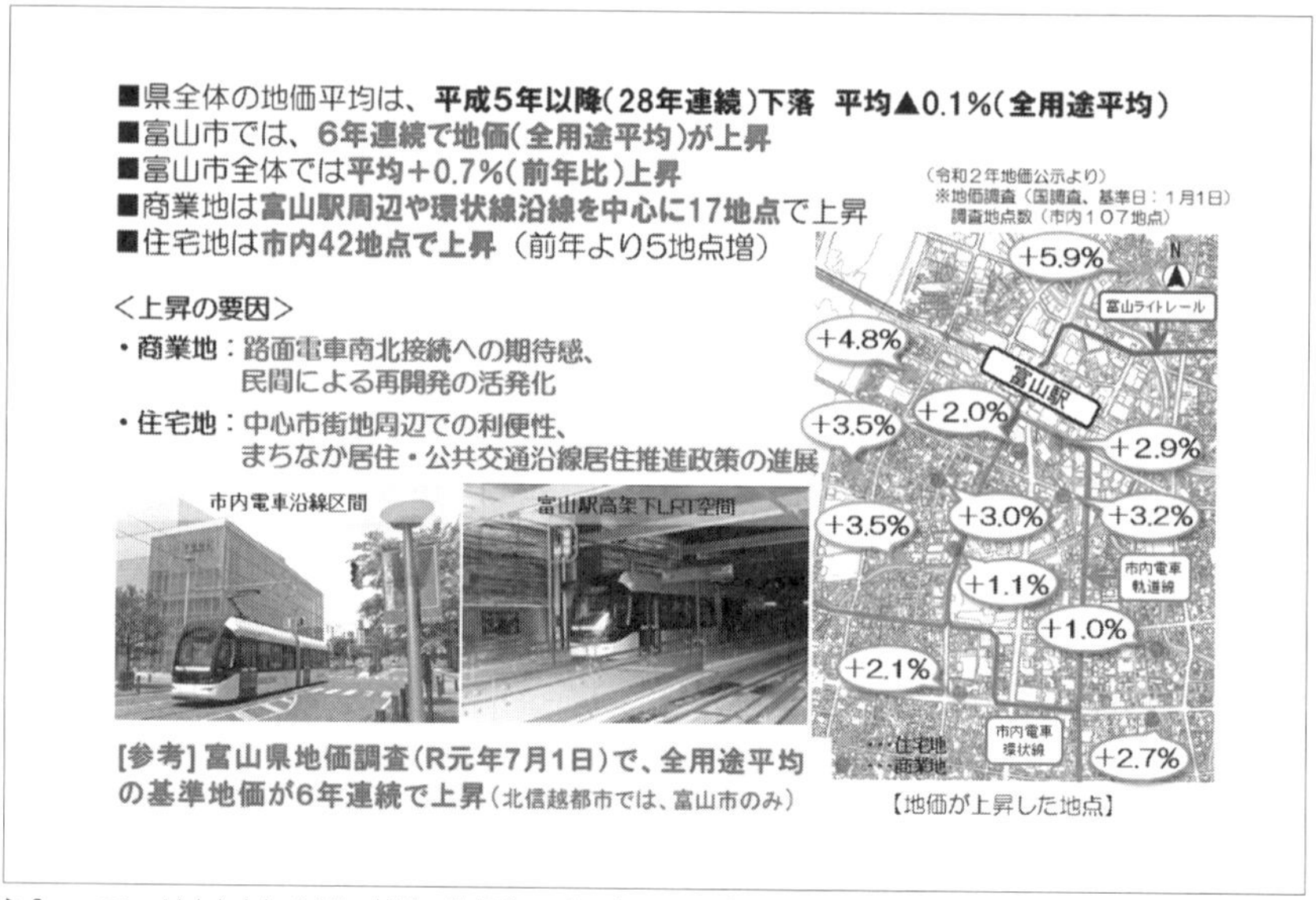
■県全体の地価平均は、平成5年以降(28年連続)下落　平均▲0.1%(全用途平均)
■富山市では、6年連続で地価(全用途平均)が上昇
■富山市全体では平均＋0.7%(前年比)上昇
■商業地は富山駅周辺や環状線沿線を中心に17地点で上昇
■住宅地は市内42地点で上昇（前年より5地点増）
＜上昇の要因＞
・商業地：路面電車南北接続への期待感、民間による再開発の活発化
・住宅地：中心市街地周辺での利便性、まちなか居住・公共交通沿線居住推進政策の進展
市内電車沿線区間
富山駅高架下LRT空間
[参考] 富山県地価調査(R元年7月1日)で、全用途平均の基準地価が6年連続で上昇(北信越都市では、富山市のみ)
(令和２年地価公示より)
※地価調査（国調査、基準日：１月1日）
調査地点数（市内１０７地点）
富山ライトレール
富山駅
＋5.9%
＋4.8%
＋3.5%
＋2.0%
＋2.9%
＋3.5%
＋3.0%
＋3.2%
＋1.1%
市内電車軌道線
＋1.0%
＋2.1%
市内電車環状線
＋2.7%
…住宅地
…商業地
【地価が上昇した地点】

▶6——コンパクトなまちづくりの効果〜地価公示（R2年1月1日）結果

平成24年と令和2年の4月当初の課税標準額に税率を掛けたものを比較すると、中心市街地エリアでは、10．7%増。市域全体では、12．9%増えている。

中心市街地

（単位：千円）

	固定資産税	都市計画税	合計
平成24年度	4,782,978	920,163	5,703,141
平成25年度	4,817,768	926,07[illegible]	5,743,838
平成26年度	4,839,661	929,[illegible]45	5,789,508
平成27年度	4,774,427	918,[illegible]32	5,693,259
平成28年度	4,873,546	1,123,964	5,997,510
平成29年度	4,949,822	1,140,[illegible]71	6,090,393
平成30年度	4,927,487	1,137,[illegible]01	6,064,788
平成31年度	5,006,811	1,155,5[illegible]	6,162,372
令和2年度	5,130,253	1,182,727	6,312,980
差し引き（R2-H24）	347,275	262,564	609,839
率(%)（R2/H24）	107.3%	128.5%	110.7%

市域全体

（単位：千円）

	固定資産税（償却資産含む）	都市計画税	合計
平成24年度	28,728,653	3,165,910	31,894,563
平成25年度	29,003,963	3,198,[illegible]31	32,202,194
平成26年度	29,317,127	3,24[illegible]54	32,561,481
平成27年度	29,069,634	3,20[illegible],402	32,276,036
平成28年度	30,048,113	3,9[illegible]3,318	33,961,431
平成29年度	31,012,591	3,98[illegible],281	34,993,872
平成30年度	31,056,581	3,96[illegible],534	35,018,115
平成31年度	31,537,809	4,033,[illegible]86	35,570,995
令和2年度	31,885,590	4,116,466	36,002,056
差し引き（R2-H24）	3,156,937	950,556	4,107,493
率(%)（R2/H24）	111.0%	130.0%	112.9%

4月当初の課税標準額に税率を掛け算出した額（免税点未満や減免等を含む）

▶7——固定資産税・都市計画税の推移（H24－R2比較）

■富山市の一般会計当初予算額のうち、
政策的経費は81,033百万円（約49%）
■公共交通の維持・運行・支援等に関する
予算額は859百万円であり、
一般会計の約0.5%、義務的経費以外の経費
の約1%を占めている

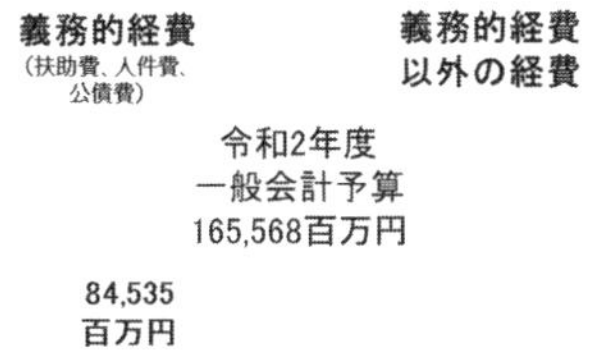

公共交通関連予算　項目	R2予算額（千円）
高山本線活性化事業	42,966
不二越・上滝線活性化事業	989
公共交通活性化補助事業	49,612
公共交通利用促進啓発事業	1,905
並行在来線経営安定基金負担金	50,400
生活交通維持補助事業	198,953
市営コミュニティバス等運行事業	130,969
バスロケーションシステム導入事業	642
全国共通交通系ICカードシステム導入事業	27,400
グリーンスローモビリティ導入事業	31,926
市内環状線事業	50,000
富山港線路面電車事業	76,780
おでかけバス・電車・路面電車事業	146,005
新幹線で通学推進・県外通学助成事業	28,310
市内周遊ぐるっとＢＵＳ補助金	2,000
路面電車半額・無料利用事業	19,643
児童生徒通学費補助	321
計	858,821

▶8──公共交通の維持・運行・支援等に関する予算額（令和２年度）

通政策の一つとして地域自主運行バス制度が発案され、現在、４ヵ所のエリアで地域の人々の主導で運営がなされている。こうした流れが加速すれば、積極的に応援していく予定である。

さらに、「おでかけ定期券」という65歳以上の市民を対象としたユニークな取り組みを紹介したい。この制度は、会員になると、遠い地域からバスに乗っても、中心市街地で降りると運賃は１００円である一方で、途中の郊外のショッピングセンターで降りると正規の距離計算した運賃を払わねばならないというシステムになっている。つまり、帰りも中心市街地から乗ると、岐阜県との県境まで乗っても１００円の運賃で済むのである。もちろん公費を投入して補助をしているが、結果として全高齢者の24％がこの制度の会員となっており、毎日約１４００人の方が中心市街地へ出かけてくる。この政策は、人を動かす要素の一つであると考えている。

さらには、私は、人を動かす要素として、「楽

しい・おいしい・おしゃれ」が必要であると思っている。つまり、この「おいしい」には、本来片道１４００円の運賃を払うべきところ「１００円で行けるのだから、明日デパートの物産展に皆で行ってみようよ」と、お得感を感じながら、互いが声を掛け合って、まちへ出てくる。

　この公費の使い方のベースも、広義の意味では、自助・共助・公助の考え方だろうと思っている。すなわち、「公」が、移動のきっかけ作りとして、動機となるベース部分を提供することで人は動き出す。そして仲間に声を掛けながら移動の輪は自ずと広がりをみせ、それが生きがいやシビックプライドを創出する原動力になるというデザインとシナリオなのである。

　また、この施策では、おでかけ定期券を持って暮らしている人と、そうでない人との間で、要介護認定が重篤化していく割合が明らかに違うという結果がデータからわかってきた。つまり、超高齢社会の進行による要介護認定率や医療費への影響も調べた上で、移動データを蓄積・分析しながら公費を投入している。そこでは、公共交通利用による移動行動が好影響となり、市民の健康寿命を延伸する効果はもとより、介護保険料や医療費の削減に貢献していると説明できるエビデンスデータを取得でき始めている。

　最初はイメージだけであったが、追跡してデータを取得・提示することにより、政策を継続しながら、さらに範囲を広げようとする際の説得力は格段にあがってきたのである。

　最近では、市内の全ての公共交通、バスと電車の乗り口にビーコンを付けて、どのバス停で何曜日の何時頃、何人が乗車しているか測定を目指しており、交通事業者と具体的な合意に向けた話し合いが緒についたところである。▼[9/10]

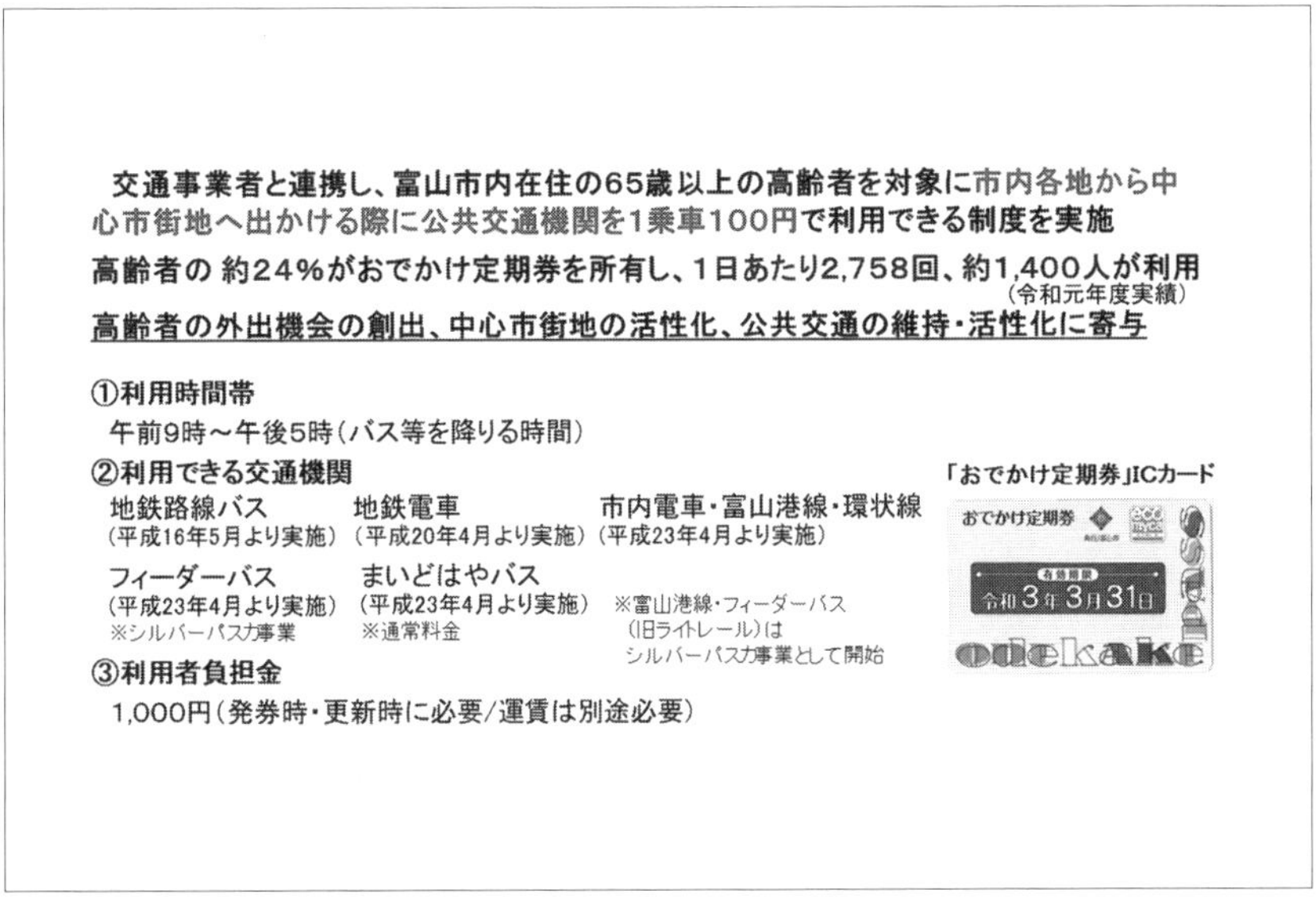
交通事業者と連携し、富山市内在住の65歳以上の高齢者を対象に市内各地から中心市街地へ出かける際に公共交通機関を1乗車100円で利用できる制度を実施
高齢者の 約24％がおでかけ定期券を所有し、1日あたり2,758回、約1,400人が利用
（令和元年度実績）
高齢者の外出機会の創出、中心市街地の活性化、公共交通の維持・活性化に寄与
①利用時間帯
午前9時～午後5時（バス等を降りる時間）
②利用できる交通機関
地鉄路線バス
（平成16年5月より実施）
地鉄電車
（平成20年4月より実施）
市内電車・富山港線・環状線
（平成23年4月より実施）
フィーダーバス
（平成23年4月より実施）
※シルバーパス力事業
まいどはやバス
（平成23年4月より実施）
※通常料金
※富山港線・フィーダーバス
（旧ライトレール）は
シルバーパス力事業として開始
③利用者負担金
1,000円（発券時・更新時に必要/運賃は別途必要）
「おでかけ定期券」ICカード
おでかけ定期券
有効期限
令和3年3月31日
odekake

▶9——おでかけ定期券事業の概要

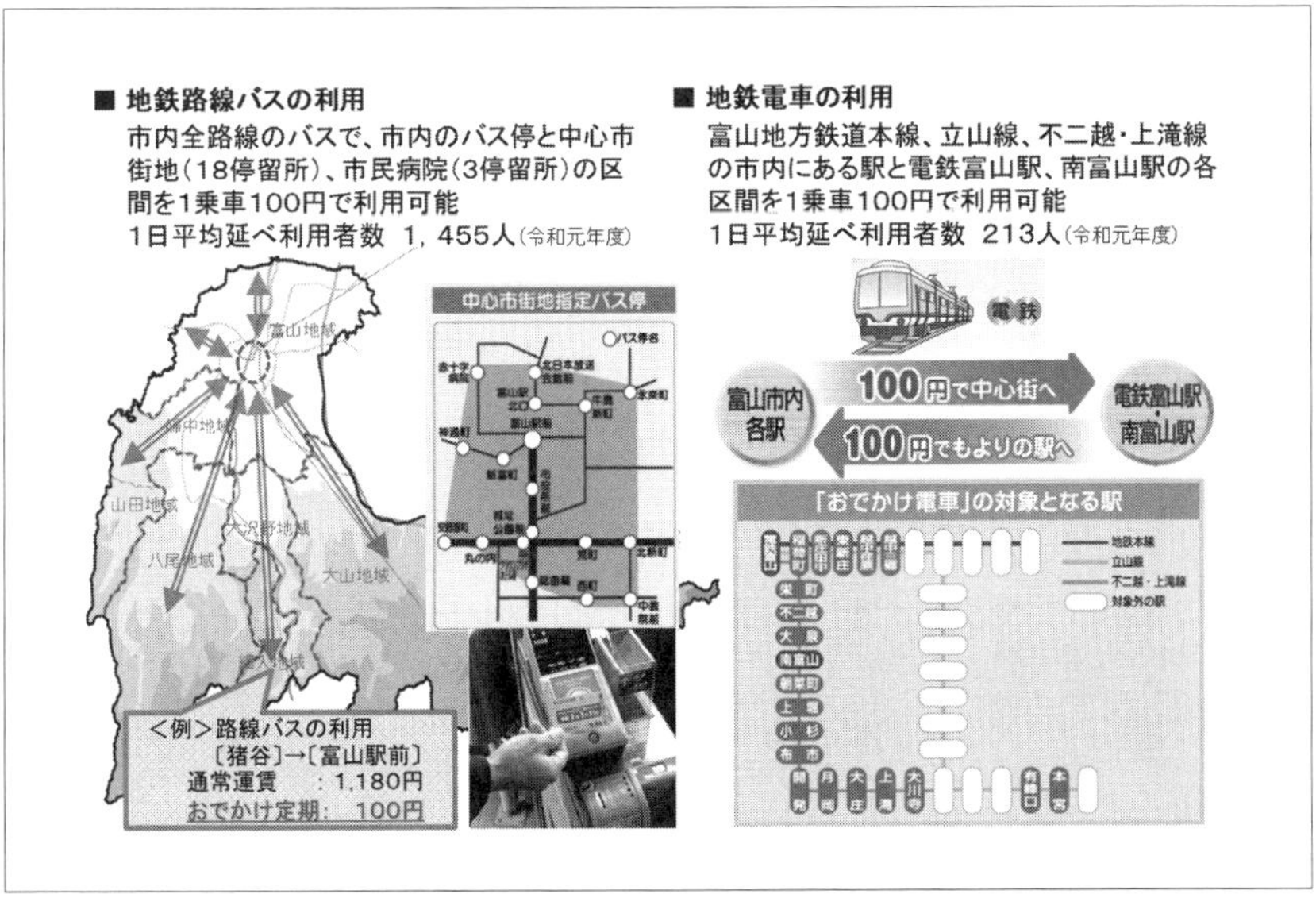
■ 地鉄路線バスの利用
市内全路線のバスで、市内のバス停と中心市街地（18停留所）、市民病院（3停留所）の区間を1乗車100円で利用可能
1日平均延べ利用者数 1，455人（令和元年度）
■ 地鉄電車の利用
富山地方鉄道本線、立山線、不二越・上滝線の市内にある駅と電鉄富山駅、南富山駅の各区間を1乗車100円で利用可能
1日平均延べ利用者数 213人（令和元年度）
富山地域
婦中地域
山田地域
大沢野地域
八尾地域
大山地域
中心市街地指定バス停
バス停名
＜例＞路線バスの利用
〔猪谷〕→〔富山駅前〕
通常運賃　：1,180円
おでかけ定期：　100円
電鉄
富山市内各駅
100円で中心街へ
100円でもよりの駅へ
電鉄富山駅・南富山駅
「おでかけ電車」の対象となる駅
不二越
大泉
南富山
上堀
小杉
布市
対象外の駅

▶10——おでかけ定期券事業のモビリティ連携

3. 加速度を増す時代に求められるリーダーの条件

3.1 求められる政策発想の展開

さて、従来から地方自治体の政策の基本は、地域のどこにいても同じサービスが受けられるべきだ、あるいはサービスを提供する自治体の立場では、どこに住む人にも同じ水準のサービスを提供すべきものと考えられてきた。私は、まずその常識を打破して、市域全体に一定程度の行政サービスの提供体制を確保した上で、それぞれの地域特性に応じた支援をすることが大切であり、必ずしも一律のサービスを提供する必要はないと考えている。

これまでの常識は、人口や経済が右肩上がりの時代の発想であり、昨今の超高齢社会・人口減少の流れを踏まえると、多少の不公平感や不均一感があっても、結果として必要とされる便益を全市民に提供していくというスタンスを崩さなければ、それが妥当であると信じて政策を強く推進してきた。

例えば、富山市の中心市街地は花で溢れている。まちなかにフラワーハンギングバスケットをたくさんつけ、また、まちなかの花屋さんで花束を買うと路面電車が無料になるなど、「おしゃれ感」を創造する施策に取り組むことにより、皆がまちへ出かけるようになる。そうすれば、公共交通を利用すればお酒を楽しむこともできるということに気がつく。こうしたことから、富山市のオーバードホールでは、コンサートに訪れた多くの人が幕間にワインを求めて並ぶ風景が定番となっており、都市を楽しむ意識やライフスタイルが変わってきたと感じている。シネマコンプレックスも同様で、中心市街地まで公共交通を利用してお酒も楽しみながら映画を楽しむという暮らし方が好感を呼び、その結果、まちなかに人が増えた。

パリのヴェリブ（Velib'）が代表的であるが、自転車の共同利用システム・コミュニティサイクル制度である「アヴィレ」を日本で初めて導入したが、まちの中心部にステーションがいくつもあるため、マイカー無しで、コミュニティサイクルと路面電車、さらには密度の濃いコミュニティバスを利用すれば中心市街地を容易に回遊することができる。そして、路面電車に乗れば富山駅の中を突き抜けて、かつての北前船の寄港地としての賑わいの風情が残る岩瀬地区まで行くことができる。

最近では、そのことを多くの市民が誇りに感じるようになってきたと確信している。すなわち、公共交通を軸としたコンパクトシティ政策の推進によりシビックプライドが醸成されるという、当初の大きな目標が少しずつ具現化してきたのである。市民がシビックプライドを強く感じてくれる結果、「富山市は良いまちだから遊びに来てよ。」、息子たちに「富山市は、どんどん良いまちに成長しているよ、東京就職ばかりが進路の選択肢ではないよ。」と自信をもって語れるまちが生まれたのである。

もちろん、Iターンの人々も増え未来は絶望的でない。実際、県外との関係で富山市の社会増減を見ると、8年前から連続で転入増となっている。つまり、県外から人を呼ぶという現象が起きている。富山市は、「まちなかが綺麗だね。」、「魅力的だね。」と実感してもらえる都市に変貌を遂げ、多様なライフスタイルが県外の人からも評価を得るまでに成長できたのである。

また、若者にフォーカスすると、富山大学は地方の総合大学であり学生が全体で1万人くらい在学している。路面電車の西側の終点は富山大学前であり、併せて、コミュニティサイクル「アヴィレ」のステーションを富山大学の正門前に設置した。つまり、私は、富山大学の学生や教員は大変大きなマーケットで、この皆さんが、まちなかへ出て楽しんでもらうことがすごく大切であると考えている。そのため、富山大学は、学生証を交通ICカードと兼ねたものとして発行しているが、初期の頃は、その費用を市が負担していた。つまり、新入生が新しく作る学生証は、交通ＩＣカードを兼ねており、この仕組みは、まちなかの活性化を進める上で極めて有効であると思っている。大学キャンパスと中心市街地が少し離れているため、将来的にはドミトリーでなくても学生専用のワンルームマンションを中心市街地に積極的に建設してもらうなど、もっと学生によるまちなか居住を誘導・推進する政策を推進していきたい。

　また、都市政策は包括的な取り組みが必要であると考える。例えば、日本一の福祉のまちを作っても、そこに人を呼び込むことはできない。つまり、雇用が創出されないと地域に活力は生まれないため、経済政策が非常に大事になる。そのためには、投資するなら富山市へ投資しようと企業経営者から思ってもらえる都市のデザインを描く必要がある。同時に、当然ながら教育水準も一定程度引き上げ、加えて福祉の水準や文化性も高くする必要がある。そして、治安面や防災面の政策手当が必須となる。つまり、将来に不安感を感じない、ワクワク感を感じる都市マネジメントが大切になる。

　こうした配慮として、例えば、富山駅の特徴は新幹線、在来線を降り、エスカレーターで地上まで来るとそれ以降は全て地表レベルで乗り換えや移動ができる。つまり、ペデストリアンデッキや地下道の垂直移動は敢えてなるべく避ける構造を重視している。これは高齢者やベビーカーを利用するママさん達の移動に負担がなく、暮らしやすい都市を目指した結果である。市民の皆さんは、まだ、あまりこの工夫に気がついていただけないかもしれないが、私の思いは、当初から、タクシーもバスも電車も車を停める駐車場も水平移動で全ての乗り換えが完結するシームレスな駅舎を目指し、この度、完成したのである。

　つまり、富山駅の駅舎に代表されるように、そういう都市構造が包括的なまちづくりの一つの隠れた象徴的な部分だと自負している。つまり、路面電車の線路を横断する際、電車軌道と横断歩道の間にベビーカーが引っかからない工夫や手配をするとした、隠れたところに気づかぬうちに創意工夫を怠らず、住みやすさを実感していただくまちづくりを心掛けてきたのである。こうした中で、コンパクトシティ政策の推進として、都心居住の方、あるいは、交通インフラに近接して居住する方などに補助金を出してきた結果、中心市街地の開発は進み、商業施設についても事業者がいろいろ積極的な取り組みを展開してきた。

一方で、この不公平感を市民にどう理解・納得いただくか、この課題に対して、ようやく税収を含めて成果が実感できる段階に到達できた。それは、こうした努力の積み重ねにより増えた税収を、中山間地域の課題を解決するための単独事業に振り向け、個別事業に着手することができたのである。それは、市民の皆さんに説得と説明を重ねてきた成果を実感できた瞬間である。

さらに、自治体の運営、都市マネジメントにとって最も重要なことは、将来の市民の為に必要であると判断した政策を、覚悟をもって実行することである。つまり、市民にとって聞こえの良い施策ばかりを並べることは簡単だが、逆に、ごみ処理施設や斎場整備など、市民から嫌がられる迷惑施設について、いかに対応していくのか、市民に問いかけながら、勇気と決断で実行することが重要なのである。そのために、先ず富山市の縦割り組織を徹底的に改めようと努めてきた。具体的には、部局横断で職員をピックアップし、一つのテーマを定めたタスクフォース（プロジェクトチーム）を10以上組成している。このタスクフォースは、例えば、現場の保育士さんや看護師さん、ごみ収集担当の環境センター職員などの幅広い層の職員からなっているが、職員を指名する際には、トップダウンで、私が直接当該職員の上司に電話し、「この人をタスクフォースに入れたので通常業務以外の活動を認めてください。」といった按配で進めている。その結果、「女性の目線、企画によ

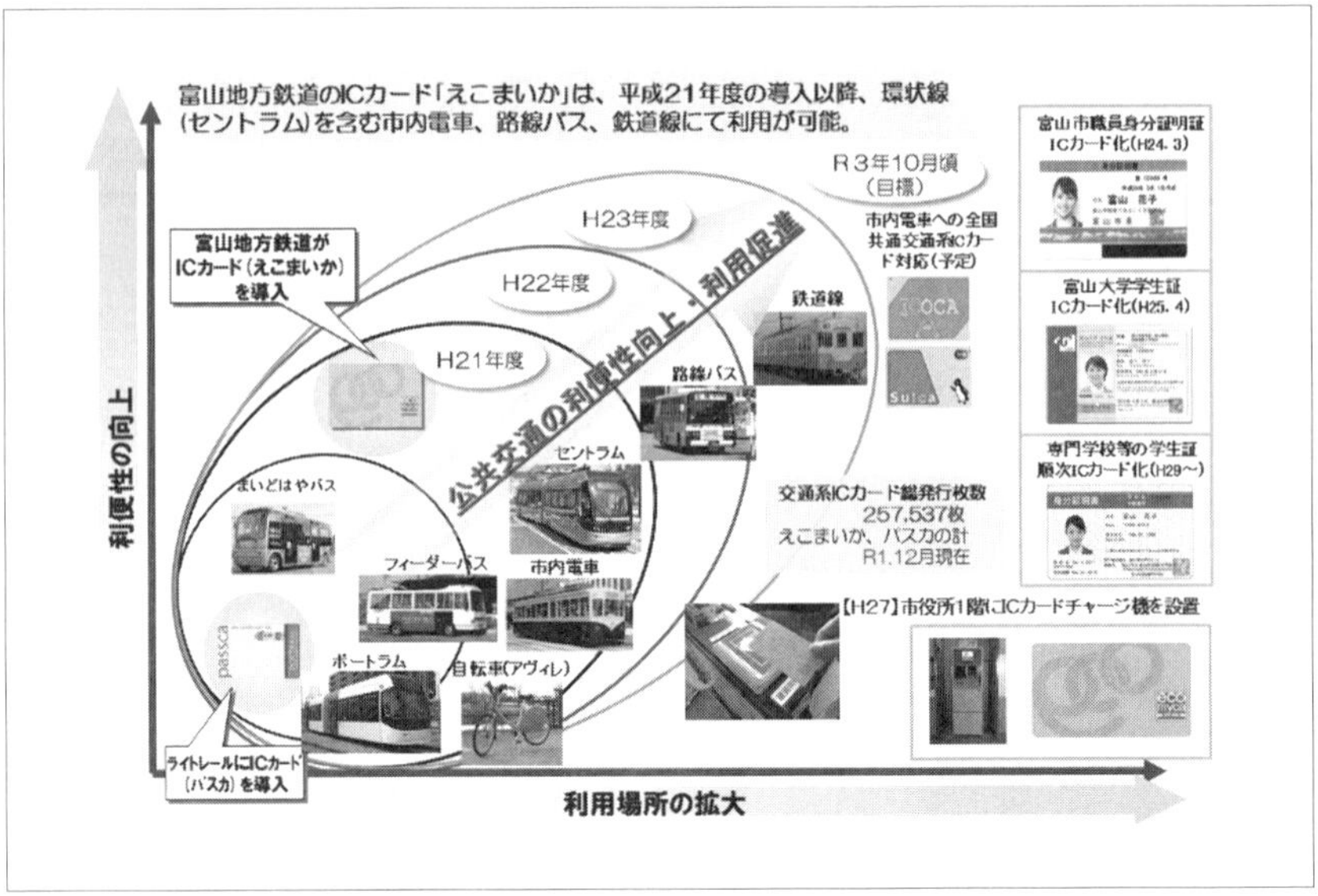

▶11――交通系ICカードの導入・多機能化

▶12――花Tramモデル事業

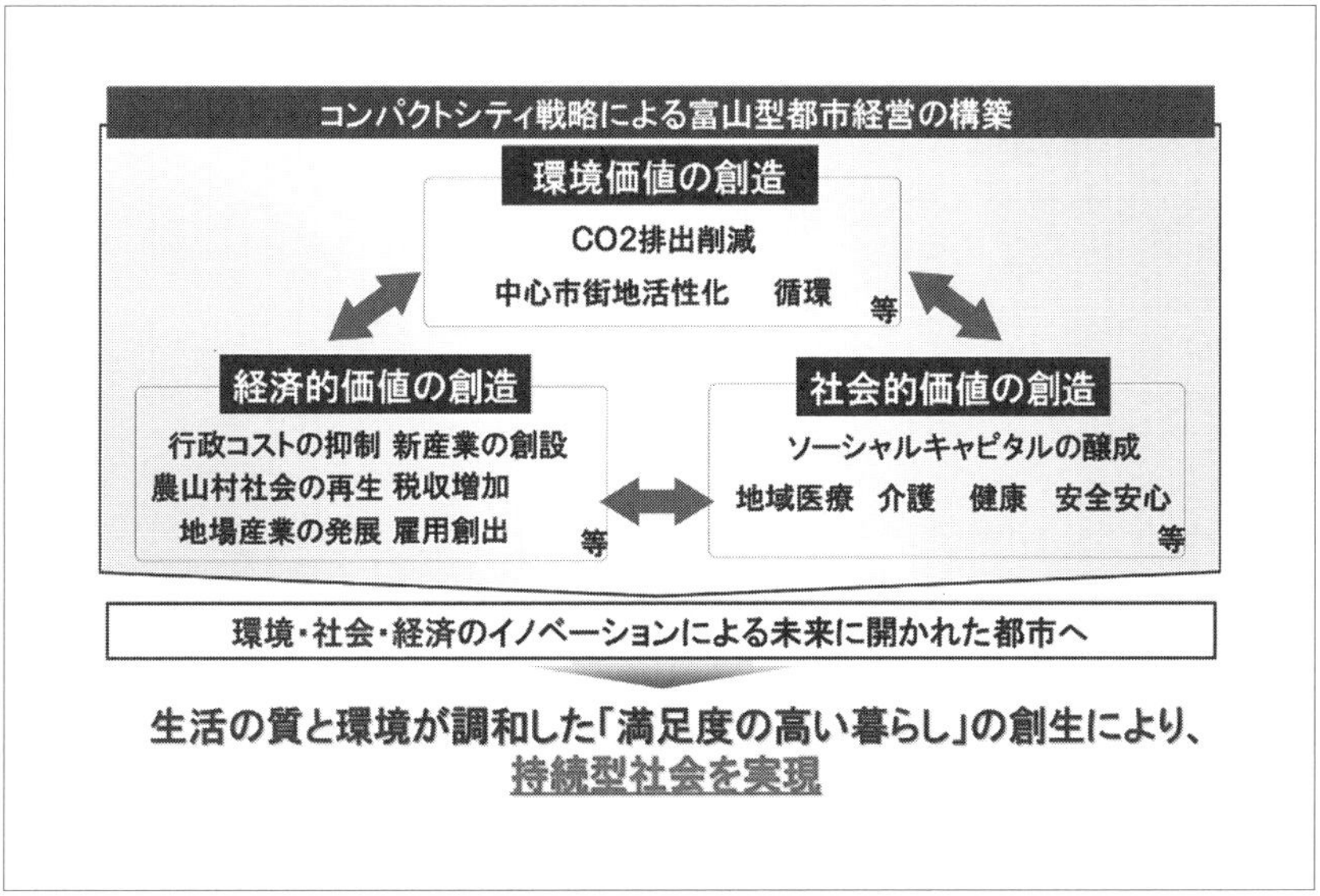

▶13——コンパクトシティ戦略による富山型都市経営の構築

る女性活躍推進のための幅広い施策」タスクフォースからは、「シングルマザーに1年に1度花束を贈ろうキャンペーン」などのユニークな事業が発案され、従来の縦割り組織では実現できなかったような施策が、現在も大好評を得て継続実施されている。つまり、基礎自治体は縦割りを改めるべきは改め、若い職員の力を引き出す取り組みが大切なのである。▼11／12／13

3.2　未来の地域公共交通に求められるもの

さて、本稿の結びとして、4期16年の市長としての提言をさせていただきたい。

地域公共交通は、どういう時代がこようと大切な公共財であり、ここがぶれてはいけない。確かに、今般、コロナ災禍の影響で利用者が大幅に減っているが、交通事業者の皆様をしっかり支援する。既に一部、年度途中ながら支援メニューも作ったところであり、これから先もしっかり支えていきたい。幸い富山市は昨年度まで年々税収が伸び、企業も意欲的な投資行動が見られ、人の往来も増えている。確かにコロナ災禍の影響も受けているが、様々な局面での対応について準備を十分にしたし、医療逼迫の発生を防ぐ施策が整い、重篤患者へも十分な対応ができる体制が敷かれている。したがって、コンサートや興行なども平常の姿に戻りつつある。そこでは、まちの歩き方としては、新しい生活様式に十分に心がけていただくことが重要であり、公共交通においては、一般社団法人日本モビリティ・マネジメント会議（JCOMM）が提唱する「常にしっかり換気！」、「「目・鼻・口」は何が何でも触らない！」、「話すなら小声で「マスク」！」の三つのできることを呼びかけるコロナ災禍対策用の案内ポスター・ステッカーを全ての電車やバス、タクシーに市の予算で貼付した。

　こうした中、各種の社会インフラについては、国の防災・減災、国土強靭化のための3ヵ年緊急対策は今年度が最終年度であるが、無駄なインフラは必要ないが、必要なものは必要な形で将来を見越して手当する必要があり、対策の延長を私も直接政府に要望した。そこでの重要な点は、国の対策も必要だが、自治体が自主財源をいかに有効に活かしながら将来にわたる持続可能な都市を整備するかに尽きよう。そこではアセットマネジメントが重要であり、例えば、本市は橋梁では「橋梁トリアージ」を行い、危険な橋の使用を2橋止め、反対意見もあるが、そのうち1つは更新しないと明言している。

　また様々な政策を展開する中で、県と市町村の関係について述べれば、県はどうしても市町村に対して、ある意味、上から見る文化は払拭できないとみている。一方で、基礎自治体は、住民に一番近いため、行政執行の最前線に立つことが一番重要であり、そこでは県と市町村の「二重行政」にならないことが大事である。そのためには県と基礎自治体間での情報共有が大切である。例えば、除雪について県道は県、市道は市、それぞれが各受託事業者にバラバラに発注しているのが現状であるが、除雪車のGPSデータにより最適なルートを考え、県・市協議の上で1事業者に発注できれば効率的かつ効果的であるなど、創意工夫を凝らす必要があろう。

国においては、基礎自治体に直接交付される交付金も増え、アイディア・ビジョンを正確に読み解き積極支援いただける流れが醸成されてきた。この点は、地方創生を推進する上で大変歓迎すべき改革・変容である。安閑としている自治体と創意工夫する自治体間で差が生まれてきているが、それは自治体経営の視座からは良い方向であろう。そこから自治体同士の切磋琢磨が生まれてくる。旧態のように、首長が霞が関の各省庁を回り、予算をいただけるメニューはないか訪ね歩く時代は終焉したと心得ている。こうした新たな行政システムの潮流を見定めながら、絶えずブラッシュアップを怠らない組織とそれを担う職員が育つことを祈念している。

全国の首長にもそれぞれのやり方・最適化があるため、富山市での取り組みが、それぞれの自治体に妥当するわけではないが、総合的な視座に立ち包括的な都市経営を目指すことは、全ての自治体に共通するのではないかと思料する。

※本稿は、2020年9月29日、新型コロナウイルス予防の観点から、編集事務局が森雅志市長にZOOMを用いてインタビューを実施した。その内容を編者（聞き手）の三村聡が原稿としてまとめる作業を担当した。なお、森雅志市長は令和3年4月をもって市長の職を退職されている。

調査報告

「公共交通経営実態調査」に見る新型コロナ災禍の影響

一般財団法人地域公共交通総合研究所
大上真司
町田敏章

1. 調査の背景と目的

日本においては令和2年1月にはじめて新型コロナウィルスの発症例が確認され、全国的な感染症拡大が起こった。国民の生命と健康を守り、医療システムの保護などのためにマスク着用、手洗い、密を避ける、在宅化・リモート化の推進などの新たな行動様式へ日常を修正していく社会的要請がなされた。また、緊急事態宣言や蔓延防止等重点措置の法的措置による強い感染抑止策も展開された。令和3年度に入り感染抑止を目的にワクチン接種が進められているが、本稿執筆時点（令和3年7月）においても収束のはっきりした見通しはどこからも示されておらず、新型コロナウィルス感染症の社会的影響が色濃く継続している。

こうした社会環境下で、当然ながら公共交通事業者はその経営に非常に大きな影響を受けた。特に地方においては、コロナ以前から8～9割の公共交通事業者が赤字体質で各社の必死の経営努力の中で地域交通を支えてきたが、コロナ禍での人流の抑制、学校や企業のリモート化の推進などで輸送人員は極端に下がり赤字は拡大した。加えて、公共交通は社会機能維持のためのエッセンシャルサービスとして政府要請に基づきコロナ禍でも運行継続したことが赤字拡大の要因となっており、このままでは全国的に、特に地方において、公共交通ネットワークの維持が困難になりつつある。

しかしながら、こうした公共交通ネットワーク崩壊の危機は差し迫ってきているにも関わらず、なかなか社会的な問題として表面化せず、全国で、あるいは、地域ごとに大きな議論が巻き起こるところまでは至っていない。当総研ではその要因が主に五つあるのではないかと考えている。すなわち、

①地方ではマイカーでの移動が主流であり、公共交通が「今の自分」にとっては「あまり関係のないもの」となっていること。つまり、公共交通への無関心層が一定のボリュームで存在することが要因で、これはコロナ以前からの構造である。

②コロナ禍での多少の減便などはあるにしても街を見わたせばバス、鉄軌道、旅客船は運行（運航）が続いているので、市民目線に立てば公共交通はまだまだ元気が残っているように見え、瀕死の状態であるとなかなか想像しにくい状況であること。

③地方交通において地域一番手の交通事業者は、その地域における歴史ある大手企業であることが多く、市民やその他のステークホルダーを含めた認識の中で路線維持が困難になるということが想像されにくいこと。

④公共交通サービスは公共財であるが、その運営や維持は我が国においては民間企業に委ねられており、民間の経営努力でなんとかやってきた歴史の中では公がその経営実態を把握する土台が弱く、公が事業者と一緒に支えていく意識が醸成されていない。

⑤公共交通経営がコロナ禍で厳しいことは直感的には理解できるが、実際にどれくらい厳しく、また、深刻な状態にあるのかはっきり示したものがなかったこと。

こうした背景のもと、まずは公共交通事業者の全国的な実態を把握し、どれくらい危機的な状況であるかを公共交通に関わる全てのステークホルダー（政府、自治体、市民・利用者など）と共有する必要があり、公共交通を次世代にどう残していくのか検討のきっかけになり、また、そうした議論が加速化することを願い「公共交通経営実態調査」に踏み切った。

2. 調査の概要

「公共交通経営実態調査」は既に2回実施しており、コロナ収束までは半期に1度のペースで調査を実施し、

とりまとめた内容を公表していく考えである。当総研で実施したこれまでの2回の調査概要は次に示す通りである。

「第1回公共交通経営実態調査」
調査期間：令和2年10月22日〜令和2年11月16日
調査対象：全国のバス・鉄軌道・旅客船事業者426社（回答社数は124社。回答率29％）
調査内容：令和2年4月〜9月末（半期）でのコロナ影響と経営実態
結果公表：令和2年11月25日（速報公表）

「第2回公共交通経営実態調査」
調査期間：令和3年4月9日〜令和3年5月18日
調査対象：全国のバス・鉄軌道・旅客船事業者508社（回答者数は123社。回答率24％）
調査内容：令和2年4月〜令和3年3月末（通期）でのコロナ影響と経営実態
結果公表：令和3年6月10日（速報公表）

いずれの場合も公益社団法人日本バス協会会員名簿、一般財団法人日本鉄道運転協会鉄道事業者名簿、一般社団法人日本旅客船協会会員名簿に掲載された事業者から、公営企業と三セク企業を除き、地域や企業規模に偏りが起こらないよう配慮してサンプル抽出を行った。ご回答いただくにあたっては経営実態に踏み込んだ調査であることを踏まえ、経営者ご自身か経営者の方から指名を受けた方にご回答いただくよう要請を差し上げている。

主な調査内容は大きく七つのかたまりがあり、実態を炙り出すために詳細には20の質問を実施した（第2回調査の場合）。[1]

①コロナ前・コロナ禍における輸送人員や売上の変化、コロナ禍で受けた損害額
②輸送人員・売上変化の要因
③経営状況と公共交通維持の実態
④コロナ禍で被った損害の回復の可否と見通し、回復に必要な期間
⑤支援の必要性、必要な支援内容や政府と自治体への期待と要請、負担割合
⑥今後の路線（航路）維持へのスタンス
⑦新型コロナウィルス感染防止で実施した対策

公共交通経営実態調査票　2021年4月

経営実態調査は、「不可欠な業務」として地域公共交通の運行（航）を守っている地域公共交通事業者の事業継続に極めて重要な調査となりますので、経営者ご自身または経営者の方からご指名された方にご記入をお願いいたします。

一般財団法人地域公共交通総合研究所　代表理事　小嶋光信

業種：バス（一般路線バス）　鉄軌道　旅客船　　　業態：公共交通専業　他業種兼業

事業者名：

所在都道府県：　　　　　　分析結果等返送先E-Mailアドレス：

※ 選択肢に、丸をつけてください。

1. コロナ災禍による経営的被害（損失額）は2020年4月～2021年3月末までの累計でいくらくらいになりますか。（経営的被害（損失額）は、対前年同期比の収入額の減少分ならびに新型コロナウイルス感染症対策のために講じた経費の増加分とします）

　　（　　　　　　　　　　百万円程度）

2. 輸送人員の変化（2019年4月～2020年3月と2020年4月～2021年3月の比較）

　①影響なし（例年通りあるいは増加）　②0～10%減　③10～30%減　④30～50%減

　⑤50～70%減　⑥70～90%減　⑦90～100%減

3. 2020年4月～2021年3月の売上金額　（　　　　　　　　百万円　）

4. 2020年4月～2021年4月売上金額の変化　（2019年4～2020年3月の比較）

　①影響なし（例年通りあるいは増加）　②0～10%減　③10～30%減　④30～50%減

　⑤50～70%減　⑥70～90%減　⑦90～100%減

5. （減少の場合）原因として考えられることはどんなことですか？

　①国内の出控え傾向のため　②外国人観光客の減少　③通勤客減少　④学生通学減少

　⑤通院客の減少　⑥イベント自粛　⑦イメージ悪化　⑧運行（航）自粛

　⑨コロナ以外の要因（具体的に考えられる理由をご記入ください）

6. 経営状態はどのような状態ですか。

　（ア）　2021年3月末

　（債務超過、剰余金は6割以上ある、半分くらいある、半分を切った、3割以下）

　（イ）　2021年9月末

　（債務超過、剰余金は6割以上ある、半分くらいある、半分を切る、3割以下）

7. 2021年3月末にはどのような経営状態（損失額など）になりますか？

8. コロナ災禍で被った損害による赤字は何年で回復できると予想しますか。

　（5年以内、 5年程度、 10年程度、 15年程度、20年程度、回復不可能）

▶1――公共交通経営実態調査票（1）

9. 政府から公共交通は「不可欠業務」として稼働するよう要請を受けていますが、どのような業務運営をしていますか。
（平常通り、 減便、 業務停止、 廃業、 その他（ ））

10. 「不可欠業務」として業務運営した結果、損害が発生した場合、政府に対していかにお考えですか。
（仕方がないと思う、 政府が支援するべきである）

11. 政府の「赤字補填はしない方針」は、正しい方針であると思いますか。
（自由意見： ）

12. コロナ災禍による全体損失額の補助（支援）は、どの程度の割合が妥当と思いますか。
（1/4 1/3 1/2 3/4 全額）

13. コロナ災禍による損失の負担割合はどの程度が妥当と思いますか。
①政府1/3 自治体1/3 自社（企業）1/3
②政府1/4 自治体1/4 自社（企業）1/2

14. 自社は、コロナ災禍の損害の負担は何割程度負担が可能ですか。
（1/4、 1/3、 1/2、 3/4、 全額、 負担できない）

15. 2021年3月の状態が今後も続くとしたら、補助・支援がない場合、経営の維持は何ヶ月くらい維持できると思われますか。
（1～3ヶ月、3～6ヶ月、6～9ヶ月、9～12ヶ月、12ヶ月～24ヶ月、維持に影響無）

16. コロナ災禍後に増加した負債は、どの程度の期間で返済ができるとお考えですか。
（ 1年、 3年、 5年、 7年、 10年以上、 自力では返済困難 ）

17. 今後の路線維持の基本的な考え方についてお聞きします。
①路線の廃止（ 割り程度）・ 減便（ 割り程度）
②廃止困難な路線については行政による維持の協議 ③事業から撤退 ④現状通り

18. コロナ災禍を契機に事業転換や新事業への取組等の実績または計画はありますか？

19. 今後どのような支援を自治体や政府に期待しますか？
（地域公共交通事業者が経営存続していくための国への規制緩和の要望事項を含む）

20. 新型コロナ感染防止対策について、車輌や船舶に対してどのような防止策を講じていますか？具体的防止策および選択の理由をお聞かせください。また、困っていることがあれば記載してください。

ご協力ありがとうございました。

いただいたアンケートの結果は、当研究所にて厳密に管理させていただき、社名等は特定できないようにし、今後の公共交通業界の維持・存続につながる為の貴重なデータとして分析結果を公表していく予定です。今後ともよろしくお願いいたします。 以上

▶1――公共交通経営実態調査票（2）

3. 調査からわかった主要なポイントと見えてきた課題

2回の調査のうち、本稿では直近の「第2回公共交通経営実態調査」の内容を中心に調査から見えてきた主要なポイントを紹介させていただく。日本の地域公共交通はコロナ以前から恒常的に8〜9割以上の事業者が赤字で運営されている事業で、そこに2019年末から世界を、我が国では2020年1月頃から襲ったコロナ禍で大きく四つの深刻な実態と影響が明らかになった。

一つ目は旅客減少の実態で、3割から5割減少した公共交通事業者は約半数の47%にのぼり、加えて5割以上激減した事業者が16%もあり、全体で6割を超える事業者が危機的減少状況にある。もともと赤字体質の事業に対して3〜5割も旅客数が減少すればたちまち経営維持が困難になることは想像に難くないであろう。[2]

二つ目は経営実態で、もともと赤字体質の路線バス事業は各社の経営努力により高速バスや貸切バスといった他のバス事業の内部補助によりその路線維持が図られてきた。しかしながら、コロナ禍による観光市場の大幅縮小や都市間移動の大幅抑制により、これまで支える側に回ってきた貸切バスや高速バスが酷いダメージを被り、路線バスを支える内部補助のメカニズムは完全に崩壊した。その結果、コロナ禍のこの1年で事業者が長年蓄えた剰余金を46%の事業者で半分以上毀損し、交通事業者全体の14%が債務超過になるなどまさに全国的に公共交通存続の岐路に立たされている。[3]

三つ目は資金繰りに関わる問題で、コロナ禍に発生した赤字は借入金などで賄われていると想定されるが、その返済に要する期間を10年以上と予想している事業者が64%もあり、その内、返済困難と危惧される事業者は22%に達している。既存の借入金の返済に10年以上を要する、または既存の借入金の返済が困難ということは間接金融を利用した新たな事業資金の調達が極めて難しいことを示唆しており、近いうちに全国的に公共交通事業者の資金繰りの問題が顕在化する可能性が高いと言える。

交通セクター別には特に鉄軌道の50%の事業者が借入金の返済困難と回答しており、一番手ひどい被害を

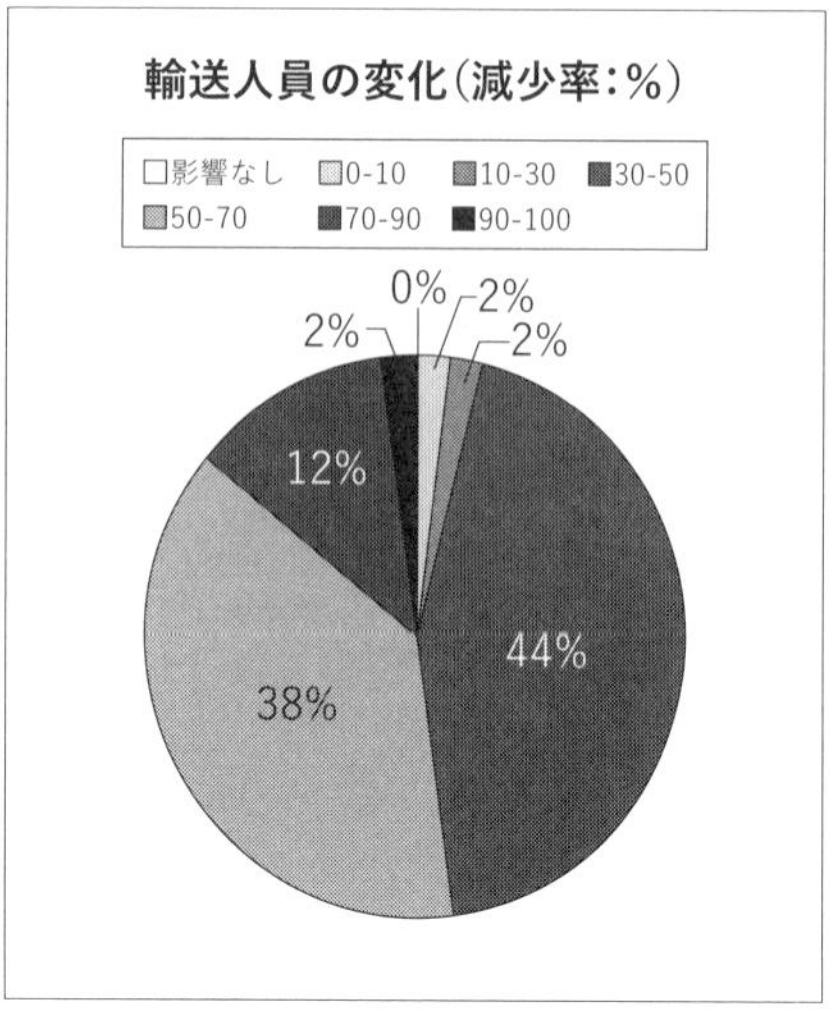

▶2――輸送人員の変化（2019/4～2020/3と2020/4～2021/3比較：バス・鉄軌道・旅客船全体）

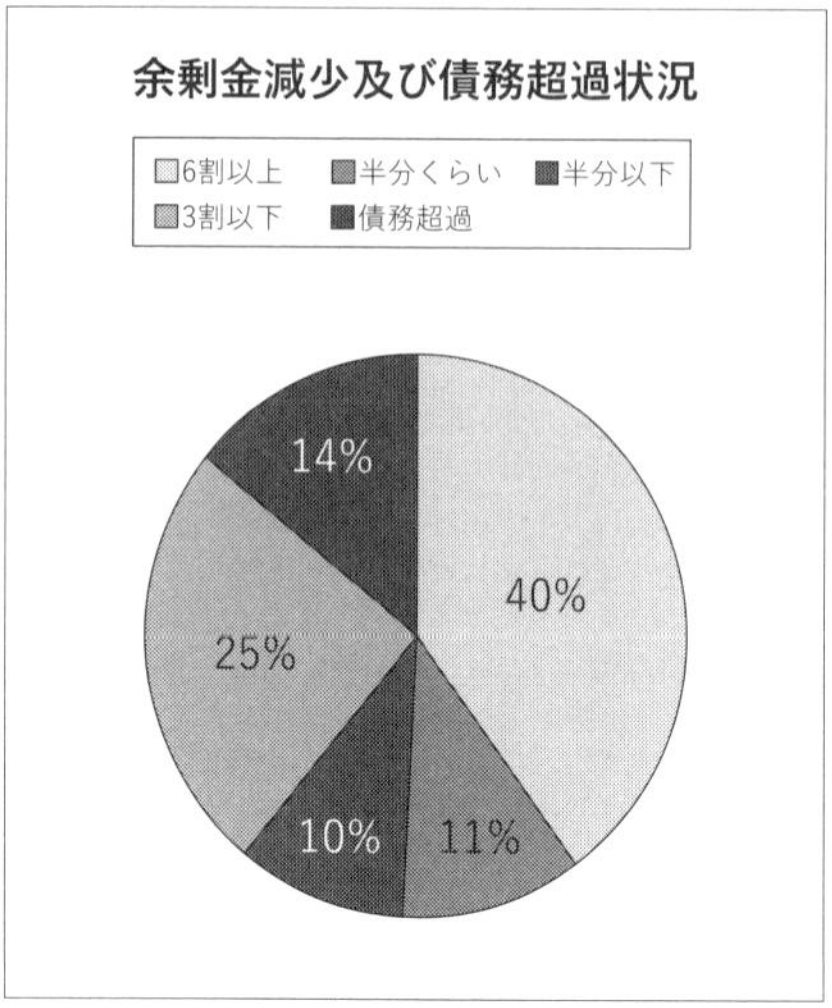

▶3――余剰金減少及び債務超過状況（2021/3末での前年比：バス・鉄軌道・旅客船全体）

受けた。鉄道は他の交通モードに比べて輸送量が大きく、鉄道運営が行き詰まると地域の暮らしや社会的な機能維持へ及ぼす影響は甚大と言わざるを得ない。[4]

四つ目は経営維持の見通しで、94％の事業者が政府や自治体の支援を求めており[5]、何らかの補助や支援がなければ今年度中に経営維持が困難になると予想される公共交通事業者は46％も存在しており、地方から半分程度の生活交通が消滅する恐れがある危機的状況と言える。令和3年度に入っても全国で緊急事態宣言が発出されるなど令和2年度に比べて更に深刻な状況になっている可能性がある。

これらの調査結果から次の3点が課題として浮かび上がってくる。

1．早急な政府と自治体による緊急支援策が必要（ないと経営がもたない）

2．借入金の長期での返済原資の確保が難しいため10年以上の長期安定的な無利子の公的融資支援が必要

3．地域公共交通のビジネスモデルが破壊されており、抜本的なビジネスモデルと制度の改革が必要

鉄軌道では法律上「公有民営」が明確にされている

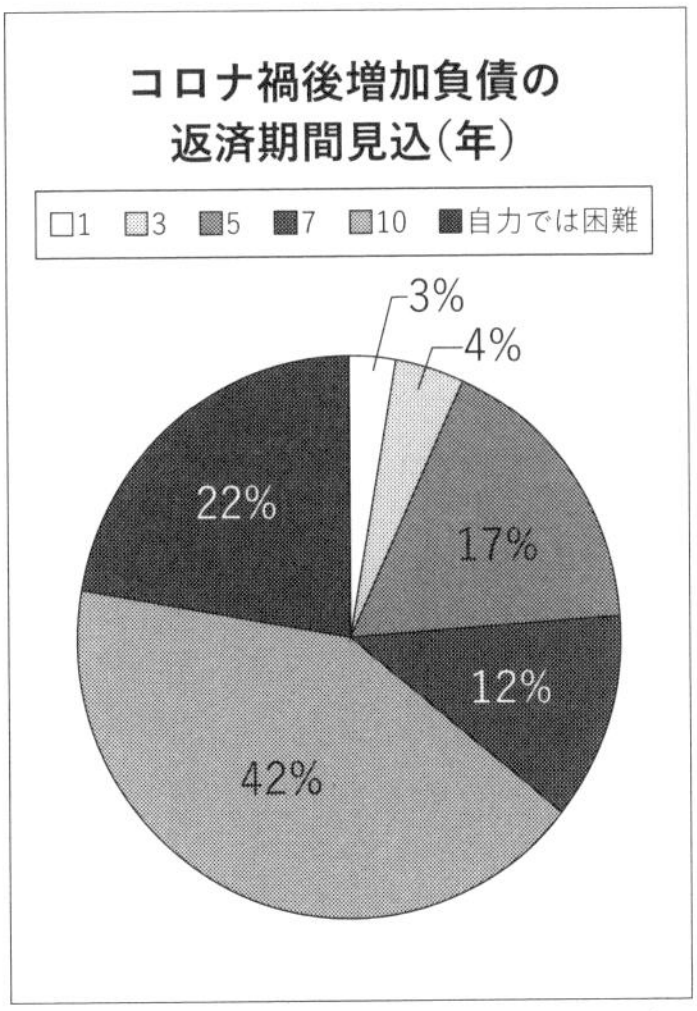

▶4——コロナ禍後増加負債の返済期間見込（バス・鉄軌道・旅客船全体）

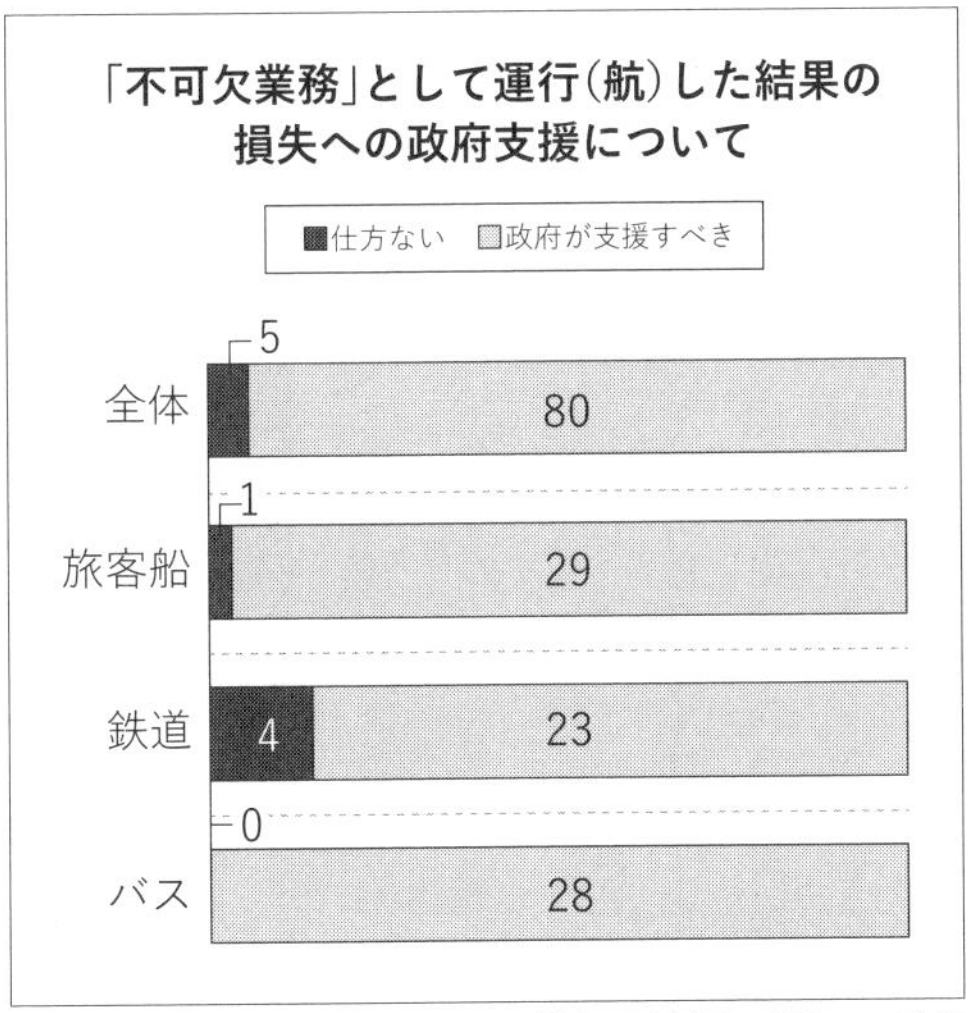

▶5——「不可欠業務」として運行（航）した結果の損失への政府支援について（バス・鉄軌道・旅客船全体）

が、地域における路線バスや旅客船事業においては、実際は運用において「公有民営」「公有民託」的な経営形態が存在している。欠損補助型の公共交通維持から運行委託型への転換の必要性やそのプロセスの明確化と、法律への明記等に向けた議論が今こそ必要であると思料する。

4. 調査結果の詳細

ここまで調査から見えてきた主要なポイントについてその要約を申し上げたが、以下、調査結果の詳細について解説させていただく。

〈輸送人員の減少とその要因〉

２０１９年度との比較において、２０２０年度では約半数にあたる47%の公共交通事業者が30～50%の輸送人員を減少させ、33%の事業者では10～30%の減少が起きた。50%以上もの壊滅的な輸送人員減少に見舞われた事業者が16%存在する。交通セクター別で最も厳しい影響が出ているのは旅客船で、27%の事業者が50%以上の輸送人員の減少に直面した。

輸送人員の減少の要因は、リモートなどでの通勤・通学利用者の減少（30％）、出控え（23％）、イベント自粛（16％）、外国人観光客減少（12％）が効いている。今後もリモートの進展や出控えなどにより、10％～20％の恒常的減少の懸念がある。

〈売上の減少〉

輸送人員の減少に伴い２０１９年度比で、売上を38％の公共交通事業者が30～50％減少させ、44％の事業者で10～30％の減少が生じ、14％の事業者で50％以上の壊滅的な売上減少が起きた。セクター別では旅客船において20％の事業者で50％以上の売上減少があり、コロナ禍の深刻な被害が出ている。

〈コロナ禍での公共交通の運行（運航）状況〉

輸送人員は大幅な減少に見舞われる中、公共交通は「不可欠な業務」として運行（運航）継続を政府から要請され、64％の事業者で平常運行が行われ、減便等（一時的減便およびダイヤ改正による減便も含む）の対応を行った事業者は36％であった。全く運行を止めてしまった事業者は皆無で、エッセンシャルサービスとして運行（運航）継続の要請を受けたことに交通事業者がしっかりと応じたことに加え、公共交通事業者の地域を支える使命感が垣間見える。

〈経営状態〉

輸送人員の低下に伴う売上減少の影響で、また、「不可欠な業務」として運行（運航）継続する中で、公共交通事業者のうち35％は２０１９年度末から比較して２０２０年度末で剰余金を半分以下の水準に低下させ、14％の事業者が債務超過に転落した。交通セクター別では、旅客船で26％、鉄軌道で18％、バスで7％の事業者が債務超過に陥っている。

コロナ禍での赤字回復には10年程度要するとした事業者が27％、15年～20年程度必要とする事業者が8％、回復不可能とした事業者は21％存在する。セクター別で特に深刻なのは鉄軌道で50％の事業者が赤字からの回復は不可能と回答しており、これらの事業者では当然ながら負債の自力返済も難しくなっている。

〈今後の経営の継続性と路線維持〉

２０２１年度に昨年度と同様の状態が継続し補助や

支援が得られない場合、事業継続に全く影響のない事業者は15％しかなく、半数程度にあたる46％の公共交通事業者で経営維持が困難になり、地域公共交通の半分程度がなくなる可能性が生じている。セクター別に、鉄軌道で58％の事業者が今期中には経営維持が困難になる可能性があり、同様の状況がバス事業者で44％、旅客船事業者で39％を占める。

こうした経営状況を受けて路線（航路）の撤退・廃止などが一定程度進む可能性があるが、行政支援を受けての路線維持交渉も全セクターで進んでいる。特にバスでは全体の38％の路線について行政支援を得ながら維持する交渉が行われている。

〈公共交通事業者が求める支援とスタンス〉

こうした苦しい状況下でも「不可欠な業務」として運行（運航）を継続する中で94％の公共交通事業者が政府からの支援を求めている。ただし、損失の全てを政府支援で補うのではなく、政府・自治体・事業者で1／3ずつ等しく負担することが妥当と考えている公共交通事業者は86％も存在する。公共交通事業者が求めている支援は、支援金、損失補填、設備維持等の支援など根強くあるが、規制や制度見直しの要望も存在する。

〈2回の公共交通経営実態調査から見えたこと〉

ここまでは第2回経営実態調査から見えてきたことを示したが、第1回調査との比較（約半年間の経過の中でどのように経営実態に変化があったのか、また、公共交通事業者が望むことがどのように変化したかについて）で特徴的だった回答結果が大きく3点あり、それらの点について共有する。

最初に、公共交通事業者の経営継続の危機がコロナ禍で1年過ごして顕在化したことである。全国的には14％の交通事業者が債務超過に陥っていることがわかった。また、金融機関等への借入金の返済が難しくなり、これ以上の借入が困難な事業者が現れているという中で、全国の公共交通ネットワークの維持が危険水域に入ったことである。こうなると事業継続（再構築）に向け、一つの経営オプションとして、業界内外からスポンサー（経営の再構築をサポートしてくれる企業）を見つける必要が出てくる。しかしながら、同業の交通事業者からすれば自社の経営を守ることに必死で同業他社の経営支援をするほどの余力は到底持ち合わせておらず、一方、他業界から見れば公共交通事業の惨状を踏まえると支援に手を上げる〝勇気〟と〝ソロバン〟を持ちにくいことは想像に難くない。換言すればスポンサーを探すのは極めて難しい状況で、こうした状況下では地方からの地域公共交通消滅の足音が日に日に大きくなっているといっても過言ではない。

次に、交通維持に向けて行政と路線（航路）を支える方向での協議が進み始めたことが調査からわかった。交通モード別では特に路線バスでそうした傾向が強く全体の38％の事業者が行政と連携した路線維持を模索している。こうした動きは歓迎すべきものであり今年度中に一定の議論が進むものと想定されるが、自治体とこれまでになかった枠組みを作っていくことは大変な検討・作業である。検討には馬力がいるため、自治体トップの強いリーダーシップが必要なことは言うまでもないが、地域ごとの公共交通会議や議会も含めた全体の後押しが必要不可欠と言える。残された時間が限られていることから、公共交通の必要性を共有し、スピード感を持って対応を決めていく必要がある。

最後に、交通事業者が自治体や政府に期待することの質的変化があった。すなわち、コロナ禍で大変厳しい状況の中での損失補填、支援・助成金、設備維持等の支援などの要請は相変わらず強いものの、公共交通をとりまく制度見直しへの期待が公共交通事業者に高まっていることが、調査から明らかになった。これは先述した自治体と連携し公共交通を支えるやり方についての協議の進展とも非常に関わっているのではないかと当総研では考えている。というのも、国と自治体が関わる形での持続的な路線（航路）維持に向けた法的・制度的な枠組みがバスや旅客船ではまだまだ弱く、自治体との協議の中でそうした点が顕在化し、多くの公共交通事業者がしみじみ枠組みの必要性を感じていると推測される。鉄軌道事業では「公有民営方式」による運営が法的にオーソライズされているが、バスや旅客船では法的・制度的なよりどころがないため自治体からすれば未来に向かって持続的にバス路線や航路を支えていく検討が進めにくい側面がある。実際は指定管理者制度や協定等の個別の工夫により対応しており、明確な指針が必要であることは確かであろう。

以上のように、事業継続が困難になっている事業者の出現もあいまって、各地域での行政を交えた路線（航路）維持の協議は着手されたものの、公共交通を取り巻く制度の修正をしていかないと公共交通の持続的な維持が難しいということを全国の公共交通事業者が感じるところとなった。この点はかねてからの課題ではあったが、このコロナ禍で全国的に顕在化したという点で、災い転じて福となすことができるか、まさに公共交通を取り巻く全てのステークホルダーが今試されている時ではなかろうか。

5.「公共交通経営実態調査」の今後について

第2回調査では令和2年度の新型コロナウィルス感染症がもたらした年間を通じた公共交通への影響がはっきりしたが、令和3年度に入って早々に緊急事態宣言地域が拡大するなど大変に厳しい状況にあり、公共交通事業者を取り巻く環境は全く改善していない。政府のリーダーシップもあってワクチン接種が急速に進み、集団免疫の形成とともに状況が好転することに期待をしたいが、例えば、バスでは路線バスより高速バスや貸切バスのダメージの方が深刻で、過去に経営努力で事業拡大してきた交通事業者ほど〝出血〟が多く、鉄軌道では半分の事業者が現状のままでは借入金の返済が困難である状況で、公共交通は全く予断を許さないと言わざるを得ない。こうした点を踏まえると、客観的に現状把握を続け、また時系列的変化も押さえながら公共交通に関わる全てのステークホルダーと公共交通事業者の経営実態を共有する意義は大きく、今後も半期に1回のペースで調査を継続する必要があると当総研では考えている。

第1回の調査結果を公表して以来、大学の先生方、交通の専門家の方々、多くのメディア等で調査結果を引用して記事等をまとめていただき感謝の念に堪えない。当総研では調査結果の引用について積極的に開放していく考えで、調査結果が何らかのお役に立つ可能性があればどんどんご相談いただきたい。

6. 結びに

当総研の公共交通経営実態調査に協力いただいた全国の公共交通事業者様へ改めて深く感謝を申し上げたい。回答をいただいた中には数多くの手書きの調査票があり、自由記述欄には何度も書き直していただいたと想像される鉛筆の消し痕とともに書ききれないほど公共交通事業者の皆さんから今必要なことについてのご指摘を承った。全国の事業者の深刻な実態と悲痛な叫びをきちんと取りまとめ、国や自治体に客観的に届けていくことが我々の責務と考えており、引き続きこうした調査も含め当総研の活動に協力いただけると幸いである。コロナ禍で公共交通が瀕死の状態にあり、未来へ襷を繋げない可能性が出てきている今、少しでも多くの公共交通維持に貢献できたなら当総研としては本望である。

〈ご参考〉

日本で初めて全国の公共交通事業者の経営者を対象に実施した、コロナ禍の経営実態調査の結果（現時点では2回実施）について詳細をご覧になりたい方は、Google等の検索エンジンで、第1回目は「公共交通経営実態調査報告書」、第2回目は「第2回公共交通経営実態調査報告書」と検索してください。PDFファイルで各報告書がダウンロードできます。なお、第2回目報告書の巻末には1・2回目の比較データ数値が掲載されております。

また、（一財）地域公共交通総合研究所のコロナ禍への提言等をホームページ（https://chikoken.org）に掲載しています。

著者プロフィール

家田 仁

政策研究大学院大学特別教授・東京大学名誉教授

1955年生まれ、'78年東大土木工学科卒後、国鉄入社。'84年より東京大学、2015年より政策研究大学院大学。途中、西ドイツ航空宇宙研究所、フィリピン大学、清華大学、北京大学に客員教授として派遣。専門は、交通・都市・国土学。

小嶋 光信

(一財) 地域公共交通総合研究所 代表理事・両備グループ代表

1945年生まれ、慶應義塾大学経済学部 卒。同大学ビジネススクール修了。'99年代表就任、「たま駅長」の和歌山電鐵の再生や交通関連の法制化で地域公共交通の活性化に取組み、交通文化賞を受賞。著書：「地方交通を救え！」など

三村 聡

岡山大学地域総合研究センター長・大学院社会文化科学研究科教授

1959年生まれ、京都大学博士（経済学)。㈳全国労働金庫協会、㈳金融財政事情研究会、現代文化研究所（トヨタ自動車研究所)、愛知学泉大学を経て2011年より岡山大学、'16年から現職。'21年から京都大学経営管理大学院研究員（非常勤)。専門はコミュニティ政策、協同金融。

岡村 敏之

東洋大学国際学部教授

1970年生まれ、東京大学博士（工学)。'99年より広島大学大学院国際協力研究科、2004年より横浜国立大学大学院工学研究院、同大学院都市イノベーション研究院を経て、'12年より現職。専門は、都市交通計画、交通工学、都市計画。

伊藤 昌毅

東京大学大学院情報理工学系研究科准教授

2002年慶應義塾大学環境情報学部卒業、'09年同大学院にて博士（政策・メディア）。鳥取大学大学院工学研究科助教、東京大学生産技術研究所助教などを経て現職。専門は交通情報学。国土交通省バス情報の効率的な収集・共有に向けた検討会座長などを務める。

清水 哲夫

東京都立大学都市環境学部観光科学科教授・（公社）日本観光振興協会総合調査研究所所長

1970年生まれ、東京工業大学博士（工学）。'95年より東京工業大学、東京大学を経て2011年より東京都立大学現職、'17年より日観振総研現職、専門は交通学、観光政策，観光計画。

板谷 和也

流通経済大学経済学部教授

1975年生まれ。東京大学工学部都市工学科卒、同大学院新領域創成科学研究科環境学専攻博士課程修了。博士（環境学）。横須賀市都市政策研究所、財団法人豊田都市交通研究所、一般財団法人運輸調査局を経て2016年より現職。専門は交通政策、都市工学。

加藤 博和

名古屋大学大学院環境学研究科附属持続的共発展教育研究センター教授

1970年生まれ、名大大学院工学研究科で博士（工学）取得。同助手、環境学研究科准教授を経て2017年より現職。地域公共交通プロデューサーとして全国各地の現場を駆け巡る。国の交通政策基本計画見直し、地域公共交通活性化再生法改正、バス重大事故防止策にも関与

鎌田 実

（一財）日本自動車研究所代表理事・研究所長、東京大学名誉教授

1959年生まれ，'87年東大舶用機械工学専攻博士課程修了後，'90年東大講師，2002年東大工学系研究科教授，'09年東大高齢社会総合研究機構長，'13年東大新領域創成科学研究科教授を経て'20年現職。自動走行ビジネス検討会座長。専門は，車両工学，福祉工学，HMI。

神田 佑亮

呉工業高等専門学校教授
1977年生まれ、2001年より株式会社オリエンタルコンサルタンツ。全国各地の交通・まちづくり計画・マネジメントの実戦に携わる。'11年広島大学（博士）工学、'12年より京都大学を経て'17年から現職。専門は交通・都市マネジメント

冨山 和彦

経営共創基盤　IGPIグループ会長・日本共創プラットフォーム（JPiX）代表取締役社長
1960年生まれ、東京大学法学部卒、スタンフォード大学経営学修士（MBA）、司法試験合格。ボストンコンサルティンググループ、コーポレイトディレクション代表取締役を経て、産業再生機構COOに就任。機構解散後、2007年IGPI設立、'20年JPiX設立。パナソニック社外取締役、経済同友会政策審議会委員長、政府関連委員多数。

森 雅志

富山市前市長、富山大学客員教授・非常勤講師（工学部、都市デザイン担当）、DBJ特任顧問（地域企画部）
1952年生まれ、'77年司法書士・行政書士事務所開設、'95富山県議会議員初当選、'99富山県議会議員再選、'02旧富山市長初当選（1期）、'05新富山市長に初当選、'21富山市長を退任（4期）。

大上 真司

（一財）地域公共交通総合研究所副理事長
1980年生まれ、慶應義塾大学商学部卒業後、経営コンサルティング会社に勤務。2018年より両備グループに参画し、同年より現職。両備バスカンパニー副カンパニー長等を兼務。

町田 敏章

（一財）地域公共交通総合研究所専務理事
1960年生まれ。'84年早稲田大学法学部卒後、住友信託銀行入社。東京営業一部、金融商品開発部等を経てワシントン大学にて客員教授。戻り営業企画部、業務部（中央省庁担当）等。2013年当総研設立し現職。

地域モビリティの再構築

２０２１年８月10日　第１刷発行
２０２１年12月10日　第２刷発行

監修者（著者代表）　家田 仁　小嶋光信
発行者　三橋初枝
発行所　(株)薫風社
〒３３２−００３４
川口市並木３−22−９
ＴＥＬ ０４８−２９９−６７８９
http://www.kunpusha.com

装丁・デザイン　齋藤知恵子
ＤＴＰ制作　白石知美／安田浩也　(株)システムタンク
印刷・製本　モリモト印刷(株)

ISBN 978-4-902055-41-2
定価はカバーに表示してあります。